日本政治学会 編

政治と教育

年報政治学2016‒Ⅰ

木鐸社

はじめに

　アリストテレスに，また朱子の例にも見られるように，古来，政治と教育とは密接に関連しあうものと考えられてきた。しかし現在，教育は政治学の主要な対象と見なされていない。これに対して近年のシティズンシップ教育論議の高まりや多文化主義の動向は，教育を政治との関係のうちに新たに位置づける必要を迫っていると言えるだろう。――これが，2014年12月，日本政治学会会報において特集論文の投稿を募ったさいに公表した，本特集の趣旨説明であった。

　しかしそれから1年以上をすぎたいま，「政治と教育」をめぐる問題状況は大きく変化している。すでに日本では，選挙で投票できる年齢の下限を18歳に引き下げることが決まり，2016年の参議院選挙から，高校3年生も選挙権を得るようになる。それにあわせて中央教育審議会と文部科学省では，高校社会科の従来の「現代社会」に代えて新科目「公共」（仮称）を設置することが検討されている。その様相は，本特集の竹島博之論文が冒頭で伝えるとおりである。

　そもそも戦後日本の学問史において，政治と教育とがばらばらに研究されていて，おたがいのあいだの交流がないという問題の根は深い。本特集の小玉・荻原・村上論文が背景として示すように，高等学校における教育の政治的中立が厳しく定められ，高校生の政治活動が制限されたのは，1969年10月31日の文部省初等中等教育局長通知「高等学校における政治的教養と政治的活動について」においてであった。1969年という時代から簡単に想像できるように，吹き荒れていた学園紛争の嵐が，大学から高校へと波及するのを防ぐために，高校生の政治活動を一律に禁止する措置をとったのである。

　しかし，河野有理論文が分析対象として扱っている政治学者・行政学者の蠟山政道は，この通知の約半年前に公表した文章で，こう語っていた。掲載メディアは岩波書店から刊行中だった『アリストテレス全集』の月報第11号（1969年3月）。『政治学（ポリティカ）』を収める第15巻の付録であ

り，収録作品を意識して「アリストテレスの『政治学』から学んだもの」と題されている。

　　近代になってから政治学と教育学とは全く袂をわかってしまい，政治学の立場で教育問題を取り扱っているのは極めて尠なく，とくに日本ではその傾向が強い。戦後日本で，教育の政治的中立ということが主張された。その際，政治の意味が政党政派の政治というような狭くかつ低いものにされてしまい，それに戦前の極端な国家主義への反動も加わって教育基本法における「良識ある公民たるに必要な政治的教養は，教育上これを尊重しなければならない」(第八条)とあるにもかかわらず，教育界には政治と教育との根本的な関係について関心を払うことが避けられてきた。
　　そこに，戦後日本の民主教育の欠陥の一つがあり，それがいま大学紛争その他となって現われている，といっても過言でない。教育と民主主義との関係において，教育と政治の理想や原理との関係を回避したり，無視することは許されない。それをアリストテレスは真正面から取り上げているのである。

蠟山によれば，1960年代の学生が過激な政治運動に走り，秩序をひたすら混乱させているのは，政治に関する情報や経験が過剰だからではない。むしろ，デモクラシーに参加する「良識ある公民」にふさわしいシティズンシップ教育――「政治的教養」を現代風に言い直せばそうなる――を与えられていないせいなのである。そして，そうしたまっとうな教育が行われていない問題の根本には，政治学と教育学とのあいだの断絶がある。

現在は，メディアによる報道で知られているように，18歳選挙権の導入によって，1969年の通知は廃止され，高校生の校外における政治活動が原則として認められるように変わった。政治学と教育学との断絶を蠟山が嘆いた1960年代よりも，政治と教育との関係を学問研究の主題として扱う必要性は，むしろ高まったと言えるだろう。もちろん，学術研究の関心が現実の情勢に合わせて軽率に変わるのは，望ましいことではない。だが少なくとも，伝統的に政治と教育との関係をさまざまな形で論じてきた政治学――これはもちろん，ようやく20世紀後半になってから確立した，実証的

科学としてのポリティカル・サイエンスに限られるものではない——の蓄積を，ここで活かさない手はないだろう。

このたびの特集では，年報編集委員による論文を4本，公募による論文を2本載せることができた。そのうち小玉・荻原・村上論文は，教育学畑の研究者による執筆である。こうした，狭い意味での政治学研究者の範囲をこえて，日本政治学会会員に執筆を求めることも，今後の『年報政治学』のあり方としては重要な選択肢になると思われる。

目次の配列は，以下のように考えた。まず竹島博之論文によって，現代日本の若者の政治的関心と，政治参加のための有権者教育の課題について，概観を得る。つぎに，おそらくは政治的関心の低さの大きな原因になっている，中等教育の脱政治化が生じてきた歴史的背景について，小玉・荻原・村上論文によって，その意外な経緯に関する知識を得ることができるだろう。さらに遡れば，「政治的教養」という課題は，日本ではすでに大正期から「公民」教育という形で論じられてきた。そのテーマを，先にふれた1969年通知ののちに至るまで発言し続けた蠟山政道。その軌跡を河野有理論文によってたどることは，問題の歴史的な広がりを再認識させてくれる。

次に問題になるのは，シティズンシップ教育でも，政治教育でも，「政治的教養」でも，名前はどれでも構わないが，そうした教育を具体的にいかなる形で施すかである。名和賢美論文は，大学教育での文章指導を通じて，政治に関してみずからの判断を論理的に組み立て，意見を順序だてて表明するための言語の技術を培う手法について，教えてくれる。苅部直論文は，「遊び」としての学問を学ぶことが，ひいては「市民」の育成につながる可能性について，丸山眞男が考えた跡を，南原繁による大学構想と対比しながら紹介する。

さらに大学での政治学教育を，「市民」育成にむけてどのように行なうかについては，村上弘論文が，政治学・行政学の授業を担当する会員諸氏にとっては大きな参考になることだろう。ついでに言えば，まっとうな「市民」となるために，学士課程の大学生に学ばせるべき政治学の内容については，日本学術会議政治学委員会による報告「大学教育の分野別質保証のための教育課程編成上の参照基準　政治学分野」（2014年9月10日）でも包括的に論じられており，日本学術会議のウェブサイトで公開されている。

以上の6本で，政治と教育をめぐる問題の大半を論じ尽くしたとは，と

ても言えない。だが，問題の広がりを認識し，これから先にどのような研究課題がありうるかについて，多くの方向性を示すことは，この特集によって達成できたと思う。残念ながら，年報編集委員であった方々のうち2名からのご寄稿がかなわなかったが，いずれもやむをえない外的事情によるものである。また査読の結果，掲載を見送った公募論文もある。こうした方々の業績も，いずれ「政治と教育」をめぐる議論の世界のうちに姿を現わすことだろう。年報編集委員の方々，投稿者の方々，また査読にあたられた方々のご尽力に感謝しながら，筆を擱く。

2016年度Ⅰ号年報編集委員長
苅部　直

日本政治学会年報　2016‐Ⅰ

目次

はじめに　　　　　　　　　　　　　　　　　　　　　　苅部　直（3）

〔特集〕　政治と教育

意識調査から見た有権者教育の射程と限界
　　―若者の投票率向上のために―　　　　　　　　　　竹島博之（11）

教育はなぜ脱政治化してきたか
　　―戦後史における1950年代の再検討―
　　　　　　　　　　　　　　小玉重夫・荻原克男・村上祐介（31）

「公民政治」の残影
　　―蠟山政道と政治的教養のゆくえ―　　　　　　　　河野有理（53）

型作文と型発問から始まる市民教育プログラム構築への挑戦
　　―論理的表現力と批判的思考力の教育相乗効果を目指して―
　　　　　　　　　　　　　　　　　　　　　　　　　　名和賢美（77）

「遊び」とデモクラシー
　　―南原繁と丸山眞男の大学教育論―　　　　　　　　苅部　直（104）

政治学教育における目的，内容，方法
　　―多元的民主主義と政党システムの教え方を中心に―　村上　弘（117）

〔公募論文〕

社会統合における動機づけ問題への一解答
　　―ホネットとハーバーマスにおける「認知的アクセス」という視点から―
　　　　　　　　　　　　　　　　　　　　　　　　　　成田大起（141）

防衛政策・自衛隊の正当性の揺らぎ
　―1970年代前半における国内環境と防衛大綱に至る過程―
　　　　　　　　　　　　　　　　　　　　　　　　真田尚剛（163）

多元主義からイデオロギー対立へ
　―大嶽秀夫の政治学とその変容―　　　　　　　酒井大輔（185）

有権者−候補者間の近接性と投票選択
　―有権者・政治家・政党の比較可能な位置推定による空間投票の分析―
　　　　　　　　　　　　　　　　　　　　　　　　勝又裕斗（208）

〔書評〕
2016年度書評　　　　　　　　　　　　日本政治学会書評委員会（233）

〔学会規約・その他〕
日本政治学会規約　　　　　　　　　　　　　　　　　　　　　（266）

日本政治学会理事・監事選出規程　　　　　　　　　　　　　　（268）

日本政治学会理事長選出規程　　　　　　　　　　　　　　　　（269）

日本政治学会次期理事会運営規程　　　　　　　　　　　　　　（270）

日本政治学会倫理綱領　　　　　　　　　　　　　　　　　　　（271）

『年報政治学』論文投稿規程　　　　　　　　　　　　　　　　（272）

査読委員会規程　　　　　　　　　　　　　　　　　　　　　　（276）

『年報政治学』の著作権に関する規程　　　　　　　　　　　　（279）

Summary of Articles　　　　　　　　　　　　　　　　　　　（281）

政治と教育

意識調査から見た有権者教育の射程と限界
―― 若者の投票率向上のために ――

竹島博之＊

> 要旨：日本では，18歳投票権への引き下げを機に，小中高等学校における有権者教育に大きな注目が集まっている。有権者教育を充実させることで政治への関心を高め，若者の低い投票率を改善するためである。しかし，近年の意識調査は，若者の政治的関心が高まっているにもかかわらず投票率が下がるという矛盾した傾向を示している。本稿は，こうした若者の政治意識の現状を分析して若者の投票率向上に資する対策を探り，その中で有権者教育が果たす役割とその限界について考察している。若者の低投票率は，仕事やアルバイトの忙しさ，政治的無知や政治的無関心，政治的有効性感覚の欠如に起因する。そのため，投票率の向上には，有権者教育の充実だけでは限界があり，むしろそれ以上に，投票環境の改善や情報発信の工夫といった総合的な対策が求められる。有権者教育が効果を発揮するのは，主には政治的有効性感覚の改善である。ただし，投票の質を高めるという点では，政治的リテラシーを育むシティズンシップ教育の導入が有効であると考えられる。

キーワード：有権者教育，若者の投票率，シティズンシップ教育，意識調査，政治的有効性感覚

1．はじめに

現在，小中高等学校における有権者教育に大きな注目が集まっている[1]。直接的には，2015年6月に投票権の年齢をこれまでの「20歳以上」から「18歳以上」に引き下げる公職選挙法の改正が約70年ぶりに実施され，およそ240万人の18～19歳が新たに有権者に加わることがきっかけである。

＊　東洋大学法学部教授　政治学

今回の改正の主旨が，日本の若者の政治参加を高めることにあるならば，単に若い有権者の数を増やすだけでなく，彼らの投票率を向上させ，さらには投票の質も高めなければならない。18～19歳の新有権者たちが，ふざけて投票したり，そもそも投票に行かないといったことが横行すれば，18歳選挙権への改正は，日本の民主主義の質をいたずらに低下させるだけに終わってしまうだろう。したがって，今回の改正を意義あるものにするには，高校段階までの有権者教育を充実させ，若者の投票を質と量の両面で向上させなければならない，というわけである。

実際，文部科学省は，政治や選挙に関する高校生向け副教材や教師用指導資料を作成したり[2]，高校の公民科で『現代社会』を廃止し，『公共』という有権者教育を中心とした新科目の導入も検討している[3]。本稿は，若者の政治意識の現状を分析して若者の投票率向上に資する対策を探り，その中で有権者教育が果たす役割とその限界について考えていきたい。

2．なぜ若者は選挙に行かないのか

(1) 若者の政治的関心と投票率

「若者の政治離れ」が嘆かれるようになって久しい。実際，20歳代の投票率は，2014年12月の第47回衆議院議員総選挙で32.58％，2013年7月の第23回参議院議員通常選挙は33.37％にとどまり，重要度の高い国政選挙でさえ著しく低い水準にある。60％前後の投票率を誇る中高年世代と比べて，20歳代の若者は明らかに選挙に行っておらず[4]，日本の若者はもっと政治に関心を持つべきだという批判的な言説を耳にすることも少なくない。

しかしながら，日本の若者は必ずしも政治への関心が低いわけではないことを示すデータもある。例えば，日本・韓国・アメリカ・イギリス・フランスの青年（18－24歳）を国際比較した意識調査によれば（内閣府 2009：第5章），政治に「関心がある」と回答した割合は，日本の若者が58.0％となり，主要5カ国中，最も高かったのである（図1参照）。

しかも，それ以前の調査と比べて，「非常に関心がある」と「まあ関心がある」を加えた政治に関心がある日本の若者層は，調査ごとに10％前後ずつ増加している（図2参照）。日本の若者は「投票離れ」はしているが，「政治離れ」までしているとは必ずしも言えないのである。

図1 政治に対する関心度（％）

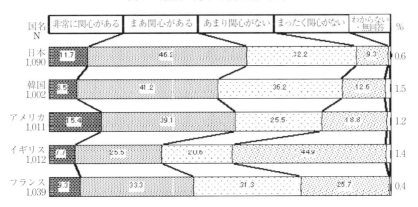

図2 政治に対する関心度（時系列比較）（％）

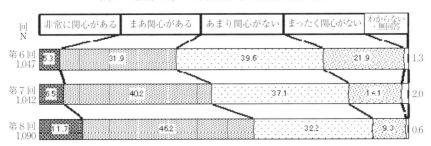

出典：図1，図2とも『第8回世界青年意識調査』（内閣府 2009）

　明るい選挙推進協会による別の意識調査も，日本の若者は「過半数の人々が政治に対する関心を示しており，その割合は増加している」と，同様の傾向を指摘している（明るい選挙推進協会 2010：22）。過去の調査と比較すると，2009年の調査では「非常に関心がある」と「ある程度関心がある」の合計は60％近くに上り，ここ10年で20歳代の政治的関心の高まりが顕著である（図3参照）。以上のデータが示しているのは，日本の若者は「政治的関心が増しているのに，投票率は下がり続ける」という不可思議な状況である。2012年にNPO法人ドットジェイピーが大学生を対象に実施した衆院選に関する意識調査でも，「関心はあるが行動にまで移せていない学生が2割もいる」と，同様の状況を指摘している（NPO法人ドットジ

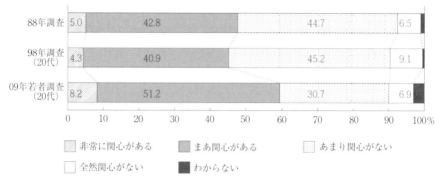

図3　国や地方の政治にどの程度関心がありますか

出典：『若い有権者の意識調査（第3回）』（明るい選挙推進協会 2010：25）

ェイピー 2012）。

　有権者教育推進の背景には，「若者は政治に関心がないから投票に行かない」，「教育によって政治的関心を高めることができれば，若者の投票率もおのずと高まるはず」という暗黙の前提がある。これまで見てきたデータは，こうした前提を覆す結果を示している。投票権年齢の18歳引き下げを機に有権者教育を導入し，若者の政治的関心を高めることができたとしても，それだけでは彼らの投票率が向上しないかもしれないことを，これらのデータは示唆している。有権者教育を実際に効果あるものとするには，政治的関心と投票行動が無条件に連動するという従来の想定そのものが問い直されなければならない。

　若者を「投票」という実際の行動にまで移させるには何が求められるのか，そして有権者教育はこれにどう関わるべきなのか。若者の投票率向上を図る際に向き合わねばならないのは，まさにこの問いである。

(2)　棄権の要因

　では，なぜ政治に関心を持つ若者は増えているのに，実際に投票へ行く若者は減っているのか。若者の投票率の向上策を考える前に，まずは，この不可解な状況を生み出している原因を探っておく必要があるだろう。

　若者が投票に行かない理由としては，一般に以下の要因が挙げられることが多い。「投票が面倒くさい」，「政治的無知（誰に投票すればよいか分か

らない）」，「政治的無関心（政治に関心がない，自分には関係ない）」，「政治的有効性感覚の欠如（自分の一票で政治は変わらない）」，「投票コスト（投票所が遠い，天気が悪い）」，「病気や怪我」，「適当な候補者や政党がない」，「仕事や他の用事で忙しい」などである。

　これらの中で，若者の棄権理由として比重が大きいのはどの要因なのか。東京都の有権者に限定はされるが，最近の若者の投票行動について詳細なデータを掲載している『選挙に関する世論調査』（東京都選挙管理委員会2015）によれば，20歳代の若者の棄権理由の断トツトップは「仕事が忙しく，時間がなかったから」であり（50.0％），全年代平均36.0％を大きく上回っている（図4参照）。また職業別で見ても，「学生」は，「仕事が忙しく，時間がなかったから」が最も多い棄権理由となっており（46.2％），投票日の仕事やアルバイトの忙しさが，若者の投票を妨げる最大の要因となっていることがうかがえる（東京都選挙管理委員会2015：50）。

　他の機関による意識調査でも（NPO法人ドットジェイピー2012），大学生が投票に行かない理由の第一位は，「投票に行くヒマがない」であり，「投票の仕組み自体が持つ弊害により若者が投票に行かない」と指摘している。日曜日の午前7時から午後8時までという現在の投票日時の設定は，週末が休みのサラリーマンを前提にしている。日曜日の仕事は，若手やアルバイト学生ほど駆り出されがちな現状を考えると，旧来からの選挙の仕組み自体が，若者の投票を阻む見えない障壁となっていると思われる。

　また，「18歳選挙権認知度調査」（明るい選挙推進協会2015）によれば，親元を離れて進学した短大生，大学生や大学院生のうち，居住地に住民票を移したのはたった26.4％しかおらず（社会人になると71.8％），これも若者を投票から遠ざける見えない障壁の一つになっていると考えられる。

　この点に関連して，2016年夏の参議院選挙では，春の進学・就職に伴う転居により18歳選挙権を行使できない新有権者が続出することが懸念されている。というのも，公職選挙法では，投票権取得に3カ月以上の居住期間を要件としており，3月末に転居で住民票を移すと，参院選までに新住所での居住歴3カ月という要件を満たせなくなるからだ。

　この公職選挙法の不備を改善するため，現在，国会では旧住所で国政選挙の投票権が得られるよう公職選挙法の改正が検討されている[5]。確かにこの改正案は，新有権者の「投票権の空白」を埋めるという点では一歩前

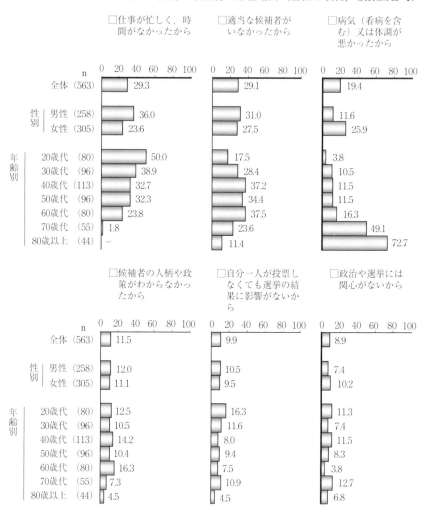

図4　性別・年齢別の棄権理由（上位8項目，複数回答可）

出典：『選挙に関する世論調査』（東京都選挙管理委員会 2015：49）

進であるものの，「転居前の自治体で3カ月以上の居住歴があれば，旧住所の自治体で投票できる」という仕組みでは，投票のためだけにわざわざ進学・就職先の居住地から実家へと帰省しなければならなくなる。日曜日は

仕事やアルバイトが入りやすい上に帰省の交通費までも捻出しなければならず，遠方に転居した若者ほど，転居前自治体での投票は現実的に困難となる。これは，若者の投票権行使にとって大きな障壁となるだろう。

以上のように若者の生活実態をつぶさに観察すると，住民票が居住地にあり日曜日が休みで投票しやすい中高年世代には気づきにくい若者固有の投票を阻害する要因があり，それらが，政治への関心はあっても投票という行動に結びつかない一つの原因になっていると考えられる。

若者の棄権理由として一般的に想定されがちな「政治的無知」や「政治的無関心」は，重要な棄権理由の一つではあるが，意識調査の結果を見る限り，従来想定されてきたほどその比重は重くない。例えば，「政治や選挙には関心がないから」棄権したと答えた20歳代は11.3％にすぎず，70歳代の12.7％や40歳代の11.5％よりも低い（図4参照）。「学生」も「政治的無関心」による棄権は7.7％にすぎず，全体平均の8.9％を下回っている（東京都選挙管理委員会 2015：50）[6]。

逆に，20歳代の棄権理由として高い数値を示したのは「政治的有効性感覚」に関わる理由である。年代別で見ると，「選挙によって政治や暮らしが良くなるわけではないから」，「自分一人が投票しなくても選挙の結果に影響がないから」を挙げる者は20歳代が最も多い（それぞれ21.3％，16.3％。図4参照）。「自分一人が投票しなくても選挙の結果に影響がないから」投票に行かないという「学生」は23.1％と他世代に比べて圧倒的に多く，全体平均の9.9％を大きく上回っている（東京都選挙管理委員会 2015：50）。

(3) 本節のまとめ

以上の分析を踏まえて,「なぜ日本では,政治に関心を持つ若者が増加しているのに,投票に行く若者は減少しているのか」というそもそもの問いに立ち戻ろう。

日本の若者は,政治に関して無知や無関心だから投票に行かないと一般的には思われがちだが,実際のところそれらの要因は,そこまで大きな比重を占めていない。若者が投票しない最大の理由は,「仕事やアルバイトで忙しいから」であり,「男性20歳代（48.8％）」,「女性20歳代（51.2％）」,「学生（46.2％）」のいずれにおいても他の理由に比べて突出して高い（東京都選挙管理委員会 2015：135）。

次いで比重が大きい棄権理由は,若者の「政治的有効性感覚の欠如」である。投票日が仕事で忙しいのならば,期日前投票をしたり,仕事の前後に時間を作って投票するなどの工夫をすればよいわけだが,そうまでして投票に行くほど政治的有効性感覚が高くなかったり,投票時間や期日前投票といった選挙に関する知識不足のため[7],結果として投票を棄権している。このような要因で,若者は「政治的関心が高まりながら投票率が下がる」という一見不可解な状況をもたらしていると考えられる。

以上のような若者の現状を踏まえた上で,次節では,日本の若者の投票率をどのようにして向上させるか,その方策について考えていこう。

3. 投票率改善の方策

若者が選挙に行くようになるための方策を考えるには,前節で浮かび上がった「若者が投票に行かない理由」を解決する形で対応策を示すことが必要であろう。では,これまで取り上げてきた若者の投票を妨げる要因に対して,それぞれどのような対策が効果的であろうか。

(1) 投票環境の改善

まず,最大の棄権理由となっている「仕事やアルバイトの忙しさ」は,教育で対処できるものではなく,若者の投票環境を改善することが有効であろう。具体案としては,期日前投票所を大学構内など若者が立ち寄りやすい場所に設置する,といった対策が考えられる。

現在,大学や専修学校の構内に期日前投票所を設置する動きが進められ

ており，すでに松山大学などで大学構内への期日前投票所の設置が試行されている[8]。進学率が高まっている現在，大学や専修学校への期日前投票所の設置は，単に若者の投票コストを減らすだけでなく，学生同士のコミュニケーションや学校・大学・教員による選挙の啓発を通じて広く学生に投票を周知させる効果も期待できるだろう。

　また，さらなる投票環境の改善策として，「インターネット投票の導入」を求める声が，若者の中では少なくない。実際，2015年7月に実施された「第28回政治山調査」では，17歳から19歳の若者のうち35.1％が，投票率向上に有効だと思う施策として「インターネット投票（オンライン投票）の導入」を挙げており，他の施策に比べて突出して高い（図5参照）。

　また，2015年8月に公表された15歳から23歳の若者を対象とした意識調査「若者の関心と政治や選挙に対する意識に関する調査」（日本労働組合総連合会2015：6）でも，同様の結果となっている。それによれば，「選挙がどう変わったら投票しようと思うか」という問いに対して，54.6％もの若者が「インターネットで投票ができたら」と回答しており，他の選択肢に比べて突出して高い数値となっている（「もっと候補者の比較がしやすけ

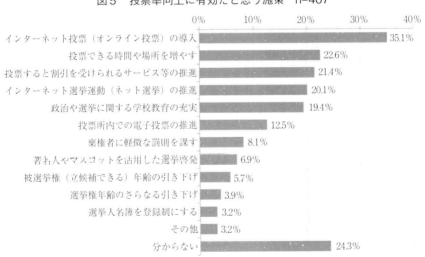

図5　投票率向上に有効だと思う施策　n=407

施策	割合
インターネット投票（オンライン投票）の導入	35.1%
投票できる時間や場所を増やす	22.6%
投票すると割引を受けられるサービス等の推進	21.4%
インターネット選挙運動（ネット選挙）の推進	20.1%
政治や選挙に関する学校教育の充実	19.4%
投票所内での電子投票の推進	12.5%
棄権者に軽微な罰則を課す	8.1%
著名人やマスコットを活用した選挙啓発	6.9%
被選挙権（立候補できる）年齢の引き下げ	5.7%
選挙権年齢のさらなる引き下げ	3.9%
選挙人名簿を登録制にする	3.2%
その他	3.2%
分からない	24.3%

出典：「17歳から19歳，65％が『投票に行く』と回答」（第28回政治山調査 2015）

れば（26.7％）」、「もっと政治について知れる・学べる機会があれば（25.7％）」、「期日前投票が今よりも簡単にできたら（25.3％）」が続く）。

ネット投票の解禁には、不正投票の防止など技術的に乗り越えなければならない問題が多々残されている。だが、若者にとって身近なスマートフォンやパソコンから投票できるようになれば、投票率の改善にはかなり有効であることが、これらの意識調査からは見て取れる。また、「住民票を移していない」、「住民票のある実家が遠方である」といった理由でこれまで投票を阻まれていた若者も、インターネット投票の導入によって現実に投票が可能になるだろう。この点においても、ネット投票解禁は、若者の投票コストを下げ、投票率向上に貢献する可能性が高い対応策と考えられる。

(2) 情報発信の工夫

政治的無知や政治的無関心は、若者が棄権する最大の要因ではない。とはいえ、一定数の若者が政治的無知や政治的無関心を理由に棄権しているのも事実であり、特に「学生」と「20歳代女性」でその割合が高い傾向にある（東京都選挙管理委員会 2015：135）。したがって、投票率向上には、若者の政治的無知や政治的無関心に対処することもまた必要であろう。

前述の図5や日本労働組合総連合会の意識調査によれば（第28回政治山調査 2015；日本労働組合総連合会 2015：6）、若者が投票率の向上策として挙げているものに、「情報収集のコスト」（飯田・松林・大村 2015：81）の削減を求める項目が多く含まれている（「ネット選挙運動の推進（20.1％）」、「候補者比較をしやすくする（26.7％）」、「候補者を知れる機会を増やす（21.1％）」、「自分と似た考えの候補者を見つけやすくする（20.9％）」）。ここでの情報発信の主体としては、政党や候補者のほか、マス・メディアも含まれてくる。

第一に、「ネット選挙運動の推進」や「候補者を知れる機会を増やす」に関しては、現在、政党や候補者が力を入れて改善している部分であろう。とりわけ若者が接しやすいインターネットでの情報発信は、政党、政治家、メディアのいずれも行っている。実際、政治家の多くも個人のホームページやブログを開設し、情報発信を行っている。

しかしながら、これらの情報は、どれくらい若者に届いているのだろうか。「情報発信の工夫」を求める若者の声が意識調査の上位に来ていること

自体,若者に政治の情報が十分に届いていない証左ではなかろうか。

若者は,他の年代と比べて「携帯電話・スマートフォン・タブレット等でのインターネット」から情報を得ている人が多い。特に20歳代では,約8割がスマートフォン等の端末を利用しており(図6参照),若者が情報を入手する手段として最も高い割合を占めている。したがって,若者に政治や選挙の情報を届けるには,政党,政治家,メディアのいずれもスマートフォン等からのアクセスのしやすさに力を注ぐことが有効だろう。

第二に,「候補者比較をしやすくする」や「自分と似た考えの候補者を見

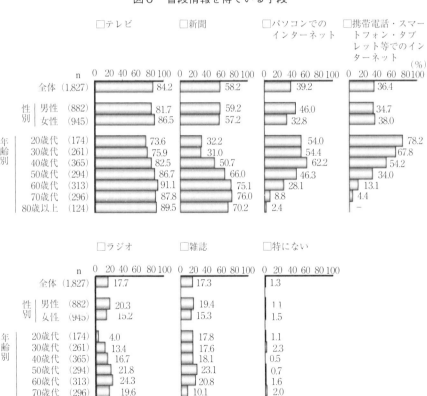

図6　普段情報を得ている手段

出典:『選挙に関する世論調査』(東京都選挙管理委員会 2015:101)

つけやすくする」といった若者の要望に関しては,「ボートマッチ」の普及・洗練・活用を進めることが役立つだろう。ボートマッチとは,候補者が回答したのと同じアンケートの設問に答えることで,有権者がどの政党や候補者と考えが近いのかを数値によって表すサイトである。毎日新聞ボートマッチ「えらぼーと」のように,新聞社等が開設しているホームページ上で政党との相性を簡単に診断でき,高校生でも十分扱うことができる[9]。

こうした便利なツールの普及・洗練・活用を推進することで,若者は,自分と近い考えの候補者や政党を見つけやすくなる。それが,若者のよく使うスマートフォン等でアクセスしやすくなれば,さらに若者の「情報収集のコスト」は軽減され,政治的知識や関心を高めるのに役立つだろう。

4．有権者教育の役割

図5や連合の意識調査によれば,若者自身は,「政治や選挙に関する学校教育を推進」し,「政治を知れる・学べる機会が増える」ことになれば,投票率が高まるだろうと答えている。実際,これはデータにも現れている。

表1と表2にあるように,政治や選挙を学んだ記憶があるという若者は,そうでない人に比べて「政治に対する関心がある」という回答が顕著に多く（60.1％）,投票は「国民の義務（28.2％）」もしくは「権利だが棄権すべきでない（32.2％）」という回答が,合わせて6割を超える。「政治・選

表1　学校で政治や選挙を学んだ記憶 × 政治への関心（％）

政治や選挙を学んだ記憶	政治への関心			
	非常に＋ある程度ある	あまり＋全然ない	わからない	実数
ある	60.1	36.8	3.1	1,816
ない	34.6	58.0	7.4	231
全体	57.2	39.2	3.6	2,047

表2　学校で政治や選挙を学んだ記憶 × 投票をどう思うか（％）

政治や選挙を学んだ記憶	投票することは				
	国民の義務	権利だが棄権すべきでない	個人の自由	わからない	実数
ある	28.2	32.2	37.6	2.0	1,811
ない	22.4	19.8	50.0	7.8	232
全体	27.5	30.8	39.0	2.7	2,043

出典：表1,表2とも『若い有権者の意識調査（第3回）』（明るい選挙推進協会 2010：70）

挙教育により，政治的関心と投票参加志向が高まったと解釈することができよう」(明るい選挙推進協会 2010：69)。

とはいえ，学校教育によって政治的関心が高まっても，実際に投票という行動にまで移せていないのが，現在の若者の問題である。では，どのような有権者教育ならば，若者を投票という行動へと導くのだろうか。

(1) これまでの教育内容

小中高等学校での有権者教育が，若者の政治意識にどのような影響を与えているかを調査したものとしては，中学生を除く15歳から24歳の男女3000人を対象とした「18歳選挙権認知度調査」(明るい選挙推進協会 2015)がある。それによれば，「政治や選挙について何を学んだか」(複数回答)という設問に関して，「国民主権や多数決などの民主主義の基本」(68.9％)，「選挙区制や選挙権年齢などの選挙の仕組み」(68.4％)は7割近いが，「普通選挙の実現の歴史」(48.5％)，「選挙の意義と投票参加の重要性」(36.0％)，「投票所における投票の方法」(20.5％)と低くなる。「社会問題や政策などをテーマとしたディベートや話し合い」(12.7％)や「実際の選挙や架空の候補者による選挙での模擬投票」(7.3％)はわずかしかない。

『若い有権者の意識調査(第3回)』(明るい選挙推進協会 2010)でも同様の傾向を示しており，「国民主権や多数決などの民主主義の基本」(73.0％)と「選挙区制や選挙権年齢などの選挙の仕組み」(73.6％)は7割を超えるが，「普通選挙の実現の歴史」は47.5％，「選挙の意義と投票参加の重要性」は34.6％と低下する。実際に役立つ「投票所における投票の方法」(14.3％)や「模擬投票などの体験型授業」(10.9％)は，10％台に留まる極めて少ない選択率となっている(表3参照)。

つまり，これまでの政治・選挙教育は，定期試験や入学試験に対応するための知識注入型の無味乾燥な授業となっており，若者の投票率を高めることに役立つ実践的な内容になっていないことを，この調査は示唆していると言えよう。

表3 「高校までの授業で政治や選挙について何を学んだか」(％)

国民主権などの民主主義の基本	73.0
選挙区制などの選挙のしくみ	73.6
普通選挙権実現の歴史	47.5
選挙の意義と投票参加の重要性	34.6
投票所における投票の方法	14.3
模擬投票などの体験型学習	10.9
その他	0.7

出典：『若い有権者の意識調査(第3回)』(明るい選挙推進協会 2010：69)

(2) 有権者教育の改善

では、若者が投票率向上に役立つと考える政治の授業とはどのようなものか。「18歳選挙権認知度調査」によれば、「政治に関する新聞記事を使った授業」（35.1％）が最も多く、次いで「政治に関するディベートや話し合い」（33.9％）、「模擬投票の体験」（31.9％）となり、この3つが3割を超える高い選択率となっている（明るい選挙推進協会 2015）。

18歳投票権に引き下げられた今、有権者教育は試験に出やすい知識の詰め込みに終始するのではなく、これまで学校現場で軽視されてきた「選挙の意義と投票参加の重要性」を伝えるような授業内容、期日前投票を含む実際の「投票のやり方」、そして選挙への関心を高め事前に投票に備える「模擬投票などの体験型授業」にこそ、教育の重心をシフトさせなければならないことを、これらの調査は示している。

また授業を受ける若者からは、ディベートや討論、新聞記事を活用したアクティブ・ラーニング型の教育の需要が見て取れる。今後は、中学や高校でこうした授業形式を積極的に取り入れて、若者を投票という実際の行動へと導く効果的・実践的な教育を推進することが求められるだろう。

(3) 政治的有効性感覚をどう高めるか

20歳代の若者は、投票参加に重要な影響を与えるとされる政治的有効性感覚が低い傾向にある。若者を「投票」という実際の行動にまで導くには、「投票してもどうせ政治は変わらない」、「自分の1票の影響力は小さく、投票は無駄」という感覚を和らげることが必要であり、これは有権者教育に課せられた大きな課題であろう。

では、政治的有効性感覚を高めるには、どのような教育がありうるだろうか。この点に関する研究や教育実践の蓄積は、まだ十分とはいえない状況にある。だがそうした中であえて、若者の政治的有効性感覚を高めるような教育内容を考えるとすれば、まず第一に、近年、国民の投票が日本政治を大きく動かしている客観的な事実を伝えることである。2009年には自民党から民主党へ、そして2012年には民主党から自民党へと政権交代が起きた。これらの政権交代をもたらしたのは「有権者の投票」であり、「国民が投票してもしなくても、どうせ政治は変わらない」というのは、明らか

な事実誤認である。投票に行かない若者は，棄権した自分を擁護してくれそうな一般的な議論を持ち出して自己正当化を図ろうとする。これには明確な反証を示すことで，「選挙で政治は変わらない」というのは根拠のない事実に反する主張であると自覚させることが肝要であろう。

確かに，民主主義国家である以上，たった1票で政治が動くことは現実にはほぼない。民主主義社会では，1票1票の影響力は小さくとも，国民の1票が集まって民意が生まれ，実際に政治を大きく動かしている（三宅2009：85）。実際，投票が政策に大きな影響を与えることが明らかになってきており，例えば，投票率の高い地域の方が，低い地域よりも政府から多くの補助金を受ける傾向があるし，女性参政権の拡大によって医療政策への支出が増加し，乳幼児死亡率が減少したという研究もある（飯田・松林・大村 2015：86）。少なくとも若者が投票しないことで，不利益や負担が若者に押し付けられている現実は認識させるべきだろう。このように，投票が政治を動かしている事実を具体的な事例を用いて学習させることで，若者の政治的有効性感覚を高める有権者教育が可能になると思われる。

第二に，投票には，候補者や政党への支持表明にとどまらない複合的な機能がある。投票所に出向いて一票を投じるという行為はそれ自体，一般人の意思が立法府を構成するという民主主義の実践そのものであり，さらには日本の民主主義や議会制度の枠組みを信任するという性格も帯びている。投票の持つこうした複合的意義を学習することが，若者の政治的有効性感覚の向上につながるのではないだろうか。

民意が政治を変えられる社会であり続けることを望むなら，「強く支持したい候補者がいなくても」，独裁や軍国主義になるよりはマシだという思いで投票することが必要である（苅部 2010：141）。有権者教育に求められるのは，投票に行かない自由さえ，投票に行かないと守れないというパラドックスを自覚させることなのである。

第三に，政治的有効性感覚の低い若者は，1票はたった「1億分の1」の価値しかないので，自分一人くらい投票に行かなくてもほとんど影響はない，と考える者も少なくないだろう。日本の有権者は約1億人なので，単純計算で国政選挙の1票は「1億分の1」の価値というわけである。

しかし近年，衆議院の小選挙区では二大政党の候補者の票数が拮抗するケースが増えており，例えば2014年の衆議院選挙で新潟2区の票差は，た

ったの102票差しかなかった。この選挙区のように，若者の投票率が少し高まるだけで容易に当落がひっくり返るほどの僅差の場合，1票の価値は「1億分の1」などではなく，1票が選挙結果に与える影響は非常に大きくなる。同じ衆院選で2千票以内の僅差は10選挙区あり，このような接戦の選挙区は近年，増加傾向にある[10]。

このように「1票の価値」は，常に一定なのではなく，選挙区の状況によって大きくなったり小さくなったりする。状況次第で1票の価値が変動するというのは，議会における小政党のキャスティング・ボートの事例としてよく知られているが，これは小選挙区の当落でも当てはまるケースである。僅差の選挙区の実例を用いて1票の価値の大小について生徒に考えさせれば，「政治的関心」と「政治的有効性感覚」の両面で効果的な授業になるのではないだろうか。

また，現行の日本の衆議院議員総選挙の仕組みでは，小選挙区で落選した候補者も惜敗率次第で比例区で復活当選する可能性が残っている。比例での復活は，小選挙区で圧倒的に差をつけられて落選した候補者よりも，僅差で落選となってしまった候補者を優先的に当選させる仕組みになっている。したがって，落選者に投じた1票はただちに死票となって無駄になるわけではなく，比例区での復活当選で生きてくる可能性が残されている。このように小選挙区に投ずる1票は，「小選挙区での当落」と「比例復活の惜敗率」という二重の影響力を持っているのである。日本の選挙制度を扱う際には，単にその仕組みを知識として伝えるだけでなく，生徒の政治的有効性感覚を高めることを意識して授業化することが肝要であろう。

5．おわりに

本稿は，日本の若者を対象とした意識調査に依拠しながら，若者が投票に行かない要因を探り出し，若者の投票率向上のための効果的な方策を検討してきた。それを踏まえて，最後に以下の3点について触れておきたい。

第一に，日本の若者の投票率を高めるには，現在，高い注目を集めている有権者教育の充実のみならず，若者の投票を妨げている実際上の様々な障壁を取り除くために投票制度，情報発信，学校教育の面から総合的な対策が必要である。特に，日曜休みのサラリーマンを念頭に置いた現行の投票制度は，若者のライフスタイルと齟齬をきたしており，彼らの生活実態

に即して投票がしやすくなるような対策や制度変更が求められよう。

　第二に，小中高等学校の有権者教育は，試験や受験を念頭に置いた知識注入型の教育から，若者を実際に投票へと導く実践的・具体的な教育に重心をシフトすべきである。特に，政治的有効性感覚の欠如は若者が投票を棄権する大きな要因となっているため，投票によって政治は変わること，1票の有する複合的な機能，1票の力は決して小さくないことを具体的・実践的に感じ取ることのできる授業を開発することが必要であろう。

　最後に，本稿は，若者の投票率の向上という量的な論点に絞った議論に終始してきた。しかし，民主主義社会を担う市民を育てるには，単に若者の投票数を量的に増大させるだけでなく，投票の質的向上も欠かせない。そのために有権者教育は，若者を投票へと導くのみならず，若者の政治的思考力や判断力を鍛え，投票の質を高めるようなシティズンシップ教育も，同時に行うことが肝要である。

　今後のシティズンシップ教育に関する考察は，本号を含め他の論稿に譲りたいが，ただ一点だけ触れるとすれば，今後シティズンシップ教育の重要なキーワードになってくるのは，「政治的リテラシー（政治的判断力や批判力）」である[11]。政治的・社会的に対立する問題の多くは，合理的な論拠に基づく主張同士が対立している。そうした中で，状況を冷静に分析して真っ当な判断を下すには，「情報を収集し，的確に読み解き，考察し，判断する訓練が必要である」。しかし日本の学校教育は，「政治的・社会的に対立する問題を取り上げ，政治的判断能力を訓練することを避けてきた」（常時啓発事業のあり方等研究会 2011：6）。市民の「政治的リテラシー」は，政治的・社会的に対立する様々な問題と向き合い，容易には解けない現実社会の葛藤を引き受け，実現可能で妥当な解決策を模索するという思考訓練を続けることによってのみ育まれるだろう（高橋ほか 2008：174）。

　本稿で一貫して主張してきたように，有権者教育は，若者の投票率向上という点では特効薬でも万能薬でもなく，その力がおよぶ射程は限られている。ただし，政治的判断力の育成や投票の質的改善という点に関しては，有権者教育の果たす役割は決して少なくないであろう。

　（1）　例えば，「『18歳投票』に備えた有権者教育が急務だ」『日本経済新聞』2015年2月19日などを参照。

（２）　文部科学省「政治や選挙等に関する高校生向け副教材等について」（http://www.mext.go.jp/a_menu/shotou/shukensha/1362349.htm）。
（３）　「『現代社会』廃止を検討　必修科目『公共』新設で文科省」『朝日新聞デジタル』2016年2月16日，「『現代社会』廃止検討…新科目『公共』必修化で」『読売新聞』2016年2月17日を参照。これらの記事によれば，2020年から始まる新学習指導要領では，高等学校の公民科で18歳選挙権を踏まえて政治参加などについて学ぶ新科目「公共」（仮称）の必修化が決まっているため，共通点の多い「現代社会」を廃止する案が中央教育審議会の作業部会で検討されているという。
（４）　総務省『国政選挙の年代別投票率の推移について』(http://www.soumu.go.jp/senkyo/senkyo_s/news/sonota/nendaibetu/)。
（５）　「18歳選挙権　入学・就職で投票不能を回避へ公選法改正案」『毎日新聞』2016年1月19日。この記事によれば，改正されなければ，約7万人の新有権者が2016年夏の参院選で投票できないおそれがあるという。
（６）　「学生」は，「政治的無知」を棄権理由とした23.1％と顕著に高い（東京都選挙管理委員会2015：50）。この点に関しては第4節で後述したい。
（７）　『若い有権者の意識調査（第3回）』（明るい選挙推進協会2010：30-31）によれば，「期日前投票制度の認知度」は，20歳以上を対象とした有権者調査では92.3％であるのに対し，16～29歳を対象とした若者調査では71.3％，未成年者に限ると50.8％にすぎない。「期日前投票は午後8時までできる」と正しく回答できた人も，若者調査では45.3％しかなく，投票に関する若者の知識不足が顕著に表れている。こうした投票知識の改善に関しては，有権者教育を活用する余地が多分にあると言えるだろう。
（８）　「18歳選挙権　増やせ学内投票所　投票率アップ狙い」『毎日新聞』2016年2月11日。
（９）　主要なボートマッチサイトとしては，毎日新聞ボートマッチ「えらぼーと」(http://vote.mainichi.jp/)のほか，YAHOO！みんなの政治「政党との相性診断」(http://senkyo.yahoo.co.jp/)，日本政治.com「投票マッチング」(http://nihonseiji.com/votematches/) などがある。
（10）　「【衆院選2014】接戦目立った小選挙区最少票差は新潟2区の102票 2千票以内の僅差は10選挙区」『産経ニュース』2014年12月15日。
（11）　政治的リテラシーの具体的内容については，クリックが示した「政治的リテラシーの樹形図」を参照（Crick 2000: 71＝2011: 102）。

参考文献
18歳選挙権研究会監修（2015）『18歳選挙権の手引き～改正法の詳細から主権者教育の現状／事例まで～』国政情報センター

広田照幸監修・北海道高等学校教育経営研究会編（2015）『高校生を主権者に育てる――シティズンシップ教育を核とした主権者教育』学事出版
荒井紀一郎（2014）『参加のメカニズム――民主主義に適応する市民の動態』木鐸社
飯田健・松林哲也・大村華子（2015）『政治行動論――有権者は政治を変えられるのか』有斐閣
飯田泰士（2016）『18歳選挙権で政治はどう変わるか――データから予測する投票行動』昭和堂
唐木清志ほか監修・日本シティズンシップ教育フォーラム編（2015）『シティズンシップ教育で創る学校の未来』東洋館出版社
苅部直（2010）「投票に行くということ」『鏡のなかの薄明』幻戯書房
杉浦真理（2008）『主権者を育てる模擬投票――新しいシティズンシップ教育をめざして』きょういくネット
――（2013）『シティズンシップ教育のすすめ――市民を育てる社会科・公民科授業論』法律文化社
全国民主主義教育研究会編（2014）『主権者教育のすすめ――未来をひらく社会科の授業』同時代社
高橋亮平他（2008）『18歳が政治を変える！――ユース・デモクラシーとポリティカル・リテラシーの構築』現代人文社
竹島博之（2006）「政治教育――グローバル化時代におけるシティズンシップの育成」シティズンシップ研究会編『シティズンシップの教育学』晃洋書房
――（2008）「グローバル化時代のアイデンティティとシティズンシップ教育」『政治研究』第55号，九州大学政治研究会
橋本渉編（2014）『シティズンシップの授業――市民性を育むための協同学習』東洋館出版社
『未来を拓く模擬選挙』編集委員会（2013）『未来を拓く模擬選挙――実践シティズンシップ教育』悠光堂
三宅久之（2009）『14歳からの日本の選挙――1票が国を動かす選挙の仕組みと政権交代』マガジンハウス
Roland-Lévy, Christine and Ross, Alistair eds. (2003) *Political Learning and Citizenship in Europe*, Trentham Books〔＝クリスティーヌ・ロラン‐レヴィ／アリステア・ロス編（2006）『欧州統合とシティズンシップ教育――新しい政治学習の試み』中里亜夫・竹島博之監訳，明石書店〕
Crick, Bernard (2000) *Essays on Citizenship*, Continuum London.〔＝バーナード・クリック（2011）『シティズンシップ教育論――政治哲学と市民』関口正司監訳・大河原伸夫・岡崎晴輝・施光恒・竹島博之・大賀哲訳，法政大

学出版局〕

Kymlicka, Will (2001) "Education for Citizenship," *Politics in the Vernacular: Nationalism, Multiculturalism, and Citizenship*, Oxford University Press.〔=ウィル・キムリッカ（2012）「シティズンシップ教育」『土着語の政治』岡崎晴輝・施光恒・竹島博之監訳，法政大学出版局〕

＜意識調査データ等＞

明るい選挙推進協会（2010）『若い有権者の意識調査（第3回）――調査結果の概要――』平成22年1月（http://www.akaruisenkyo.or.jp/wp/wp-content/uploads/2011/01/wakamono.pdf）

明るい選挙推進協会（2015）「18歳選挙権認知度調査」平成27年7月（http://www.akaruisenkyo.or.jp/060project/066search/5444/）

常時啓発事業のあり方等研究会（2011）『最終報告書：社会に参加し，自ら考え，自ら判断する主権者を目指して～新たなステージ「主権者教育」へ～』平成23年12月（www.soumu.go.jp/main_content/000141752.pdf）

東京都選挙管理委員会（2015）『選挙に関する世論調査――平成26年12月14日執行衆議院議員選挙』平成27年6月（http://www.senkyo.metro.tokyo.jp/data/pdf/h26syuu_yoron.pdf）

内閣府（2009）『第8回世界青年意識調査』平成21年3月（http://www8.cao.go.jp/youth/kenkyu/worldyouth8/html/2-5-1.html#3）

日本労働組合総連合会（2015）「若者の関心と政治や選挙に対する意識に関する調査」2015年8月3日（http://www.jtuc-rengo.or.jp/news/chousa/data/20150803.pdf）

NPO法人ドットジェイピー（2012）「若者が選挙に行かない理由第一位は投票環境によるもの」2012年12月（http://www.dot-jp.or.jp/nl/2012/1215-2.pdf）

第28回政治山調査（2015）「17歳から19歳，65％が『投票に行く』と回答」（http://seijiyama.jp/research/investigation/inv_28.html）

教育はなぜ脱政治化してきたか
―― 戦後史における1950年代の再検討 ――

小玉重夫 *
荻原克男 **
村上祐介 ***

要旨：これまでの政治学・教育学では，1950年代を教育において文部省対日教組による保革のイデオロギー対立が激化した時期であると捉えることが一般的であった。それに対し本論は，そうした表面上のイデオロギー対立が注目される中で，その底流ではこの時期に教育の脱政治化が進行していったことに焦点を当てて，教育行財政の制度と地方教育行政の実態がむしろ脱政治化へと向かったことを歴史的な検証から明らかにすると同時に，教育行財政の制度・実態だけでなく，現場の教育実践のレベルにおいても，この時期に脱政治化の萌芽が生じてそれが進行してきたことを示した。具体的には，教育行財政の制度面（2節），教育関係団体秩序の側面（3節），そして教育運動，教育実践の側面（4節）から論証した。以上の作業を通じ，1950年代の教育政治について通説とは異なる理解を提示すると同時に，教育が政治化する陰で，現在に至る教育の脱政治化への転換点が1950年代に埋め込まれていたことを明らかにした。

キーワード：教育政治，脱政治化，中立性，市民性教育，1950年代

1．本論の問題関心と課題

本論の目的は，1950年代の教育と政治の関係について，通説とは異なる理解を提示することにある。従来，1950年代の教育は保革のイデオロギー的対立により激しく政治化し，いわゆる「逆コース」の一翼を担ったと捉えられてきた。それに対して本論は，教育が政治化していた1950年代に，

---

* 東京大学大学院教育学研究科教授　教育哲学
** 北海学園大学経済学部教授　教育行政学
*** 東京大学大学院教育学研究科准教授　教育行政学・行政学

現代に至る「教育の脱政治化」[1]状況への転換の起源が、いわば逆説的に生じていたことを明らかにする。

　日本の教育政策は、文部省と日教組のイデオロギー的対立によって特徴づけられてきた。その対立の起点は、戦後改革に対する再改革が行われた1950年代前半から半ばにある。具体的な事例としては、教育の政治的中立を定めた教育二法（教育公務員特例法改正、義務教育諸学校における教員の政治的中立の確保に関する臨時措置法の制定、1954年）や地方教育行政法（地教行法）の成立（1956年）などが挙げられる。55年体制が成立した政治的状況と同様、1950年代は教育にとっても、文部省と日教組の対立が激化した「政治の季節」であった。

　そうした理解は教育学のみならず、政治学でも通説的であった。同時代的な政治分析では保守勢力による「逆コース」が強調された[2]。それを批判的に検討した大嶽秀夫は、保守勢力における右傾化路線と経済的自由主義を区別した上で、経済・労働政策などでは後者の影響が強く合意と妥協の政治という側面が働いた一方、防衛、治安、教育に関しては従来通り前者の流れがあり、厳しいイデオロギー対立によって特徴づけられると述べた[3]。これに対し、戦後初期の教育政策を政治学的に分析した徳久恭子は、逆コース期において与党（自由党→自民党）と日教組は政治的対立を見せたが、文部省は「教権の独立」論を旨とした合意の政治を志向したと指摘する[4]。しかし、いずれにしても与党と日教組に関しては、従来のイデオロギー対立で捉える見方が依然として支配的である[5]。これは教育学も同様で、「逆コース史観」ともいうべき、文部省対日教組の二項対立的な図式による理解が通説である[6]。

　他方、日本の教育では民主主義教育の必要性が強く主張された戦後初期を除き、教育と政治はお互い関わりを持つべきでない存在として扱われてきた。換言すれば、教育は脱政治化されてきたと考えられる[7]。教育は政治から自律すべきとの主張は、教育現場のみならず教育学でも広く展開されてきた[8]。

　また学校教育では、現在に至るまで教育の政治的中立性の名の下に政治的教養や市民性に関する教育は避けられる傾向が強い。そのことは、18歳への選挙権年齢引き下げ後の政治教育や、脱政治化された学校教育を経験した成人の政治参加にも影響を与えており、現在ではむしろ「教育の脱政

治化」状況が問題となっている。特集論文の趣旨にもあるように，近年はむしろ「教育を政治との関係のうちに新たに位置づける必要」が生じており，教育政策や実践において政治と正面から向き合うことが不可欠になっている。しかし，長年続く「教育の脱政治化」状況から「教育の再政治化」に向かう途は容易ではない。

では，日本の教育と政治の関係がなぜこうした現状に至ったのか。換言すれば，「教育の脱政治化」はいつごろから，なぜ生じたのであろうか。筆者らも，1950年代に教育が政治化した面があることは否定しない。しかし，それだけでは，現在に至る「教育の脱政治化」の起源と理由を説明することは難しい。

筆者らは，この時期に教育が表面上政治化したことで，その後の教育が脱政治化していく契機となる変化が既に生じていたことをより重視する。教育の脱政治化への転換のメカニズムを明らかにする本論の知見は，教育政治の新たな歴史的理解を示すとともに，今後の政治教育や教育政策形成の在り方を考えるうえで有益な視点を提示しうるものと考える。

本論の構成は以下の通りである。第1節（本節）では，本論が1950年代に教育が政治化したとみる通説的見解とは異なる理解に立つことを述べた。第2節では法制度を通じた脱政治化を取り上げる。政治的紛争の末に成立した教育二法や地教行法に加えて，従来注目されてこなかった義務標準法（公立義務教育諸学校の学級編制及び教職員定数の標準に関する法律）などの基準立法が，それぞれ関係者の期待を制度的に調整する役割を果たしたことを述べる。第3節では，制度の移行過程において教育関係の社会的団体・組織が変質あるいは弱体化したことで，教育が脱政治化に向かったことを明らかにする。制度の移行過程では政府に反対するなど政治化していた団体が，移行過程でその構成員や性格を著しく変質させ，第2節の「調整」とは異なるメカニズムで政治的に無力化していったことを示す。第4節では，教育実践や教育学など，より教育内在的な過程においても脱政治化が図られたことに着目する。この時期に教育の政治化を強めたと考えられる民間教育運動[9]の側でも，教育と政治を峻別する思想がこの時期に形成され，それが「教育の中立性」概念を媒介として脱政治化を促したことを考察する。最後の第5節では本論の知見をまとめ，その理論的含意を示す。

2．1950年代の教育改革
―政治化した教育改革がもたらした脱政治化の帰結

本節では，1950年代における法制度の改革が脱政治化をもたらしたことを明らかにする。この時期に制定された教育二法と地教行法はいずれもその立法過程は著しく政治化したが，その結果構築された制度は関係者にとって紛争を避けるためのルールとして機能し，結果的に脱政治化を促した。また，1950年代後半の基準立法の制定は教育財政での脱政治化をもたらした。換言すれば制度が関係者の取引費用を削減する方向に働いた。

1954年の教育二法については，教育学で既に多くの研究があり詳細はそちらに譲るが，その評価としては，「この法律が処罰立法であることは，教師が政治教育や憲法教育に消極的になるなど，教育実践を萎縮させる傾向をつくりだした」[10]との指摘に代表されるように，教師に無言の圧力をかける傾向を生んだとの理解が一般的である。反面で，教育二法制定後も日教組の活動が活発であったことから，日教組については「萎縮」したとは言えないとの指摘もある[11]。ただ，そうした理解に立つ研究も，後述する旭丘中学事件以来，組合管理を伴う学校紛争が全く起こっていないことから，教育二法が効果をあげたことは否定していない[12]。

法制定以降，紛争が生じなかった理由としては，第1に，第4節で検討するように，この時期以降，日教組に近い民間教育運動の側からも教育と政治を峻別しようとする動きが生じ，それが運動側の主流となっていったことが挙げられる。第2に，日教組はストライキなどの労働争議は引き続き行うが，教育二法に抵触するような具体的な教育実践は回避したことが推測される。教育二法の制定は民間教育運動の論理，あるいは教育実践において脱政治化を志向する契機になったといえる。

1956年の地教行法制定は，政治的中立性の確保が法律の目的とされた点で教育二法と類似した面がある。教委制度の創設当初は，教育の地方分権，教育行政の一般行政からの独立，教育行政の民衆統制がその理念であったが，地教行法はそれらを弱めつつ継承するとともに，教育行政の政治的中立性・安定性・継続性の確保を制度理念に付け加えた。安定性・継続性に関しては旧教育委員会法でも2年ごとの半数改選を行うとして考慮されていたが，政治的中立性については地教行法で初めて制度の意義として掲げ

られた13。

　地教行法は教育委員公選を廃して任命制を導入することの是非が最大の論点となり，その制定過程は極めて政治化したといってよい14。しかし制定後は，1990年代後半の地方分権改革まで，地方教育行政が政治化することは少なくなった。

　地教行法により教育委員は任命制となり，また教育委員会は予算・条例の原案送付権を喪失したため，その影響力は弱体化した。かつては教育予算をめぐって首長と公選制教委が対立することもあったが，地教行法制定以降，両者の対立は少なくなった。

　一方，首長や議会は教育行政を政治化させることが可能であったが，文部省と日教組の対立が弱まる1990年代半ば頃までは，首長や議会にとって教育行政に積極的に関与するのはリスクを伴うことであった15。なぜなら，地方レベルでは政権交代の可能性があったために，対抗政治勢力に首長や議会多数派の座を奪われた際に教育政策を転換される危険があり，また関与を避けることで対抗勢力からの反発を最小限に抑えることができたからである16。任命制教委を安定的に存続しておくことは，自らが望まない政策転換や政治的紛争を避ける上でも合理的であった。結果として，地教行法の制定は地方教育行政を脱政治化させる方向に作用した。

　教育財政に関しては，1950年代に制定された各種の基準立法により教育予算に関するルールが整備されて関係者の期待が調整されるようになり，その結果，政治対立は抑制されていった。1950年代初めのシャウプ勧告により地方財政平衡交付金制度が導入され，義務教育国庫負担法（旧法）が廃止されると，インフレや地方財政の窮乏と相まって財源不足が生じ，教員給与の捻出に苦心する自治体が続出した。義務教育費の平衡交付金による負担率は1950年度の66％から52年度には49％に低下し，地方財政を圧迫した17。まもなく，全国知事会が国庫負担制度の復活を要望したことを契機に，1952年に義務教育費国庫負担法（新法）が制定された。立法過程では大蔵省・自治庁・文部省との折衝や国会による修正など紆余曲折があったが18，これにより，義務教育諸学校の教職員給与は，国と都道府県が折半して負担し，国庫負担金と地方交付税交付金を財源として充てる制度的枠組みが確立した19。

　ところが，国庫負担金の規模を左右する教職員定数については，1947年

に学校教育法施行規則で学級規模標準を50人以下とすると同時に，学校別教職員定数の標準が示されていただけであった[20]。折しもベビーブームによる児童数の増加で過大規模学級が増え，半額負担の義務教育費国庫負担制度の下では，教員の給与水準・配置定数に都道府県格差が生じた[21]。しかし，児童生徒数の増加が収まった後は，それが減少に転ずることが予想されていた。

　義務標準法が制定される前年の1957年，必要な教職員給与費及び教材費のうち，各都道府県の地方税収入の25％（仮定）までは都道府県の負担とし，これを超える額は全額国庫で保障するという義務教育費国庫保障制度構想[22]が自民党から出されたが，自治庁と大蔵省が反対の態度をとった[23]。他方，教職員定数基準の法定に関しては，文部省はそこで生じる教職員数の余剰を過大規模学級の解消などに充てることを構想した一方，教職員数の増加を抑え地方財政の健全化を図ることが課題であった大蔵省と自治庁は，定数抑制としての機能を果たすことを期待して賛成に回った[24]。義務標準法は，異なる思惑を持つ省庁間の官僚政治によって成立したものであった。

　小川正人は，1958年に学級編制基準の設定が機関委任事務化されたことと，学級数・教職員定数が地方交付税交付金の基準財政需要額の算定基礎となったことから，義務標準法の制定は国と自治体との権限関係の再編成を伴うもの，すなわち，一定の行政水準を実現する際に地方自治体の裁量を狭めながら国の監督・関与の権限を強化する側面があったことを指摘している[25]。こうした見解は間違ってはいないが，それは国の関与の強化というよりは，むしろ学級編制と教職員総数，各学校への教職員配当が制度手続きとして結びついた[26]ことで，政治過程化しがちであった義務教育費の予算編成がルーティン的な行政執行過程に組み込まれたことがより重要な変化であった。つまり，政治的折衝によって義務教育費が決まるのではなく，各学校の児童生徒数から学級数が計算されて各学校の教職員数が決まり，それを積算することで都道府県の教職員総数が決定されるという法制度的な枠組みが確立した。その点で1958年以降，義務教育財政は脱政治化へと向かっていった。その後，1970年代には人材確保法や私学助成などの立法過程で教育予算をめぐる政治が観察されることもあった[27]が，総額で大きな割合を占める義務教育諸学校の教職員給与についてはルーティン

的な行政執行過程による決定が継続した。

　基準立法の成立過程では地方から中央へのニーズの発現が観察されたが，法制定以降は，こうした政治的押し上げは行政内部の執行過程に組み入れられた[28]。行政学・地方自治論の実証研究では，村松岐夫のいう水平的政治競争モデルが描くような地方から中央への政治的押し上げが1960年代以降に観察される[29]。しかし，教育財政ではこうした「政治」は基準立法の制定を通じて法制度内部に組み入れられ潜在化する[30]ことで既に脱政治化されていた。

　本節で取り上げた法制度の改革は，その立法過程では，与野党の対立や省庁間の官僚政治など様々なレベルでの政治が発露した。しかし，政治化した立法過程とは逆に，実施過程では，それらの法制度がむしろ学校教育と教育行財政を脱政治化する方向に強く作用した。その意味で，政治化した教育改革が行われた1950年代は，むしろその後の教育の脱政治化をもたらした法制度の形成期として理解することができる。

3．教育団体秩序の再編と脱政治化

　前節では法制度レベルについてみたが，ここでは教育界の社会的な任意団体によって形作られる団体秩序の再編を取り上げる。法制度による脱政治化を扱った前節に対し，本節では制度の移行過程での団体再編を通じた脱政治化に焦点をあてる。1950年代後半は，多くの教育関係諸団体がその時々の政策・争点を巡って，協力と対立の関係を交えながら活発に行動した時期であった。ある団体は政策推進の受け皿となり，逆にある団体は政策に反対する抵抗勢力となり，また別の団体はいずれにも関与しない団体として位置づくことになる。こうした連携と抵抗からなる団体相互の配置関係が大きく変容したことが，50年代後半の一つの特徴であった。このような団体秩序の変容は大きく2つの段階に分けられる。第1は地教行法の制定に伴う変化であり，第2は教員勤務評定をめぐる政策過程で起こった変化である。これらの過程で，政府の政策への反対勢力となる諸団体が解散・転向することで，脱政治化がもたらされた。

3．1　教育委員会関係団体の再編

　旧教育委員会法が廃止される直前の時点で，教委関係者からなる全国団

表　1956年前後における教育委員会関係団体の再編

	旧教育委員会法下の団体		地方教育行政法下の団体
（都道府県）	a-1　全国都道府県教育委員会協議会	a-1*	全国都道府県教育委員長協議会
	a-2　都道府県教育長協議会	a-2	同　左（継続）
（市町村）	b-1　全国地方教育委員会連絡協議会	b-1*	全国市町村教育委員会連合会
	b-2　全国都市教育長協議会	b-2	同　左（継続）

（出典）筆者作成

体が4つ存在していた。都道府県を母体とする団体が2つ，市町村を母体とするものが2つである。このうち，教育委員だけで構成される団体が1つ（表a-1），教育長のみからなる団体が2つ（a-2，b-2），そして委員と教育長の双方を包含する団体が1つあった（b-1）。

　法制上は，教育長は教育委員会の指揮監督下にあると規定されていたが，実質的な行政運営は教育長を中心に行われていた。教委制度の導入後，文部省は合議体の委員会部分の関与権限をできるだけ形式化し，常勤職としての教育長とその下の事務局を中心とした行政執行体制を確立しようとした[31]。

　表は，地教行法の制定前後における諸団体の変化を示したものである。その最大の特徴は，教育委員を中心とする団体と，教育長によって構成される団体とで，変化の帰趨が大きく異なっている点である。すなわち，教育委員を母体とする全国都道府県教育委員会協議会（全教委）と全国地方教育委員会連絡協議会（全地教委）の2つの団体が解散し，それに代わって新たな団体が発足した（a-1→a-1*，b-1→b-1*）のに対して，教育長からなる都道府県教育長協議会と全国都市教育長協議会（a-2，b-2）は共に組織としての継続性が保たれたのである。このような対照的な帰結となった背景には，前述したように，非常勤の教育委員に対して，常勤職の執行担当者として文部省からも重視されていた教育長との違いが挙げられるが，それ以外の要因として次の点が重要である。

　第1は地教行法の制定過程においてこれらの団体が示した対応の違いである。全教委と全地教委は，教育委員会法を廃止する新法案に対して活発な反対運動を展開した。当初，両団体は議員や政党に対する陳情などの活動を別個に行っていたが，まもなく共闘関係を結ぶに至る。運動の進展に伴い，共闘関係はさらに広がってゆき，やがて日教組も含めた数多くの教育諸団体が法案反対に結集するまでに拡大した（最大27団体が集結）。こう

した取り組みにおいて，全教委と全地教委はいずれも主催側の中心組織として活動していた。さらに，この2団体は委員の総辞職も辞さないとの「総辞職戦術」を掲げて反対したほか，清瀬文部大臣への不信任決議を掲げるなど様々な活動を展開したのである。これとは対照的に，都道府県教育長協議会は法案反対を表明することはなく，一貫して沈黙を保った。ここでは，全教委と全地教委が政治的な活動団体として現れたのに対して，教育長協議会は非政治的な無作為団体であり続けた。

　新法（地教行法）制定の後，法案への反対運動を展開してきた全教委と全地教委は共に解散した。このことは，単にこの2団体が消滅したという以上に，状況によっては日教組などを含めた他の団体とも共闘して，政府の政策に反対しうるような団体秩序そのものが溶解したことを意味する。この団体秩序は，新法案への賛否というその時々の争点に規定された流動的な状態にあるものではあるが，やはり一つの秩序であるといってよい。このような意味で政治性を有していた団体秩序が，地教行法の制定過程を通じて脱政治化されたのである。

　第2に，教育委員会の人員構成の変化をみても，教育委員では断絶性が顕著であるのに対して，教育長は継続性が高いという特徴が指摘できる。実際，新法下の都道府県の教育委員では，全国総数229人のうち旧委員であった者は23人にとどまり，その再任率は10％である。また，5人の教育委員全員が新任者に入れ替わった教育委員会数が，46都道府県中33あった。それに対して，教育長では46人のうち33人が旧教育長と同一人物であり（再任率72％），教育委員とは全く対照的である。

　このように，教育委員の人的変化が大きかった要因として，教員組合との関連性をみておく必要がある。旧法（公選制）下においては，教委制度の理念の一つとして唱えられた「素人統制」論とは裏腹に，委員に占める教員関係者の比率が高いという実態があった。制度発足直後では，都道府県の教育委員のうち現職教員が3割半ばを占め，前職の教員経験者と合わせると約7割に上った[32]。教員による委員立候補に対しては占領軍（CIE）も文部省も否定的な対応をとったにもかかわらず，これだけの教員関係者が当選しえたのは，教職員組合の組織的な働きかけがあったからにほかならない。公選期の終盤では比率は若干下がったが，なおも約5割が教員関係者で占められていた。しかし，新法下ではそれが一挙に27％まで急落し

たのである[33]。

この過程では自民党による影響力行使がみられた。全国で新委員の任命作業が進められるさなか，自民党本部は「日教組の教育支配を排除することは焦眉の急務」として，日教組関係者を教育委員に任命しないようにとの指令を各地方支部宛に出している[34]。清瀬文相は，自民党のこの措置を「当然である」と公言して後押しした。ここでは，日教組の影響力という政治性を排除することが，政府・与党からする正常な教育行政秩序を確立するための不可欠の政策として——それ自体多分に政治的に——推し進められたのである。

3．2　教員勤評の政策過程における教育団体の性格変容

ここでは，教員への勤務評定政策を通じてもたらされた，団体変容の第2段階の過程を取り上げる。全教委・全地教委の解散に象徴される団体秩序の脱政治化の後，各教育委員会関係団体は，それぞれの配置関係を変えていく。教員勤評政策に対しても広範な反対運動が起こったが，その過程において各団体が果たした役割，位置取りは異なっていた。そこでの各団体の変容にはおよそ次の3つのパタンが観察できる。

第1は，全教委（表, a-1）の解散と，それに代わって新設された全国都道府県教育委員長協議会（a-1*）の事例である。a-1*は教育委員ではなく教育委員長を構成員とする団体であるが，この創設にあたっては，かつての全教委との違いを意識するかのように，政治的色彩を脱色するための配慮がなされた。実際，その性格づけは「国会闘争主義を脱皮した相互連絡会的なものとし，教育財政拡充調査研究活動に重点をおく」ものとされた[35]。他方でその後，同団体は教員勤評では政策推進の一翼を担うことになる。つまりここでは，かつては政府への抵抗勢力となっていた団体が脱政治化され，その後の第2段階では政策実施の受け皿的な機能を担うというパタンがみられる。

第2は，全地教委（表, b-1）から全地教委連（b-1*）への組織変換の例である。全地教委の解散は，全教委の場合と同様，かつては政治性を帯びていた団体の脱政治化を意味する。その後継団体である全地教委連の結成においても，やはり同様に「これまでの政治闘争を排した」調査研究や教育財政の充実に努めることが確認された。法制上，教員勤評の実施主体は

市町村教委であったが、にもかかわらず全地教委連による関与は全くみられなかった。ここでは、第1のパタンとは異なり、第一段階の脱政治化を経て、その後も不作為団体にとどまり非政治的であり続けた。

第3は都道府県教育長協議会（表, a-2）の場合である。この団体は地教行法の制定過程では、他の諸団体がこぞって反対運動に参加した中で、一貫して不作為の立場をとったという意味で非政治的であった。ところが教員勤評においては、同団体は勤評基準案の作成という重要な役割を担うことで、政策推進に積極的な関与を行ったのである。ここにみられるのは、第一段階では非政治的であった団体が、後には政策実施の代替機能を担うというパタンである。

以下、これらの経過について特徴点をみておく。第1に、教員勤評政策は自民党による教員組合対策の一環として立案された。その狙いを端的に示した文書が、自民党全国組織委員会「教組運動の偏向是正に関する方策および補足説明」（1957年8月15日）である[36]。その中で注目されるのは、教員の政治活動制限を企図した教育二法について、「これらの立法措置はその成立に伴う紛争にくらべて遺憾ながらその実効は上がっていない」との認識が示されている点である。すなわち、日教組を「規制する強い立法措置」を講じたとしても、「行政措置がこれに伴わなければ無意味」であるとされ、そこから現行制度の枠内での「効果的な措置」として勤評政策が浮上してくる。

第2に、当初予定されていた実施手続きが途中で変更され、任意団体が政策推進の重要なアクターとして登場してくることとなった。政権側は当初において、文部省が教員勤評の基準案を作成し、これを受けて各教育委員会が勤評規則を定め、実施する方策を想定していた[37]。文部省もこれに従い、1957年の秋頃までに基準案を示す方針を明らかにした[38]。このような文部省の方針表明をうけて、日教組はただちにこれを阻止するための運動を強化した。日教組本部としては「文部省の基準が地方に流れてしまってからでは闘いが不利になる」と判断していたからである[39]。かくして日教組の反対闘争の照準が文部省による基準案作成の阻止に置かれる一方で、なかなか基準案は発表されぬまま事態が経過した。

10月に入って局面は大きく転換する。都道府県教育長協議会が総会を開き、勤評基準案を早急に作成し、実施態勢に入ることを申し合わせたので

ある（10月22～23日）。その直後，今度は全国都道府県教育委員長協議会が総会を開き，準備が完了次第すみやかに勤評を実施することを確認した（10月24日）。都道府県の教育長と教育委員長を母体とする2団体が，相次いで勤評政策をみずからが積極的に担うことを表明したのである。当初は文部省が果たす予定だった役割を，この2つの任意団体が代替して担うことになったのである。この状況転回によって，日教組の闘争戦術は虚を衝かれる形となった。

その後，教育長協議会の幹事会が勤評基準案を決定・発表し（12月20日），同日，教育委員長協議会も臨時総会を開いて同案を了承した。両団体の本島幹事長と木下会長は揃って記者会見を開き，ただちに基準案を各府県に流し，翌年4月からの全国実施に向けて各教委への指導に乗り出す方針を明らかにした[40]。これを画期として，勤評政策の焦点は中央レベルから各都道府県へ，次いで市町村および学校レベルへと順に下降していくことになる。

このように，教育委員会関係団体は教員勤評に際して，行政の実施機能を担う団体と，それらに関与することのない非政治的な団体に分岐した。前者は政策推進の受け皿的な役割を果たした点で政治化していたともいえるが，しかしこのことがその後，校長会と教員組合との関係を中心とした教育団体秩序の脱政治化に大きく影響することになる。以下，この点について述べる。

教育長協議会の基準案では，教職員の評定者を校長，そして校長の評定者を市町村教育長と定めていた。各都道府県が定めた勤評規則も概ねこれを踏襲していたから，問題の焦点は，この評定者と被評定者との関係，とりわけ市町村教委からは被評定者である一方で，教職員に対しては評定者として位置づけられた校長の動静に絞られてくる。

校長たちの反応は，まず地方レベルから現れた。福島，岩手，広島，山梨，秋田，大分，鹿児島などの各県で，小中学校の校長会が相次いで勤評実施に反対の態度を表明した。多くは県単位の校長会からの反応であり，一部に指定都市や郡部レベルの校長会も含まれていた。なお，全日本中学校長会が実施したアンケートによれば，回答した34道府県の中学校長会のうち，条件付き賛成28，反対13，賛成は0であった（1957年12月時点）[41]。

他方で，校長会の全国組織の反応はおしなべて鈍かった。高校の校長会

は早くに実施を容認したが、小学校と中学校では明確な態度表明が行われないまま推移した。全日本中学校長会はアンケート結果をもとに対応を協議したが、結局、中央としての意思統一は見送られた（58年1月、5月）。全国連合小学校長会も勤評への態度決定をめぐり総会を開いたが、議論が紛糾し、ここでも意思統一はできなかった（58年6月）。結局、勤評への態度決定は個々の校長に委ねられる形となった。かくして、校長は評定責任者として、一方では市町村教委との関係で、他方では教員組合との間で、鋭い緊張関係の中に巻き込まれていく。このような状況から、校長と教員組合との劇的な組織分化が引き起こされることになる。

　まず第1に、当時は、校長の多くが教員組合の有力な構成員でもあった点を確認しておく必要がある。1957年9月時点での公立学校数36816校のうち約29000（約80％）の学校長が教職員団体に加入していた。学校種別でみると、小・中学校の校長では82％、高校の校長で約50％の加入率であった[42]。数だけでなく、組合の組織内でも校長は重要な地位を占めていた。多くみられたのは、郡市レベルの教員組合の支部長となっていた校長であり、なかには府県の組合委員長に選出されていた者もあった（8県）。日教組がいわゆる「校長主導型」組合と言われることがあるのは、このような実態を反映したものであった。勤評実施の日程が迫るにつれて、校長からの評定書の提出をめぐって各地で激しい闘争・駆け引きが繰り広げられることとなる。

　第2に、校長たちの教員組合からの一斉離脱は、評定権者としての校長の立場と勤評絶対反対を掲げる日教組の組合員としての立場との矛盾が頂点に達する過程で起こった。その転機となったのは、1958年9月15日に日教組を中心に行われた勤評反対全国統一行動である（9・15闘争）。当時、この統一行動は広く世論の関心を集め、辻清明をして「ひとつの政策をめぐって、人々が、これほど高い関心と憂慮を示した事件は、おそらく戦後はじめてのこと」だと言わしめるほどの一大イベントとなった[43]。この9・15闘争を前後して、各地の校長たちの間で、教組支部からの脱退や組合役員辞任の動きが顕在化していった。こうした校長の組合離脱は、地域によって早い遅いの時期的な違いはあったが、それが起きるときには各県や各郡支部単位で集団的にほぼ一斉に行われた。そして、このような一斉脱退と表裏して、各地区単位の校長会において勤評実施に向けた意思統一がな

されるということが並行して起きたのである[44]。

このような，180度の逆転ともいえる帰属団体の集団的転向が起こったのは，勤評政策に孕まれた矛盾が一挙に個々人の校長に押し寄せたからであった。全国で多くの校長たちが，「勤務評定に賛成すれば組合を裏切ることになるし，あくまで反対して教委にタテをつけば（中略）自分の身が心配になる」[45]という緊張関係のなかに置かれ，結局それを個人では担いきれずに，最終段階で集団的転向へとなだれ込んだのである。

校長たちの組合離脱の全国状況をみておけば，1957年9月時点で約80%だった校長の組合加入率は，1960年5月には約57%（34896人中19727人）にまで低下した[46]。わずか2年余りの間に，全国で約1万人もの校長が組合から脱退したのである。それまでは教員組合の指導層と学校長とが人的・組織的に重なりあうことにより成り立っていた教委－学校関係の秩序が，ここで大きく変容したのである。これもまた，教育組織秩序の脱政治化への大きな転換点をなすものであった。

4．教育運動の脱政治化

本節では，文部省対日教組の対立によって激しく政治化したといわれる民間教育運動の側にも，教育の脱政治化へ向かう動きがあったことを明らかにする。

1950年代に政府・文部省と日教組との間の対決の中で教育現場が激しく政治化し，教育二法成立への引き金となった事件として言及されるのは，第1節でも言及した1954年の旭丘中学事件である。

京都市立旭丘中学校では，1949年の生徒会発足以来，図書館の運営や運動会の実施を生徒会の自主管理のもとで行うなど，生徒会活動が盛んに展開されていた。そうした生徒の自治的活動はやがて，学校外の社会的，政治的な問題にも及ぶようになる。たとえば，1952年に，生徒6名が警官からいいがかりをつけられた旨を生徒会の新聞に投書したことを契機に生徒会がこの問題を学校側に訴え，結果的に警察署長が陳謝するという事件があった。また，1953年には，生徒の一部がメーデーや市民団体主催の平和運動に参加している。そうした中で，1954年に教師の生徒会指導のあり方を「偏向教育」であると批判する父母および市教委と，教師の指導を支持する父母や生徒会，教職員組合との間の対立が激化し，両派が9日間に及

ぶ分裂授業に至ったのが，旭丘中学校事件である[47]。

　生徒の自治的な活動が学校を超えて社会的，政治的な場面にまで拡大していくことは，1950年代初めまでの新制中学校では，決して特殊ではなかった。たとえば竹内常一（1935年生まれ）は，自身の中学校時代について，「私が経験した中学校時代の自治会活動[48]は，旭丘中学校の自治活動とほとんど変わるところがなかった」と述べている[49]。そして当時の教育学も，学校を超えて政治的な活動へと拡大していく子ども・青年の行為を肯定的に捉えていた。1954年に旭丘中を現地調査した教育学者の五十嵐顕は，旭丘中学校の自治活動に関して，次のように述べている。

> 「一口に生徒の自主性といっても，このような教育活動の基調におかれる精神態度は，生徒たちがおくっている全生活から切りはなされた学校生活の部面のみで確保されるものではありえない。生徒が共にする両親との家庭生活や，生徒たちの生活的視野に入ってくる社会情勢の変化も子どもたちを動かしている。生きて動いてゆく生活環境のなかでは，自主性にもられてくる具体的な内容は多くの可能性にさらされてくるのである。教師の指導は，このような大小の可能性のなかで，生徒の自主性が正しい人間的成長のエネルギーとなるように，時には生徒が自らの力で自己の現実を否定するまでに，それを高めてやらねばならなかった」[50]。

　以上のように述べながら，五十嵐は，「生徒たちの生活的視野に入ってくる社会情勢の変化」という，現実の政治的な変動の局面に子どもや青年をさらしていくことが，「教師の指導」として正当性をもちうると主張した。こうした五十嵐の把握には，教育現場が政治化していくことに対しての肯定的な捉え方をみることができる。

　しかしながら，注目すべきは，五十嵐らとともに調査に参加した教育学者の勝田守一が，これとは対照的に，教育現場が政治化していくことへの慎重な評価を示している点である。勝田は，「旭ヶ丘中学校の教師たちが，民間教育研究団体に属していなかったという事実」[51]に着目し，そこに，「旭中の教育が，その目標において高くその熱意において深いものがありながら，なお教育活動の本来の方法や技術について果してどれだけの用意

があったか」[52]という問題を指摘したうえで，論文の結論部分で次のように述べている。

> 「とくに，考えなければならないことは，教員組合と労働組合の提携が，その教育活動に『組合的』な印象を濃くしていることである。組合に結集する教師がそれによって，自主的人間として，解放され，自己を確立し，さらに国民の大部分を占める勤労者階級の要求を，自己のものと感じて，国民教育が，その要求をみたすために，自由と真実と（ママ）もとづいてすすめられるように，これを守ろうとすることはきわめて重要なことである。しかし，…（中略）…もう一つの点，つまり，おとなでない子どもの教育という活動において，直接的に組合活動と結ばれるのではなく，教育固有の『学習』の面に引き直すどれだけの意識が働いたかが大切な点である」[53]。

ここで勝田は，旭丘中学校事件に対して，先に引用した五十嵐顕とは明らかに異なるスタンスをとっている。五十嵐は，現実の政治的な変動の局面に子どもや青年をさらしていくことが，「教師の指導」として正当性をもちうることを主張していた。それに対して，勝田はむしろ逆に，「おとなでない子どもの教育という活動において，直接的に組合活動と結ばれるのではなく，教育固有の『学習』の面に引き直すどれだけの意識が働いたか」という点を強調する。そこでは，政治活動と直接結ばれるのではない「教育活動の本来の方法や技術」が重要視される。この点での旭丘中学の実践について，勝田は，慎重な言い回しながら，極めて批判的な評価を行っている。ここには勝田が政治と教育を峻別し，「政治活動と直接結ばれるのではない『教育活動の本来の方法や技術』」に定位する視点が明確に読み取れる。そして，この勝田における政治と教育の峻別論が，その後の民間教育運動を導く理論的主柱となっていく。

たとえば，1958年に雑誌『思想』に発表された勝田と堀尾輝久との共著論文「国民教育における『中立性』の問題」では，上記のような政治と教育の峻別論に立脚して，以下のような認識が示される。

> 「しかし，『公共』のために教育を『中正』にする方向は，現実の差別

を抽象した国家という統一的な実体が存在しない以上,『国民の多数に支持される』政党の利害,具体的には,それを支持する経済的支配者たち,国際的にはアメリカの支配勢力との関係から生ずるインタレストによって,実質的にみたされるほかはない。そのばあいに,具体的に個々の内容を直接的なインタレストでみたすような仕方で支配するというよりも,その支配的インタレストに対立するような内容を,無害にするという仕方で,『中正』の観念を成立させる。これが政府による教育の中立性とよばれる『中正』維持のための統制の実態である。このことに対して,教育が私事であるという原則が,教育の中立性の真実の要求を成立させる。…(中略)…私事を組織するということは,すべての個人の幸福の追求と教育とが直接に結びあうことであり,子どもの幸福追求の自主的能力の成長に,教育が責任をもつということである」[54]。

このように,政治とは峻別された私事としての教育が組織化され,「子どもの幸福追求の自主的能力の成長に,教育が責任をもつということ」,すなわち教育の固有性の原理こそが,国民教育における中立性を真の意味で担保するのだ,という認識が示される。この認識は1960年代以降の民間教育運動の主流派を形成していくことになる。

冷戦期の教育政治は,表面上は,政府・文部省を中心とした保守勢力と,教員組合運動や民間教育運動を中心とした革新勢力との間の激しい政治的対立の磁場において展開されてきたように見える。しかし,以上でみてきたように,その実態は,1950年代末以降,いわゆる革新系の教育学のなかで,勝田守一に代表されるような教育的価値の中立性に依拠したリベラルな教育学が台頭し,それが教育学や教育実践の脱政治化を促していった面があった。その際に,教育的価値の中立性を担保する理論的鍵概念として位置づけられたのが「子どもの発達」という視点であったのである[55]。

5. 教育の再政治化と向き合うために

これまでの政治学・教育学では,1950年代を文部省対日教組による保革のイデオロギー対立が激化した時期として捉えることが通説的であった。それに対し本論では,そうした表面上のイデオロギー対立が注目される中

で，その底流ではこの時期に教育の脱政治化が進行したことに焦点を当て，従来とは異なる歴史的理解が必要であることを述べた。

その際，本論では，1950年代の教育の脱政治化を3つの位相においてとらえた。第1は，法制度を通じた脱政治化であり，教育二法や地教行法，義務標準法によって，関係者の期待を非政治的に調整するメカニズムが形成された（第2節）。第2は法の実施を支える団体・組織の脱政治化であり，政府の政策に反対する諸団体が解散・転向することで，脱政治化がもたらされた（第3節）。第3は，日教組系の教師たちの教育実践を支えていた民間教育運動とそれを支えていた革新系教育学の脱政治化であり，教育的価値の中立性を担保する「子どもの発達」という概念が脱政治化のシンボルとなっていった（第4節）。

1950年代半ばは，冷戦構造と保守合同が成立する日本政治上の画期であり，この時期に教育もその影響を受けたことは否めない。しかしながら本論が明らかにしたように，1950年代は，表面上の激しいイデオロギー対立の影で逆説的に，教育の脱政治化が着実に進行した時代だったのである。

以上のような本論の知見は以下の3点において，教育と政治の関係を捉え直す意義を有する。第1は，脱政治化の起点を1950年代半ばに見いだしたことで，戦後の教育政治史における転換点を明確にした点である。第2は，従来の認識では保守反動化としてイデオロギー的に捉えられる傾向が強かった1950年代の改革の歴史的意義を，脱政治化の過程として位置づけ直したことである。これにより，その後の教育史についても，イデオロギー的な二項対立に基づく逆コース史観的な認識とは異なる視点で描き直すことが可能となる。第3に，以上2つの点の帰結として，従来は新自由主義などイデオロギー的な理解がなされる傾向が強い1990年代以降の教育政治の動きを，それとは別の視角で，すなわち，教育の再政治化の過程として捉える視野を開いた点である。

この第3の点を敷衍するならば，今日の教育政治の現状は，一口でいえば，本論で見てきた1950年代を起点とする教育の脱政治化が解除され，教育の再政治化がもたらされつつある状況ということができる。それは，たとえば首長の権限を強化した教育委員会制度の改変，18歳選挙権を受けた高等学校における高校生の政治活動の規制緩和や主権者教育，市民性教育を推進する動きなどに見ることができる。

しかしながら、こうした教育の再政治化と向き合うための理論枠組みを、政治学も教育学も十分に形成しているとは言いがたい。それは、1950年代の教育をめぐる政治を「『民主的な進歩勢力』対『反動的な保守勢力』」というイデオロギー対立の側面を重視する逆コース史観の枠組みで捉え、その脱政治化の側面を今日に至るまで見落としてきたことと無縁ではない。従来の枠組みは、冷戦が終結して四半世紀を経た今もなお、私たちの国家と教育の関係をめぐる思考様式を強く規定しているのではないだろうか。

こうした思考様式を冷戦的思考様式と呼ぶとすれば、戦後の教育学の主流派は、国家との対抗関係において教育を戦略的に規定し、政治をそこから排除することを特徴としたという意味で、冷戦的思考の枠内にあったといえる。逆コース史観を問い直すことは、このような冷戦的思考を相対化することを要請せざるを得ない。その延長線上に、はじめて我々は、上記のような教育の再政治化と真摯に向き合う条件が得られる。そのためのアプローチとして、現代に至る教育の脱政治化がなぜ、いかにして起こり、そして継続していったのかを歴史的に把握することは、その有力な手段の一つである。それを含めて、教育の再政治化という今日的状況をふまえた新しい思考枠組みを構築するために、教育学だけでなく政治学が果たしうる役割は大きい。その際、政治教育や市民性教育などの具体的な課題に取り組むことはもちろんであるが、教育における国家の役割や、教育をめぐる政治の歴史的経緯を改めて検証することに関しても、政治学の側面から歴史的・思想的な検討を深めることがより重要となってくるであろう。

　[付記]　本研究は、日本学術振興会科学研究費補助金（課題番号26285180、26590186、16K04536）の助成による研究成果の一部である。

　（1）　本論では、教育と政治がお互い関わらない状態へと変化することを「脱政治化」として定義する。また「非政治」は、もともと教育と政治が関わっていないか、脱政治化された状態が持続している状態を指すものと考える。
　（2）　たとえば、岡義武『現代日本の政治過程』岩波書店、1958年、が代表的な研究である。
　（3）　大嶽秀夫『新装版　戦後政治と政治学』2013年、160頁、同「鳩山・岸時代における『小さい政府』論」『戦後国家の形成と経済発展（年報政

治学）』，1991年，165頁。
（４）　徳久恭子『日本型教育システムの誕生』木鐸社，2008年，294－296頁。
（５）　村松岐夫は，「あまりに『すべて』の教育行政の問題を日教組と文部省の二項対立に還元しすぎていたのではないか」と通説的な捉え方に疑問を呈しているが，教育の脱政治化を指摘しているわけではない。村松岐夫「教育行政と分権改革」西尾勝・小川正人編『分権改革と教育行政』ぎょうせい，2000年，61頁。
（６）　たとえば五十嵐顕・伊ヶ崎暁生編『戦後教育の歴史』青木書店，1970年，久保義三『昭和教育史（下）』三省堂，第11～12章，1994年，などが挙げられる。
（７）　小玉重夫『学力幻想』筑摩書房，2013年。小玉は学力問題を事例として，教育の脱政治化が続いてきたことを指摘している。
（８）　広田照幸「教育学の混迷」『思想』995号，2007年，1－3頁。本論の第４節も参照のこと。
（９）　ここでいう民間教育運動とは，日教組の教育研究集会などに参加した教師，研究者らによって担われた教育研究運動全般を指す。1950年代以降，各教科や教育分野ごとに多くの民間教育研究団体が組織化され，これらの多くは日本民間教育研究団体連絡会（日本民教連）に参加している。
（10）　鈴木英一『教育行政（戦後日本の教育改革３）』東京大学出版会，1970年，407－408頁。
（11）　藤田祐介・貝塚茂樹『教育における「政治的中立」の誕生』ミネルヴァ書房，2011年，218頁。
（12）　森田尚人「旭丘中学事件の歴史的検証（下）」中央大学教育学研究会『教育学論集第51集』，2009年。
（13）　具体的には，教育委員のうち同一政党に所属する者が半数を超えないようにする規定が設けられた。
（14）　地教行法の制定過程については，本多正人編著『教育委員会制度再編の政治と行政』多賀出版，2003年，などがある。
（15）　村上祐介『教育行政の政治学』木鐸社，2011年，283頁。
（16）　村上，前掲書，283頁。
（17）　瀬戸山孝一『文教と財政』財務出版，1955年，136頁。
（18）　高木浩子「義務教育費国庫負担制度の歴史と見直しの動き」『レファレンス』2004年６月号，17－18頁。
（19）　高木，同上，20頁。
（20）　植竹丘「義務教育標準法の成立と地方への影響」『東京大学大学院教育学研究科紀要』第46巻，2007年，413頁。
（21）　高木，前掲論文，20頁。

(22)　高木，前掲論文，20頁。
(23)　高木，前掲論文，20頁。
(24)　相澤英之『教育費―その諸問題―』大蔵財務協会，1960年，409-414頁。
(25)　小川正人『戦後日本教育財政制度の研究』九州大学出版会，1991年。
(26)　植竹，前掲論文，416頁。
(27)　井上義比古「教育秩序における支配と抵抗」大嶽秀夫編著『日本政治の争点』三一書房，1984年。
(28)　小川正人「序：問題の設定（小特集・戦後教育行財政制度の構造・特質と教育政策過程に関する研究）」『東京大学大学院教育学研究科教育行政学研究室紀要』第20号，150-151頁，2001年。
(29)　村松岐夫『地方自治』東京大学出版会，1988年。
(30)　小川，前掲論文。
(31)　大畠菜穂子『戦後日本の教育委員会』勁草書房，2015年，第3〜4章。
(32)　三上昭彦「教育行政の機構と機能」五十嵐顕・大槻健編『講座日本の教育・第10巻』新日本出版社，1976年，138-139頁。
(33)　『教育委員会月報』1957年1月号。
(34)　『朝日新聞』1956年8月10日。新法は知事が教育委員を任命し，議会がそれに同意を与える仕組みとしたので，首長と議員の影響力が強まった。
(35)　『時事通信内外教育版』1956年11月2日。
(36)　「吉江勝保文書」（スタンフォード大学フーバー研究所蔵）。ただし，引用は近代史文庫史料委員会『資料愛媛勤評闘争』近代史文庫，1987年による。同文書については佐々木隆爾『世界史の中のアジアと日本』御茶の水書房，1988年，435頁。
(37)　同上，自民党全国組織委員会「教組運動の偏向是正に関する方策および補足説明」。
(38)　1957年7月21日，衆院文教委での文部省初中局長，内藤誉三郎の発言。
(39)　『時事通信内外教育版』1957年9月24日。
(40)　『日本教育新聞』1957年12月25日。
(41)　『時事通信内外教育版』1957年12月17日。
(42)　同上1958年2月4日。
(43)　辻清明「勤務評定を真に批判するために」『世界』1958年11月号，106頁。同論文はごく一部改訂のうえ，辻『政治を考える指標』岩波書店，1960年に収録。
(44)　詳細については，荻原克男『戦後日本の教育行政構造』勁草書房，1996年，299頁以下。
(45)　『読売新聞』1958年9月5日夕刊。

(46) 文部省『教職員の組織に関する団体の概況』, 1960年。
(47) 旭丘中学校事件の詳細については以下の研究を参照。学校名の表記は, 引用部分を除いては, 現在の表記である旭丘中学とした。森田尚人「旭丘中学事件の歴史的検証 (上)」中央大学教育学研究会『教育学論集第50集』, 2008年。小玉重夫「戦後教育学における子ども・青年把握を問い直す－保護と進歩のユートピアを越えて－」日本生活指導学会『生活指導研究』15号, 1998年。
(48) 当時は「生徒会活動」ではなく「自治会活動」と呼んでいた。
(49) 竹内常一『竹内常一 教育のしごと第1巻 生活指導論』青木書店, 1995年, xvii 頁。
(50) 五十嵐顕「旭ヶ丘中学校における教師の研究」『東京大学教育学部紀要』第2巻, 1958年, 60頁。
(51) 勝田守一「旭ヶ丘中学校の歩み (歴史的検討)」『東京大学教育学部紀要』第2巻, 1958年, 18頁。
(52) 勝田, 前掲論文, 18頁。
(53) 勝田, 前掲論文, 38頁。
(54) 勝田守一・堀尾輝久「国民教育における『中立性』の問題」堀尾輝久『現代教育の思想と構造』岩波書店, 1971年所収, 410－411頁。
(55) 小玉重夫「政治－逆コース史観のアンラーニング」森田尚人・森田伸子編『教育思想史で読む現代教育』勁草書房, 2013年。

「公民政治」の残影

―― 蠟山政道と政治的教養のゆくえ ――

河野有理＊

要旨：能動的な政治主体の構成員をいったいどのような名前で呼べば良いのか。「良民」か「士族」か、はたまた「士民」か（「市民」なる語はかなり新出来である）。東アジア世界の近代に共通の難問のひとつの解として、1920年代以降、急速に浮上したのが「公民」という概念であった。本稿では、蠟山政道の『公民政治論』（1931年）に焦点をあて、この「公民」概念が同時代の「政治と教育」問題を考える上での鍵概念であることを示そうとした。

蠟山は「公民」について、それを「社会の発見」に引き付けて理解しようとする同時代の他の論者（たとえば大島正徳）とは異なり、終始、政治的存在として理解しようと試みた。蠟山にとって、したがって、公民教育とは政治教育であり、そこでは多数決の意義や政党の持つ積極的な道徳的意味が教えられるべきだった。

政治を教育や倫理と不可分とみなすこうした蠟山の政治観は、政治をあくまで権力の体系、目的達成のための手段とみなす丸山の政治観とは異なっていた。

キーワード：蠟山政道　政治教育　公民教育　大島正徳　丸山眞男

一　「原点」と「レッサー・イーブル」

・或る邂逅と「原点」

　丸山眞男に「或る邂逅」と題する文章がある。蠟山政道（1895 – 1980）の逝去に際して寄せられたこの文章で丸山は、蠟山との最初の出会いを回

＊　首都大学東京教授　日本政治思想史

顧している。それは，鶴見祐輔が主宰する一高生向けの勉強会「火曜会」でのことであったという。「もりもり」出るというご馳走につられて出席した高校生の丸山らを前にして，様々な講師が入れ替わりで講演する。蠟山の登場はこんな風だった。

> 沢田氏は，既成政党の政治によっては日本の危機は救われない，と話を結んだが，まるでその終りを待ちかねていたかのように突然，生徒の間に交じっていた一人の白晳の紳士が立ち上がった。それが蠟山先生であった。……開口一番に飛び出したのは「わが火曜会からもファッショが出たということは私の衷心より遺憾とするところであります」という言葉であった。先生が立ち上がった唐突さと，これまでの「講師」の座談的な話しぶりと対蹠的な演説口調の切出しが，先生の言葉をこのように鮮明に私の記憶に刻みつけたのである1。

この日の講師をつとめた「沢田氏」とは沢田謙のこと。『エジソン伝』など子供向けの伝記シリーズで知られていた。『ムッソリーニ伝』をすでに著しその後，『ヒトラー伝』と言えば当時の論調も想像が付く。その講演中，丸山たちはこの沢田から，当時は報道されていなかった陸軍の「急進的将校を中心とするクーデタ計画」(1931年のいわゆる十月事件)について聞かされ驚倒することになる。丸山の書きぶりからも，沢田がこのクーデタ計画に肯定的な態度を持っていたことがうかがえよう。蠟山はこれに対して突然立ち上がって引用のような前口上を終えると，次のように述べたのだという。

> そうして先生は，日本はあくまで議会政治の途を歩むべきであり，また国際的孤立を避けて，国際連盟の一員として紛争の平和的解決に努力しなければならない，という論旨を，ほとんど一気に述べ立てたあと，所用のためということで退席された……先生の捲きおこした一陣の風をまともに浴びた沢田氏は，まだ机に向かったまま苦笑いを浮べて「なあに，大学教授なんてあんなもんでね，空理空論ばっかりで現実の動きなど何も知らないんだから……」と言った2。

沢田の話に対する蠟山の「あの咄嗟の反応と、当座の空気にはいかにもそぐわない正面きった演説口調」との対照はどう解釈したらよいのか、丸山は自問する。しかも沢田と蠟山は、長年の知り合いなのである。「いわば常連のメンバーとして火曜会の性格を知悉し、また沢田氏との多年の交情の揺ぎなさを信じていたればこそ」の、つまりそれは「真面目な冗談」だったのだろうか。確かにそうした部分もあった。「けれども先生は果たしてその『演技』をやりおおせたか」。答えは「ノー」である。「演技」であったのは最初だけで、「一気に話を結末まで運んだとき、もはやそこには本心の吐露以外のものはなかったにちがいない」。
　十月事件という衝撃の直後、それに対して融和的な姿勢をにじませた長年の友人に対して見せる「演技」はやがて激情にのみこまれ、最後には「本心の吐露」だけが残った、とする丸山の回顧はいつもながら劇的かつ印象的である。だが、その「本心」（「議会制民主主義の発展と国際平和の諸条件の追及」とわざわざ言い換えている）が、「その後のあらゆる曲折を貫いて先生の思想の原点をなしていた」とダメを押した結びに至っては、やや鼻白む思いをした人もあるいはいたのではないか。

・「レッサー・イーブル」
　というのも、この翌年に勃発した5・15事件の結果、政党内閣のいわゆる「憲政の常道」は終わりをつげ、挙国一致の「協力内閣」として成立した斎藤實内閣——日本の国際的孤立を決定的にする「満洲国」承認を断行することになる——について、当時政治評論家としても活躍していた蠟山は、「立憲的独裁」として[3]これを正面からは否定しない態度を示したのである。それだけではない。その後の蠟山は、あたかも政党内閣に愛想を尽かしたかのように昭和研究会を主導し、近衛文麿のブレーンとして新体制運動にも深く関与した。1940年には論文「東亜新秩序と新文化の創造」を『改造』に掲載して正面から「東亜協同体」論を擁護し、1942年に至ってはついに自ら翼賛議員の一員ともなった[4]。沢田の言とは裏腹に、蠟山は明らかに「空理空論」の人ではなかった。「議会制民主主義」と「国際平和」にはおよそ似つかわしくないこうした経歴がたたり、戦後は一時公職追放の憂き目にあった[5]。『追想の蠟山政道』でも多くの関係者が、こうした過去について率直に触れ、蠟山を批判している。丸山の追悼文を単独で読む

と気が付かないのだが，追悼集によせられた他の追悼文と読み比べると，丸山の筆致の抑制ぶりが際立つ。言うまでもなく，丸山にとって蠟山は学生時代からの恩師の一人である。法学部研究室内での（時に家族ぐるみの）人格的交流は深く親密なものだった6。そうした交流から生じた敬愛の念が終生持続したことが，丸山をして表立った批判を控えさせた大きな原因であろう。

　だからといって，丸山の側に全く葛藤がなかったと言えば嘘になろう。蠟山逝去の年，学士院における「故蠟山政道会員追悼の辞」においては，丸山は蠟山の「一貫した考え方」について，「社会的政治的現実に峻厳に対立してこれを裁くところの理念を掲げる」よりは，「むしろあくまでも与えられた歴史的現実的諸条件に即し，その条件のなかですこしでも現実をヨリ望ましい方向に導く方途を模索すること」にあったと述べている7。この「レッサー・イーブルを選択する」という「生き方」こそが，戦中戦後の蠟山の身の処し方を規定したというのである。

　二つのobituaryには明らかなズレがある。「或る邂逅」の蠟山が「現実」に対立しそれを裁く「理念」を「原点」とする生き方だとすれば，学士院で描かれた蠟山は所与の「歴史的現実的諸条件」の枠内で「レッサー・イーブル（lesser evil）」の選択を繰り返し，そうであるがゆえに時に「原点」からは遠く離れてしまうタイプの生き方である。とはいえ，「レッサー・イーブル」型の思考に対する丸山の評価は，決して低いものというわけではなかった。とりわけ「政治」という営みを思想し行動するにあたり，こうしたタイプの思考方法がむしろ必要であることは——たとえば福沢諭吉などを通して8——丸山が繰り返し説くところでもあった。

　「原点」への固執か。「レッサー・イーブル（lesser evil）」の絶えざる選択か。丸山の真意がどちらに存したのかはここではあまり重要ではない。丸山が思想家を評価する際に繰り返し用いる二つの理念型が，同一人物について共存しているということに留意したい。先にあげたような個人的な事情が丸山の議論を歯切れの悪いものにしているにせよ，蠟山評価のこのブレは蠟山自身の思想と行動の奥行きの深さをあらわすものでもあるのではないか9。

　丸山と蠟山は知識人としての生き方はほぼ対照的であった。戦前の生き方だけではない。戦後の日本社会の進むべき道筋についても，二人の意見

はおそらく大きく隔たっていた。1949年に組織された平和問題談話会（丸山も参加した）の全面講和を求める声明に，蠟山は賛同を拒否している[10]。また，憲法改正を掲げる岸内閣が立ち上げた憲法調査会と，それに対抗して組織された憲法問題研究会とに，蠟山と丸山の帰趨はそれぞれ別れた。民主社会主義協会を主導し，第一次臨調をはじめとする各種審議会に参加するなど，戦前と同様，現実政治に深くコミットし続けた蠟山と，1960年の「安保」運動に対するコミットメントをほぼ唯一の例外として，基本的には学究の徒として生きた丸山と。「現実」との距離の取り方という点でも両者は大きく異なっている。

　「原点」型を象徴するかのような南原繁が，丸山の生き方に深い影響を与えたことは，丸山自身が公言するところである[11]。だが，同じく恩師の一人でありながら蠟山の影響（反面教師としてのそれも含めて）は，丸山自身の証言を含めて資料が少ないこともあり，真剣に検討されたことは少ないように思われる[12]。蠟山についての丸山の沈黙あるいは謙抑は，しかし上記の事情に鑑みるとき，必ずしも問題の不在を意味しないのではないか。

　両者の緊張関係はしかも，単に知識人としての時勢に対する身の処し方にとどまらない。戦前の政治学のあり方を厳しく批判した丸山眞男「科学としての政治学――その回顧と展望」（1947年）に対して蠟山は『日本における近代政治学の発達』（1949年）をもって応えた。これを受けて日本政治学会では「日本における政治学の過去と将来――討論――」と題した座談会が設けられている（『日本政治学会　年報』1950年度）。司会役の丸山が進行し蠟山も参加したこの座談会で両者は，基本的には和やかな雰囲気ながら，政治学のあり方や，「政治」の捉え方について緊張感をはらんだやり取りを見せている。二人の政治学者としての生き方，現実との関わり方の分岐を規定するものとして，その「政治」観そして「政治学」観の差異がおそらく決定的なのである。

　以上の作業に直ちに入る前に，以下では，蠟山の政治観について，とりわけその「公民政治」論を中心に分析し，その含意を検討する。また，その前提となる文脈（context）として，この時期の「公民」をめぐる言説の諸相を明らかにする。というのも，この「公民」というトポスこそ，戦間期日本政治思想史における「政治と教育」をめぐる問題系のかなめであったからである。そして結論を一部先取りして言えば，まさにこの政治にお

ける教育の位置づけにおいて、両者の「政治」観は決定的に袂を分かつことになるであろう。

二　腐敗と「公民」

・「自治制の悪模範」と行政学

　1895年、新潟の刈羽郡鵜川村に生まれ、群馬の高崎に育った蠟山が、県立高崎中学を極めて優秀な成績で卒業し、第一高等学校受験のため上京したのは、1913年の春のことであった。造り酒屋を営む傍ら、有力な県議会議員で蔵書家でもあった父の長男として生い育った暮らしに不自由があろうはずもなかったが、上京直後、九段坂上の富士見軒でそれまで飲んだことのなかったコーヒーを嗜んだ結果「一睡もできなかった」というエピソードが示すように13、この時期、人口の急増に伴い14急速な変化を遂げつつあった巨大都市東京と高崎との文化的な格差は大きかった。こうした格差の感覚が蠟山をして生涯のテーマの一つとして農村問題を選ばせたことはよく知られているが、ここで考えてみたいのは他方で蠟山が東京に何を見たのかということである。

　補助線を引こう。蠟山が上京してほぼ十年後の1924年、ある記者が「街頭から見た新東京の裏面」と題して『九州日報』に連載した記事を見てみたい。

> 日本の首都東京の市政の腐敗堕落が、政界の一お坊ちゃん永田氏、又は一腰弁堀切氏の言葉で救われようと思うのは非常識かも知れぬ。しかし東京市政の裏面を語るには、二人の東京市に対する告別の辞に註釈を加えるのが一番早道である。二人の言葉を記者が読んでみると、どうしても東京に対する捨てぜりふ、も一つ進んで罵倒の言葉としか思えないのである。しかもこのお坊ちゃんと腰弁の東京に対する「遺憾」を裏書するものが、かくの如く夥しく、到る処の街頭に満ち満ちているのである15。

　記事の署名は杉山萠圓。後世には夢野久作として知られることになる人物の新聞記者時代の仕事である。「首都東京」の「市政の腐敗堕落」につい

て書かれたこの記事の中に出る「永田氏」とは，当時，電気局長の選任をめぐって議会との対立が膠着状態に陥り，東京市長を辞職したばかりの永田秀次郎のこと。永田の後継市長選びは難航し一ヶ月の市長不在状態が続いた。その背景には，当時「伏魔殿」と称された市会の腐敗，具体的には市会議員の露骨な利益誘導があった。官選市長の脆弱なリーダーシップは議会を十分に統制できずにいたのである。こうしたこと，夢野の言葉を借りれば「東京市政界の裡面に，何者か知らず大きな卑怯な事実が動き流れていること」は，東京市民にとってはすでに常識的な事柄であった。また，前記引用文中の「腰弁堀切氏」であるが，内務省から職務管掌として派遣されていた堀切善次郎である。後に東京市長にもなるこの堀切の談話は，たとえば他誌にも「成つてゐない東京市　職務管掌中の市政観」[16]として掲載されている。そこで堀切は「選挙に方り利欲の弊夥からず醜聞絶えざる」市政について，「ゼームス・ブライス」（James Bryce）がアメリカのデモクラシーの欠点として指摘した「人民が市政に不熱心なること」「利欲の念の熾なること」「党派心の盛んなること」の三点を挙げて，「之を直に移して以て我が東京市に当てはめることができる」としている。夢野はこうした記事を踏まえつつ，「自治制の欠点（うま味）を最も多量に持っている」が故に「自治制の悪模範」と化している東京の姿を，遠く九州にまで広く伝えようとしたのである。

　アメリカの都市政治と同様に，ガバナンスの欠落とデモクラシーの過剰に悩む東京市政。怪作『ドグラマグラ』執筆開始の前年に夢野久作が目の当たりにしていた「東京の裏面」とは，同時に蠟山が上京して直面したそれでもあった。蠟山は，後年，岡義武に対し次のように語っていたという。

> 自分は学生の頃に当時の東京市政の甚だしい腐敗に深い衝撃をうけ，どうしたならばこのような事態を無くな〔ママ〕すことができるかということを真剣に色々と考えた。そのことが，大学に残って行政学を研究したいと自分を思い立たせた動機である[17]。

　もちろん，夢野が見たのは関東大震災以後の東京であり，他方，蠟山が学生時代をすごしたのは震災以前（1913年〜1920年）である。とはいえ，こと市政の腐敗という点について言えば（震災は「復興」に伴う行政需要

をもってその傾向を甚だしい要因となりえたとはいえ）それは震災前から存在した構造的な宿痾と言えた[18]。震災直前に東京市長に就任した後藤新平が目指したところとは，こうした意味でのデモクラシーの過剰に悩む東京市政に対し，専門官僚制の論理によって対抗し，首長のリーダーシップを制度的に確立することにあった。その後藤が招聘したチャールズ・ビアード（Charles A. Beard）の『東京市政論』がもたらした感動を蠟山は後年に至るまで繰り返し語っている。そして，このビアードの問題意識が，アメリカの都市政治の腐敗に警鐘を鳴らしたジェームズ・ブライスの延長線上にあることにも，蠟山は自覚的であった[19]。そもそも夢野も指摘するように，永田秀次郎そしてその後を継いだ中村是公をはじめ震災後の東京市政を担った彼らは「チャキチャキの後藤系」であった。彼らの東京市に対する「告別の辞」とは，震災以後の潮流に対するそれというよりは，震災以前からの「宿痾」克服の試みが挫折を余儀なくされたことの表現と見ることができるだろう。蠟山の先の述懐は彼がそうした挫折感を共有していたことの証左であろう。

　第一高等学校在学中から河合栄治郎と深い交わりを結び，また東京帝国大学在学中には吉野作造の新人会に入り旺盛に活動するなど，第一次世界大戦とそれに伴う世界的なデモクラシーの潮流を一身に受けた「新人」「革新」世代の一人として把握されがちな蠟山であるが（無論，そうした部分もあるのだが），彼の学問的な進路選択が，上記のような（実は明治後期以来の）「デモクラシーの過剰」への対応という文脈の上に置かれていたことは，見過ごすべきではないだろう。

・「社会の発見」と「公民」教育——大島正徳の場合——

　腐敗に対しては制度的な対応が考えられてこなかったというのではない。だが，それらも結局は人の問題を離れては解決できない。先述した堀切の談話を含め，問題の解決を最終的には「選挙民の自覚」に求める議論が多く出される所以であろう。そして実は，明治期以降の日本の政治思想の——江戸期と比較した場合の——顕著な特徴は，能動的かつ倫理的な政治主体をいかに概念化し，それにどのような彫琢を施すか，が常に問題として問われ続けてきたということである。「良民」「士民」あるいは「壮士」，こうした中で1920年代に浮上した言葉こそ「公民」であった。

もともと律令に典拠を持つ「公民」の語であるが，法的には1888年に公布された市制町村制第七条に（1）「帝国臣民にして公権を有する独立の男子」の（2）「二年以来市（又は町村）の住民となり」（3）「其市内（又は町村内）に於て地租を納め若くは直接国税年額二円以上を納むる者」として規定される．地方自治団体の選挙権者及び被選挙権者という一義的に明確な意味内容を有していた．

ところが，選挙権の拡大，具体的には（3）の要件が漸次的に緩和されていったことで，「公民」の数自体が増加したこと．また，以上の状況をうけつつ，1919年以来すでに実業補習学校に置かれていた「修身及び公民」「公民科又は法制経済」といった科目が，「公民教育」として普通学校にも提供されるようになったこと．こうしたことがおそらくは直接の契機となって，「公民」の語を単に自治制下の有権者というのみならず能動的な政治主体一般という広義に解し議論する論者が，とりわけ第一次大戦後になると急増する．この時期の「公民」ないし「公民教育」をめぐる議論は，したがって，自治制下におけるデモクラシーの過剰への対応という明治後期以来の文脈を引き継ぎつつ，そこに世界的な潮流としてのデモクラシーの理想の高揚――こうした中で政治腐敗の問題はデクラシーの過剰よりもむしろ過少として捉え直されることになるのだが――という特殊大正的文脈が合流する中で，展開されることになった．まことに複雑な様相を呈した議論状況について，ここで全面的な分析を加えることは当然できない[20]．だが，蠟山の『公民政治論』と対比するにあたって必要な限りでその特徴をあげるとすれば，それは「社会」の強調である．同時代のいわゆる「社会の発見」という脈絡に関連付けて「公民」ないし「公民教育」を考えるという姿勢はこの時期の多くの論者に共通して見られるのである．こうしたいわば「社会」的「公民教育」論の系譜の典型としては，たとえば大島正徳がいる．

蠟山より五歳年長の大島は，一校在学時から吉野作造や福田徳三らの黎明会に参加し，やはり「革新」「新人」人脈に連なる人物であった．主任教授井上哲次郎の下，東京帝国大学文学部助教授として哲学及び修身を講じていたが，1924年，後藤が組織した東京市政調査会の委託を受けて執筆した『自治及修身教育批判』において従来の「国民道徳」論に基づく「忠孝」教育を激しく批判――当然，井上哲次郎への批判でないはずがなかった

——，翌年には永田秀次郎の誘いを受けて大学を辞し東京市役所学務局長に転出，東京市の教育行政に携わることになった。学務局長退任後の1927年に刊行した『自治公民の根本義』は，「公民教育」のバイブルとして広く読まれた。

　同書において大島は，従来の「国民教育」との対比の上で「公民教育」の特徴を把握する。もちろん，「国民教育」をすべて否定するのではない。だが，「国民教育といつた時には，何となく従来の歴史を重んじ，慣習を重んじ，伝統を重んじて行くといふやうな心持」が主となる。これに対し，「公民といつた時には，社会連帯の関係といふことが，直ちに意識され」る。「共同生活，公共生活と云ふ意味」「いはゆる横の関係」が強く意識されるというのである。当然，後者の「公民教育」を重視する大島は，それが教える「公民道徳」を「知り合い道徳」と「見ず知らずの間の道徳」との対比によって説明する。「知り合い道徳」とは，たとえば「五倫の教」に代表されるような既存の人間関係の適切な調整を専ら志向する道徳のことである。この「知り合い道徳」についての教育はすでに充分に足りている，と大島は言う[21]。問題はこの「知り合い道徳」に偏重する教育が，たとえば以下のような事態をもたらしているということなのだ。

　　　親類の人々が寄つた時には，お辞儀の百万遍も御互になし合ふところの婦人達が，汽車の中，公衆の間に於ては礼儀一つしない有様である[22]。

　ここには「婦人」についての言及しかないが当然「紳士」についても事態は同様だったろう。「部落的な小さき群居生活」を前提とし「人を見たら泥棒と思へ」という格言にも容易にたどり着いてしまうこの「知り合い道徳」に対して，「見ず知らずの人びとが一緒になつてゐる大仕掛けの社会生活」においては，それに相応した「社会的良心」が必要となる。これこそが「見ず知らずの人びとに対する心得いひかへれば公民道徳」である，と大島は言う。「現代人の意識的特徴はいはゆる社会を発見したことにある」と高らかに謳われる際の「社会」とは，したがって，既存の人間関係（「群居生活」）の謂ではなく，見知らぬ他者との関係を専ら指すことになる。そのような他者との間の「社会連帯性」の感覚こそ，「公民」という言葉に大

島が込めようとしたものであった[23]。

　「群居」から「社会生活」へという大島のこの志向は，単に公衆道徳の局面でのみ問題にされるべきものではなかった。それは第一次大戦後に「国際間に於ける協調連盟の精神」[24]の顕著になったという時代認識に支えられるとともに，関東大震災のさなかに現れた被災者間の相互扶助──「知り合い道徳」の究極の姿──の光景と，さらにはその反面として露呈した「見ず知らずの人びと」の排除──朝鮮人虐殺事件はその典型だった──を目の当たりにした衝撃にも，足場を有していたのである[25]。

　また，この二つの道徳のあり方は政治にも深く関わっている。大島の見るところ，選挙の不正や政治腐敗といった問題もまた，「知り合い道徳」の過剰と「見ず知らずの間の道徳」の欠落の結果と考えることができる。たとえば「疑獄事件の如き」は，「即ち知り合ひの人びとが仲間を作つて御互に助け合ふ積りで，見ず知らずの市民公衆の頭をはねたといふ事」に他ならないのである[26]。

　「『見ず知らず』の間の倫理」の意義を最大限強調する大島の「社会」把握には，だが，ある明確な偏りがあった。それは，大島自身の言葉を借りれば，「社会」を「我の外に発見」するか「我の内に発見」するかという区別において，後者の態度を奨励することである。これに対して，「自己の客観的社会性」の認識とも言い換えられる前者の方は，あらためて強調するまでもなく例えば「我が社会の一員である」という形で容易に認識できるではないかと大島は言う。そればかりか，それは「社会悪」などのように，個人の責任を放棄し，それを環境に帰責する態度を導く。さらには，それは「社会改造」への志向直ちに制度や構造を変革しようという危険な情念を生み出しかねないのである。だからこそ，大島は，内なる「社会」の発見にこだわる。「『社会は我から生まれる』といふこと」であり，「社会的我の存在」を認識することが大切なのである[27]。

　自己省察をなおざりにしたまま制度や環境の改造を志向する態度を戒め，自己や我の中に「社会我」という言葉に象徴される「見ず知らずの人びと」にまで広がっていく道徳性の芽を見い出し，育てていくこと。大島のこうした議論は，だが結局のところ，結論としては自己修養・自己修練へと収斂していく。政治腐敗に関する大島の先述の議論も，その具体的な処方箋としては「国民各自の猛省」[28]に待つしかないとされ，修養論の範囲を出な

い。また,「我」の内部の「人間愛」「同情心」が,「知り合い」から国際関係を含む「見ず知らず」の人びとに同心円状に拡大されていくという大島のヴィジョンの中には,相容れない利害を抱く主体が競争や調停を繰り返しながら暫定的な秩序を形成していくという動態的な視点は見られない。選挙や政党のような,典型的にこういった動態的視点が必要とされる事象について,大島の「公民」論はあまり多くを語ってくれないのである。この点で,次章で取り上げる蠟山の「公民」論は,大島のそれとは大きく異なっている[29]。

三 「公民政治」とデモクラシー

・「公共生活」の喪失と政治的無関心

1931年に刊行された蠟山の『公民政治論』は,「政治教育」として「公民教育」を把握するところに最大の特徴がある。この点,前節の「社会」的公民教育の系譜においては,「政治教育」は忌避されがちであったことに留意したい。たとえば大島正徳と並んで文部官僚としてこの時期の公民教育行政を主導した木村正義は「学校の外に於いて所謂政党屋と云ひますか,政治運動をやつて居る者が政治教育を主宰している」「地方の好ましからぬ政治的刺激が非常に強い」と政治教育への警戒感を隠さない[30]。また,文部省補習教育主事だった岡篤郎も「政治的知識と称して,政治や政党の講述を以て臨むことは健全なる社会的公民教育ではない」と断言する[31]。

これに対して,蠟山は選挙革正委員会の答申を引き合いに出しつつ,正面から改めて「政治教育」の重要性を説くのである[32]。蠟山が最初に強調するのは,大島同様,「公民教育」が,国家が教育を手段とし統制するという意味での「国家教育」「教育の国家化」とは異なるということだ。だが,ここで蠟山は大島のように「社会」の発見に向うわけではない。代わりに蠟山が強調するのは「公共生活」である。それは蠟山によれば,「政治家」と「民衆」,「資本家」と「労働者」といった区分を脱し,「斉しく公民社会の構成員」となった人々が織りなす生活である。大島の掲げる「社会」が「群居生活」と区別された「見ず知らず」の間を取り持つ薄い関係であるとすると,蠟山のイメージする「公民社会」とは,凝集的な同一性を保持した濃密な関係である。

蠟山はしかもこうした「公民」や「公共生活」があくまで,「論理的に設定された」概念であることを隠さない。「発生的」に見れば, 人々は「公民たる前に職業人」である。だが,「論理的に見れば最初に来るものが公民」なのである[33]。現実にはさまざまに相いれない利害を持ち, 時には対立を余儀なくされる「職業人」としての人々の背後には,「論理的」な存在としての「公民」の姿が隠れている。「公共生活」とは, したがって, 現実の国家に論理的に先行していわば理念として存在する政治社会の謂なのである。蠟山が警鐘を鳴らすのは,「公民」の数の名目的な増大とそれに伴う「公民」という語の氾濫の陰で, こうした「一つの『考へ方』」「ものの考へ方」としての「公民」や「公共生活」の姿が見失われていることであった。

> 公民なるものが生々とした動的な存在として考へられてゐるであらうか。或は単なる名目的なもので, 生命のないものではないか。公民の語が唱へられ, 叫ばれることが益々旺んにして, 愈々その実体が判然しないと云ふやうな事はないであらうか。「公民」と「公民生活」とは, 今や失われたる存在ではないか[34]。

このように言う蠟山から見れば, 同時代の多くの論者にとって問題だった政治腐敗の問題はそれ自体が問題というよりも, むしろその背後にある「公共生活」の喪失の帰結であるということになる。こうした事態を克服するためには,「公民政治」の起源へと遡行し, そこからの「史的発展」を辿らねばならない。

・「公民政治」の政治学史

同情心や人間愛といった人間本性を出発点として議論を構築する大島とは異なり, 蠟山はあくまで過去に描かれた「公民生活」「公共生活」の理想の変遷を検討するという歴史的なアプローチを採る。それは「公民政治」の理想の系譜という一点において貫かれた政治学史・政治思想史なのである。

蠟山はまず,「公民教育」の「思想的基礎」としてのギリシャ政治思想を検討する。「公民政治」の理想の起源は, 容易に予想がつくように, ギリシャのポリスにある。そこには「公共社会の構成員たる公民の教育がその公

共生活の経営たる政治そのものである」世界，すなわち「公民政治」が見事に展開されていた，と蠟山は見る35。

　上記の如き「古代政治思想」に典型的な「公共社会」の理想は，だが，「国家主権」を発見した「近代政治思想」においては見失われていく。それは「個人を出発点として国家と云ふ公共的団体を観念的に想像」するルソー型と，「公共的団体としての国家を出発点として個人の地位を決」するヘーゲル型の両極の間で揺れ動くのである36。

　「公共社会」の一体性は見失われ，「個人」と「国家」の間で動揺する「近代」に対し，「現代」の政治思想は次のような段階にある，と蠟山は言う。

> 最早曾て争われたやうな団体主義と個人主義との争いは消滅して，今度は如何にしてこの多元的な政治的勢力が，共同社会の機関としての国家に一元的に統一されるかの技術的な建設的な考察に入つてゐる……今日の政治思想は建築学（アーキテクトニック）であらねばならぬ37。

　「多元的な政治勢力」が「共同社会の機関としての国家」に一元的に統一される「建築学」（アーキテクトニック）的な「政治思想」。もちろん，かかる言い回しにも現れているように，それは従来の「国家」像や「個人」像の書き直しを含意する。例えば「国家」である。

> 国家は決して，個人の生活の全部を吸収してしまふものでもなければ，集団の存在を解消せしめてしまふものでもない。国家が重要視されるに至つた理由は，寧ろ真の個人生活の発見と建設との為めの職能を行ふ機関である……この点こそ現代政治思想が国家の存在理由とする所であり，国家が一個の社会として有する特異性なのである38。

あるいは，「個人」である。

> ここに公民観念の新たなる解釈がある。現代のような産業的大社会に於ては，国家なくしては個人の存在は覚束ない。この意味から，現代

の公民は国家の下に於てのみその存在が容認される。しかし，その国家たるや，各社会集団の政治的勢力の妥協或は協調的連合体である。従つて，各個人は単に国家の力によつてその存在を保障されるだけではなく，個人は集団的個人としてその国家の運用に参加しなければならぬ39。

　個人は「集団的個人」（＝つまり「公民」）として，また「国家」は「各社会集団の政治的勢力の妥協的或は協調的連合体」として立ち現れる。かかる「多元」的国家——他方でその下での「統一」を蠟山は強調するのだが——は，「従来無視されてゐた社会集団の利益の為めに積極的」にふるまう国家でもある。こうした秩序観は，おそらく同時代の「社会」の発見の蠟山的表現であるとも言えるだろう。「個人」と「国家」の分裂によって行き場を失った「公共生活」は，「個人」と「国家」とそれぞれがある種の「社会」性を帯びることで，より高次の次元で再生する。「古代」は「近代」を迂回し，「社会」というバイパスから「現代」に直結するのである。では，蠟山にとって「近代」とは単に否定の対象でしかないのだろうか。

・デモクラシーと「公民政治」
　「公民観念の史的展開」においては「古代」「近代」「現代」の三分法を採った蠟山は，デモクラシーについて「古代」「近代」の二分法によって議論を進めつつ，敢然と「近代デモクラシー」を擁護している。蠟山によれば「近代デモクラシー」とは「自由の原理」「平等の原理」という二つの理論的根拠を持ち，それらにそれぞれ対応した「権利保障の原理」と「多数決の原理」という二つの制度的特徴を持つ。このうち，蠟山が特に重視するのは「平等の原理」の系としての「多数決」の原理である。「多数党なるものの意思が，少数党の意思——その数の差異は僅少な場合が屢々ある——を無視し，自らの意思を国家意思として通用せしむる」40。この「多数決の原理」は，それに対する倫理的疑いがしばしば惹起される。そうした疑いはともすれば「少数者の権利を確保することが反つて近代民主主義の原理に合すると云ふやうな主張」にさえ転化しうる。たとえば確かに先述の大島も「多数決なるものが，必ずしも常に正当の意見を代表するものではない」41として少数意見の重要性を強調していた。だが，この多数決による

決定が，それ自体一つの倫理的立場であることを，蠟山は熱心に訴えるのである。
同様に蠟山が強調するのは「政党」の意義である。

> 政党そのものの存在理由は，最初から肯定してかからねばならぬ。デモクラシーの政治に政党は欠くべからざる存在であり，政治家は勿論，公民も亦政党を通してでなければ政治行動は出来ない……私は，政党の存在を積極的に肯定するものであるのみならず，数個の政党の存在している場合には，公民はその何れかの政党に賛しなければならぬ，と考へる42。

政党の存在は，必要悪などではない。「公民生活そのものの完成の上に必要なもの」43であり，そのためには各人が政党支持を明確にすることすら望ましいという蠟山の主張は，同時代の消極的な「政党」観とは著しい対照をなす44。この点さらに蠟山は，John Maccunn, *Ethics of Citizenship* (1921) を下敷きにしつつ，政党が有する積極的な倫理的意義を列挙している。具体的には(1)「政治行動の実際性（practicality）」の担保，(2)周囲に対する順応性の確保——立場の変更が説明しやすくなるという意義，(3)忠誠の対象の提供，(4)思想上の継続性，「節操を守らしむる力」——「非常に強い自信を有する人でも，孤立無援であれば，時にその信念の動揺浮沈を免れ得ない」——である。Maccunn の原著では，この部分は引き続く部分でなされる政党批判の前段の留保にすぎない。蠟山はしかしあえてここを抜き出してその意義を強調するのである45。

・「公民組織」
「現代政治思想」を特徴づける「集団的個人」と，諸社会集団の「妥協的或は協調的連合体」としての国家から構成される「公民政治」と，「多数決の原理」や政党をかなめとする「近代デモクラシー」とは，では，どのような関係に立つのだろうか。明らかに折合の良くないこの二つの関係を蠟山は，「政党」組織の問題として解こうと試みる。蠟山は議会改革の一環として，比例代表や職能代表制度と並べて次のような「公民組織」を提案する。

政党の代表者を選ぶ前に，公民といふ立場から，それ自身が一つの組
　　織を持つといふ仕組みが考へられないか……公民組織といふものを考
　　へて，これが政党を指導していくやうに工夫しよふといふ一面がある
　　のである。これは，従来の地域代表の修正となるものである[46]。

　「集団的個人」としての「公民」が形成する「政治的勢力」として明確に
「政党」を位置付けること。政党が単なる政治家集団としてではなく，「公
民」による草の根の組織によって支えられていることが大事なのである。
そうあってこそ，「現代政治思想」と「近代デモクラシー」とは矛盾なく接
続する。蠟山はおそらくそう考えていた。
　だが，この「公民組織」が実際にいかなるものなのか。それ次第で帰結
する秩序像は大きく変わってきてしまうのも確かである。上に述べたよう
な，政党をより社会に深く根差したものにしていくための下部組織という
意味であれば，確かにそれは従来の政党デモクラシーを強化するものとし
て機能しよう。だが他方で，「従来の地域代表の修正」として「公民」代表
制度を構想していたのだとすると，それは政党デモクラシーとりわけ複数
政党を前提としたデモクラシーにとって致命的なものにもなりかねない。
たとえば，そうした既成政党を克服する方向性での有権者の再組織化への
胎動は，この時期すでに後藤新平による「政治の倫理化」運動に見られた
[47]。さらにはこの後，近衛新体制における「国民再組織」運動においてよ
りはっきりとした形を取ることになるだろう[48]。この運動が志向した「一
国一党」構想は——より「右」側からの「幕府的」批判を浴びつつも——
実際にこの国の複数政党デモクラシーの息の根を止めることになった。そ
して実際に「東亜協同体」論を正面から擁護していた時代の蠟山の「国民
協同体」のイメージもまた，そうした線に確実に沿うものなのである。
　「公民組織」のあり方について本書ではそれ以上に詳しい言及がなく，こ
の時点で蠟山が想定していた組織の具体的な詳細は判然としない。だが，
「集団的個人」が織りなす諸集団の活発な妥協や協調という蠟山の「公民政
治」イメージは，この「公民組織」を蝶番にして，大島とはまた異なった
回路によってではあるが，複数性を欠いたのっぺりとして均質な共同体へ
と転化していく危険性をはらんでいたと言えよう[49]。

四 「公民」と政治的教養の行方

・政治と倫理をめぐって

　文字通り膨大な著作を残した50蠟山の本領は本来，狭義の専門である行政学に関する業績にあろう51。また，無論，時事的な政治評論も見逃すことはできない52。そうした意味では『公民政治論』一冊を扱った本稿の射程は狭い。だが，『公民政治論』で展開された「公民政治」とは，見方を変えて言えば，新カント派の影響を強く受けつつ書かれたデビュー作『政治学の任務と対象』――そこでは社会学や法学・経済学に比した政治学の独自性が追求された――において蠟山が到達した「政治」概念53，すなわち「人間と人間との結合又は協力関係をより高き秩序に組織化する直接及び間接の行為」54を，具体的歴史的な政治社会像の変遷として肉付けする作業と見ることができる55。蠟山が『公民政治論』で描こうとした「より高き秩序」の具体像――それ自体様々な振幅を持つものであったし，その極端なバージョンは直前に見てきたように均質な民族協同体にもつながり得るものなのだが――は，その意味では，その全体像ではないにしても蠟山の初発の問題関心（原点？）をうかがわせるものと言えるだろう。

　こうした秩序観を，しかも蠟山は戦後においても手放そうとはしなかった。例えば，「共同研究　政治学の過去と将来」座談会における蠟山と丸山の以下に見える抜き差しならないやりとりは，この点にかかわっている。

> 蠟山「……その面だけにとどまってしまうならば，政治学は社会学になってしまう。ところがもう一つの政治学特有の問題は，その社会意思なるものが一つの信仰というか，価値を追求しているので，これが先ほどから度々いうように，やはり自由の問題だと思う。」
> 丸山「……私は自由の意識ということで政治学と社会学の区別をすることに異論があります……私は政治学の体系の中核はやはりパワーだと思うのです」56

　政治学は「自由の問題」（「信仰」や「価値」の問題）をその対象として本質的に含むとする蠟山に対し，丸山は政治学をあくまで「パワー」中心

に考えようとする。だが蠟山にとって、「パワー」の機能と役割の分析に本領を見い出そうとする丸山のような見方は、政治学を「社会学」に還元してしまう立場——蠟山が『政治学の任務と対象』で立ち向かおうとした見方である——に他ならない。

だが、丸山はこの座談会だけでなく、終生、政治学を「パワー」の体系として把握する立場を改めなかった。政治はそれ自体で倫理や価値を持たず、目的達成のための手段にすぎない。政治学を技術的な知の体系として把握することにこだわりを見せ続ける[57]。丸山は論文「権力と道徳」(1950年)において、マキャベリを参照しつつ、権力と道徳の「直接的統一」状態からそれぞれの「原理的独立」及び相克への移行として政治学の流れを把握した[58]。これに対し『政治と倫理』(1956年)において蠟山は、政治と倫理を切り離すマキャベリを批判し、「政治というものは、目的から手段を含めた一つの体系であり、共通の善を実現するもの」とした[59]。

この点での違いは、両者が教育に対して取ったスタンスに直接反映していよう。丸山は教育を語ることを明らかに好まなかった。丸山は、政治学を学ぶことの有用性について語るにあたっても、その「思考法」「考え方」の習得にとどめるのが常であった[60]。政治が倫理的過程であり、教育的過程でもあるという蠟山的な立場——「公民政治」が辿ることになった隘路——への警戒感と、もちろん無関係ではないのだろう[61]。「政治教育」としての「公民教育」はこの国において、丸山が他の概念について使った言葉を流用すれば、いわばその「処女性」(童貞性?)をすでに喪失していたのである。

・政治的教養のゆくえ

だが、政治学は教育を語らなくても良いのだろうか。「政治教育」の問題から目をそらし続けることはできるのだろうか。1970年、東京都教育委員長の任にあった蠟山は、その前年に出された高校生の政治参加を実質的に禁ずる文部省の通達——その背景としては「一部の高等学校生徒」による「違法または暴力的な政治的活動に参加したり、授業妨害や学校封鎖などを行なったりする事例」の頻発があった[62]——を受けて、「政治的教養とは何か」という文章を『文部時報』に寄せている。その際に蠟山が再び持ち出すのが、およそ40年前に自身が展開した『公民政治論』の議論であった。

蠟山は「良識ある公民たるに必要な政治的教養は教育上これを尊重しなければならない」という教育基本法第八条一項の趣旨を自身の『公民政治論』の延長線上にあるものと捉え，高校生の政治参加を抑制するために同条二項を強調する文部省の通達に逆らうかのように，むしろ積極的な政治教育の必要性を説く。もちろんそこでは例えば，「権利の主張から責任の自覚へ」あるいは「内面的制御と自律的人間の形成」といった高校生の直接的な政治参加にとって抑制的に働きうる内容があげられている。だが，全体の重心は続く「自由意思に基づく集団組織の行動を重要視する」ことの方にある。その参加が「自発的になされることが絶対に必要」であるとしても，「集団組織の発生そのものはむしろ好ましい」。したがって，政党を含む政治的な「集団組織」にも「高校生の場合もやがて政治的教養が高まり自主的な参加ならば，公然と認められるべき日が来るのを望みたい」とまで蠟山は言う63。加えて，やはり「多数決の原理」が重要であるとされる。「全会一致ではなく多数決方式によって，国家意思を決定しうるところに代議政体の核心がある」。「多数決の真義」と「自由意思に基づく集団組織の行動」の重要性。蠟山は，確かに丸山よりも踏み込んで「政治的教養」の内実について思いを巡らしていた。「政治教育」について真剣に考えようとするとき，政治と教育あるいは政治と倫理との縫合が辿り得る危険な末路について丸山が抱いていた警戒感を忘れ去るべきでないのは勿論だとしても，蠟山の挑戦が全く参照に値しないということはないであろう。

（1） 丸山眞男「或る邂逅」『追想の蠟山政道』，蠟山政道追想集刊行委員会，1982年，57頁。
（2） 同上。
（3） 「若し政党の不信用が依然として去らず政党内閣の常道が容易に来たらずとすれば立憲的独裁への動向は必然的」『日本政治動向論』，高陽書房，1933年，493頁。
（4） こうした側面に忠実な蠟山研究としてはマイルズ・フレッチャー『知識人とファシズム　近衛新体制と昭和研究会』，柏書房，2011年がある。
（5） 1947年12月勅令第一号第四条に基づく覚書該当者に指定，1948年5月同指定解除，但し，政令第六号第四条の三の規定による教職不適格者指定は，1951年10月に解除。
（6） 「青年学徒としての辻清明」『丸山眞男集』第15巻，226頁。

（7）「故蠟山政道会員追悼の辞」『丸山眞男集』第11巻，363頁。
（8）たとえば「福沢諭吉の人と思想」『丸山眞男集』第15巻，302頁。
（9）「原点」か「選択」（転向）か，この点，先行研究にも分極がある。その「転向」に着目した松沢弘陽「民主社会主義の人びと——蠟山政道ほか」思想の科学研究会編『共同研究　転向（下）』平凡社，1962年と，戦前戦後を通じて一貫性に着目する酒井哲哉「『東亜協同体論』から『近代化論』へ——蠟山政道における地域・開発・ナショナリズム論の位相——」（日本政治学会編『年報政治学日本外交におけるアジア主義』岩波書店，1998年がそれぞれ最良の代表であろう。
（10）「『安保改定』問題声明案についての各会員の賛否返信　蠟山政道氏の不参加書簡」東京女子大学丸山眞男文庫，資料番号1190－6。
（11）『丸山眞男回顧談』上巻，岩波書店，2006年，200頁。苅部直『丸山眞男——リベラリストの肖像』，岩波新書，76頁。但し，たとえば天皇に対する態度をはじめ，丸山と南原の間には多くの見解の相違があったことにつき苅部直「平和への目覚め——南原繁の恒久平和論——」『歴史という皮膚』，岩波書店，2011年参照。
（12）もちろん『丸山眞男回顧談』にはしばしば言及があり，なかでも本稿では扱うことができないが，「カール・シュミットに非常に興味を持った」きっかけが大学2年次に受講した蠟山の政治学の講義にあったという回顧は興味深い。上巻，138頁。
（13）田中徳次郎「若かりし頃の蠟山君」『追想の蠟山政道』，16頁。
（14）『第十六回東京市統計年表』によると，1913年の東京市の人口は2,033（千人），対して1898年のそれは1,425（千人）であった。
（15）「街頭から見た新東京の裏面」『夢野久作全集』第二巻，筑摩書房，1992年，29頁。
（16）『読売新聞』東京版1924年10月9日付朝刊。
（17）岡義武「回想」，『追想の蠟山政道』，38頁。
（18）小原隆治「明治後期における東京市の市政腐敗と政党政治」『成蹊法学』第34号，1992年。桜井良樹『帝都東京の近代政治史　市政運営と地域政治』，日本経済評論社，2003年参照のこと。
（19）「市政学研究の新発足——ビーアド博士の業績を偲びて——」都立大学人文学会編『人文学報』第6号，1952年，2～4頁。
（20）たとえば，栄沢幸二『大正デモクラシー期の権力の思想』研文出版，1992年，松野修『近代日本の公民教育　教科書の中の自由・競争・法』名古屋大学出版会，1997年を参照のこと。
（21）大島正徳『自治公民の根本義』，至文堂，1927年，43～44，317～319頁。
（22）同上，324頁。

(23) 同上, 17, 323, 344頁。
(24) 同上, 204頁。
(25) 後藤乾一『国際主義の系譜　大島正徳と日本の近代』, 早稲田大学出版部, 2005年, 88～89頁。
(26) 『自治公民の根本義』, 329頁。
(27) 同上, 288, 298頁。
(28) 同上, 354頁。
(29) 蠟山と大島は奇しくも軍政下のフィリピン島調査で席を同じくすることになる。後藤前掲書, 300頁。
(30) 木村正義「公民教育総論」文部省実業学務局編『公民教育講演集』第1巻, 実業補習教育会, 1924年, 14～15頁。
(31) 岡篤郎「普通選挙と自治公民の教育」『補習教育』第12号, 1914年, 87頁。この点, 松野前掲書, 220頁に教えられた。
(32) 蠟山の公民教育論について触れた貴重な業績として上原直人「社会教育における公民教育論の検討——蠟山政道を中心に——」『日本社会教育学会』(2006年)があるが, 上原は同時代の公民教育論と蠟山のそれとの差異について充分に敏感ではないように思われる。むしろ松沢弘陽「民主社会主義の人びと——蠟山政道ほか」が鋭敏である。
(33) 『公民政治論』, 雄風書房, 1931年, 13頁。
(34) 同上, 16頁。
(35) 同上, 11頁。
(36) 同上, 66頁。
(37) 同上, 69～70頁。
(38) 同上, 74頁。
(39) 同上, 75頁。
(40) 同上, 111頁。
(41) 大島前掲, 302頁。
(42) 『公民政治論』, 149頁。
(43) 同上, 159頁。
(44) この点はやはり大島が典型的である。大島前掲, 354～358頁。
(45) John Maccunn, *Ethics of Citizenship*, 6th ed, Glasgow; Jackson, 1921, pp. 84-86.
(46) 『公民政治論』, 130頁。
(47) 拙稿「『自治』と『いやさか』」松田宏一郎・五百旗頭薫編『自由主義の政治家と政治思想』, 中央公論新社, 2014年。また苅部直「帝国の倫理——後藤新平における理想主義」『秩序の夢——政治思想論集』, 筑摩書房, 2013年参照。

(48) 赤木須留喜『近衛新体制と大政翼賛会』，岩波書店，1984年，第二章。伊藤隆『大政翼賛会への道』，講談社学術文庫，2015年参照。
(49) 蠟山の「公民政治」論の転回は，彼が描く政治史叙述にも複雑な陰影を与えることになった。その一端は彼の『ヒューマニズムの政治思想』（1938年）にうかがうことができるが，紙幅の都合により詳細は割愛する。
(50) 全貌をうかがうには西尾勝『蠟山政道著作目録』，蠟山政道追想集刊行委員会，1983年。
(51) 今村都南雄『ガバナンスの探求　蠟山政道を読む』，勁草書房，2009年。
(52) 前掲著作目録の他，富田宏治「1930年代の国内政治体制『革新』構想——蠟山政道の場合（1～3）」『名古屋大学法政論集』105～107号（1985～1986年）。小関素明「民本主義論の終焉と二大政党制論の改造——蠟山政道のナショナル・デモクラシー論と二大政党制論」『史林』第80巻1号，1997年参照。
(53) この重要な著作については三谷太一郎「日本の政治学のアイデンティティを求めて——蠟山政治学に見る第一次世界戦争後の日本の政治学とその変容」『成蹊法学』第49号，1999年，また横田喜三郎「文化科学としての政治学の方法論——蠟山正道『政治学の任務と対象』に就て——」『国家学会雑誌』第39巻第5号，1925年参照。
(54) 『政治学の任務と対象』，巌松堂書店，1924年，159頁。
(55) 東京帝国大学法学部で矢部貞治に代わって担当した政治学の講義は基本的に『政治学の任務と対象』に沿っていたが，終盤の「ノートによる講義」で行われた「政党論」は，「非常に良かった」と丸山は回顧している。『回顧談』上巻，148頁。『公民政治論』と『政治学の任務と対象』のつながりを考える上でも興味深い指摘である。
(56) 日本政治学会編『日本政治学会　年報　1950年度』，68頁。
(57) こうした見解がその晩年にまで持続したことにつき，拙稿「Legitimacyの浮上とその隘路『正統と異端』研究会と丸山政治学」『現代思想』42-11，2014年8月参照。
(58) 「権力と道徳」（1950年）『丸山眞男集』第4巻，262～265頁。
(59) 『政治と倫理』IDE教育選書9，民主教育協会，1956年，21頁。
(60) 丸山の教育への言及が，敗戦直後の一時期をのぞいては，極めて限定的だったことについては清水靖久「政治学と教養」『社会科学』第40巻第3号，2010年。なおこの論文の存在については苅部直氏より本特集の研究会においてご教示を賜った。彼が政治学に期待した教育的機能については「政治的認識」「政治的判断」『丸山眞男集』第7巻，300～304，306頁。但しもちろん，教育の可能性にシニカルな立場を取ることが，彼が教育者としての情熱を持たなかったことを意味しない。

(61) おそらくこの点は、その深い尊敬にも拘わらず、丸山が南原と相容れなかった部分とも対応しているはずである。苅部直「平和への目覚め――南原繁の恒久平和論――」、78、89〜90頁。
(62) 文部省初等中等教育局長通達「高等学校における政治的教養と政治的活動について」1969年10月31日。
(63) 「政治的教養とは何か」『文部時報』1111号、1970年、7頁。

引用文献

蠟山政道『政治学の任務と対象――政治学理論の批判的研究』、巌松堂書店、1924年
蠟山政道『公民政治論』、雄風書房、1931年
蠟山政道『日本政治動向論』、高陽書房、1933年
蠟山政道『政治と倫理』IDE 教育選書 9、民主教育協会、1956年
蠟山政道「政治的教養とは何か」『文部時報』1111号、1970年
「共同研究　政治学の過去と将来――討論――」『日本政治学会　年報　1950年度』
『追想の蠟山政道』、蠟山政道追想集刊行委員会、1982年
大島正徳『自治公民の根本義』、至文堂、1927年
「街頭から見た新東京の裏面」『夢野久作全集』第二巻、筑摩書房、1992年。
「成つてゐない東京市　職務管掌中の市政観」『読売新聞』東京版1924年10月9日付朝刊。

型作文と型発問から始まる
市民教育プログラム構築への挑戦

――論理的表現力と批判的思考力の教育相乗効果を目指して――

名和賢美＊

要旨：本稿では，公民科教育を中心とする市民教育論とは一線を画し，市民教育の要諦を言語教育，特に論理的表現力と批判的思考力の涵養に定め，両能力を高める教育手法としての型作文指導と型発問指導という授業の実践報告をする。さらに双方の指導の相関について因子分析により考察する。まず第1節では，独自開発した型作文の書き方や指導法について，また大学，高校，そして小学校における7年間の指導実績について概説した上で，これらの指導成果をアンケート調査等により確認する。続く第2節では，まず型発問指導の経緯および大学での6年間の指導実績を概説した上で，データ読解による型発問の具体的な指導法とその成果について説明する。さらに，アンケート調査を用いて確認的因子分析を行い，型作文と型発問の同時指導が有効であることを明らかにする。以上の議論を踏まえて，型作文は開発者以外の者も効果的に指導可能であると，また型発問は大人数講義でも活用可能であると主張する。

キーワード：市民教育，論理的表現力，型作文，批判的思考力，型発問

はじめに

　　最後に，これが最大の理由ですが，政治先進国の実現です。私は日本の政治の現状を大いに憂えているのですが，その打開には政治システムの再構築と共に，思考力・表現力ある国民の増加が不可欠と言えます。民主主義研究と市民教育に日々尽力しながら，世界各国が羨むような政治を目指したいのです。

＊　高崎経済大学経済学部准教授　政治思想史

前記の文章は，本務校である高崎経済大学経済学部教養教育科目で作文指導を行う際に提示してきた模範解答一部抜粋である。「政治と教育」をテーマとする本号編集委員を務めた筆者は，大学院時代より「政治システムの再構築」を長期的視野に入れつつ古代ギリシア民主政思想を研究してきたが，現在では「思考力・表現力ある国民」を地道に育てる日々で市民教育へのエフォート率がすこぶる高く，その姿は日本政治学会員らしからぬものであり，むしろ「作文屋」という言葉がふさわしいような状況にある。

　本稿は，そのような作文屋による授業実践報告であるが，授業作りではあくまでも市民教育プログラム構築を念頭に置いてきた。本号年報委員長は「政治と教育は，政治思想史を専門とする我々が市民の育成と深く関わることを意識せざるを得ない重要な課題だ」[1]と力説したが，市民の育成は政治思想史研究者のみならず政治学者全般にとっての重要課題であり，教育学者に任せておけば良いという類いのものではない。かつて竹島（2004：17-18）が大学での実践的な市民教育の導入を唱えた頃から，市民教育やシティズンシップ教育に関する研究が増え始めたが（一方で2002年と2011年の学習指導要領の改訂が教育学の分野ではきっかけとなり，他方で選挙権年齢引下げが政治学の分野に拍車をかけた），初等教育から高等教育まで様々に試行される授業の中心は模擬選挙などを通じての公民科教育にある。

　ところで，古代ギリシアでは周知のように，プラトンもアリストテレスも教育活動に力を注いだし，紀元前5世紀から前4世紀初期には弁論術を市民に教授したソフィストの活動も有名である。さらに前5世紀終盤から前4世紀には「アッティカ十大弁論家（κανόνας τῶν δέκα Ἀττικῶν ῥητόρων）」が活躍した。彼らは法廷弁論を代筆する「弁論作家（λογογράφος）」であったが，例えばデモステネスのように具体的な政策を唱える者もいれば，市民に弁論術を教える者もいた。その代表的な教育者はイソクラテスであろう。しかも，ソフィストからアッティカ十大弁論家を経てアリストテレスによって体系化された弁論術教育の流れは，ヘレニズムを経て古代ローマ世界でキケロとクインティリアヌスにより再構築された上で（マルー 1985：237ff.；廣川 2005：254ff.），現代のアメリカ市民教育までたどり着く（Kimball 1986: 206ff.；大口 2014：169）。

　筆者の作文屋活動は，こうしたイソクラテス的言語教育の流れを日本に

引き寄せようとするものである。市民教育論の高まりにより欧米のあり方が紹介されるが，例えば武藤・新井編（2007）では英仏独での市民教育の大前提にある言語教育に関して言及がない。だが，欧米市民教育をつぶさにみれば，言語教育の充実なくして市民教育の発展なしということが明白である。アメリカではこうした立場から英語リテラシー訓練のさらなる改善がいまだに強く求められ（ボイヤー 1996：94ff.），日本でも「民主主義的社会の維持は，言語能力の全国水準を高く保つことなしには期待できない」（絹川 2006：112；近藤 2009：39ff. も参照）と賛同する声もある。また心理学の分野でも，より良い民主主義社会に向けての批判的思考力の研究が盛んである（e.g. 楠見ほか編 2011；楠見・道田編 2015）。このように公民教育以前に何よりも言語技術教育の充実が欠かせないということは明らかなのに，政治学の分野ではこうした認識がいかに薄いことか。

　言語技術教育の中核は，単なる読み書き能力ではなく，論理的表現力と批判的思考力の涵養にあり，それらは市民教育の要諦と言えるものである（名和 2013：256）。批判的思考力については心理学の分野での成果が多々あるし，また教育学の分野では例えば市毛勝男や宇佐見寛らによる言語教育研究が膨大にある。筆者は，両分野の蓄積を踏まえる余裕もなく，我流でもがいてきたのだが，その教育蓄積をもとに学部初年次教育を開講させるなど一定の成果を上げることができた。そこで本稿では，そうした教育実践の中間報告をしつつ市民教育の要諦となり得るような授業プログラムを考察することになる。

　こうした目的をもつ本稿では，続く第 1 節で独自に構築した型作文指導を総括的に省みる。そして第 2 節では，論理的表現力と批判的思考力を同時に高めることを目指した授業を説明した上で，その教育方法が両能力の向上に果たして効果的なのか検証する。最後に，大学における市民教育に関する提言を試みたい。

1．型作文による論理的表現力涵養への挑戦

(1) 型作文の開発

　次頁の図 1 は，筆者が高校生や小学生に作文指導する際に 2014 年度から用いている模範解答である。作文指導では，「言いたいことを分かりやす

図1 「基本の型」模範解答

```
＜北部小学校6年生　大学見学＆作文指導　模範解答＞
名和賢美先生が授業をしているのに、あなたはなぜ今とても
眠いのですか。その理由について説明しなさい。

6年　　組　　番号　　　氏名

名和賢美先生が授業をしているのに私が今とても眠い理由
は、以下の3点です。

　まず、午前1時の就寝です。昨夜お父さんが私のずっとほし
かった妖怪ウォッチの3DSゲームソフトを買ってきてくれま
した。宿題を終えたあとに、そのゲームを始めたら、ついつい
のめり込んで、なかなかやめられなかったのです。

　次に、たえがたい念仏です。授業が始まってからもう20分
以上たちますが、訳の分からないことを何やらずっとブツブツ
ととなえています。このしげきのない声を聞いているうちに、
自然と目が閉じてくるのです。

　最後に、これが最大の理由ですが、待ち遠しいランチタイム
です。育ちざかりの私は、いくら朝ごはんをたくさん食べてき
ても、給食の時間までお腹がもたず、いつも11時30分ころ
にお腹がすきます。今もこの空腹感がとても強くなってしまっ
たために、まったく集中できずにウトウトしてしまうのです。

以上の理由により、私は今とても眠いのです。
```

く伝える基本の型」（以下，「基本の型」と略記）を教えた上で，その型通りに文章を書かせるというやり方であるが，この「基本の型」は，本務校での作文指導において試行錯誤を重ねた2008年度中に，フランスのコレージュ3年生用の作文基礎固めドリル（explication de texte）における答案作成法を参考として，独自に開発したものである（名和　2016a：492-494）。2009年12月に実施した高崎市立高崎経済大学附属高等学校（以下，附属高と略記）への出前授業時に，この名称を付したのだが，論理的に，きちんと筋道を立てて，次から次へと順序よく書くという「基本の型」の作文指導を，2009年度から現在までの7年間継続してきた。

　「基本の型」そのものには，細かな修正や採点内容の改良を重ねた結果，以下のような10大ポイントがある。
①文章全体（16行）[2]を大きく3つ（序・本論・結び）に分ける（三分法）。
②「序」：問いの言葉を用いて2行でまとめ，「本論」で伝える内容の数も明記する（図1の2行目「以下の3点」）。
③「結び」：「序」と一貫させ，さらに「序」よりも簡潔に1行でまとめる。
④「本論」：1つの内容を1つの段落で展開し，3段落構成とする。
⑤「本論」：段落を統一性ある接続詞（「まず・次に・最後に」）でつなぐ。

⑥「本論」：最も伝えたい内容を「本論」の最終段落に置く。
⑦「本論」：最終段落を，他の2つの内容よりも1行多く，5行とする。
⑧「本論」：最終段落では，「1番伝えたいんだ」という旨を接続詞の直後に明記する[3]（図1の11行目「これが最大の理由ですが」）。
⑨「本論」：3つの段落とも，「小見出し」から「詳しい説明」という論の展開にする（段落1文目を小見出しの文とする）。
⑩「本論」：「小見出し」を端的でかつインパクトのある名詞句にする[4]（図1の3行目「午前1時の就寝」，7行目「たえがたい念仏」，11行目「待ち遠しいランチタイム」）。

　このように，①から⑤までの序・本論・結びという三分法[5]に，⑥から⑩までの筆者なりのアレンジを加えたものが「基本の型」であり，この型ではさらに次の4星人もダメと指導する[6]。ちなみに，こうした比喩的表現で説明を始めたのも前述した附属高への出前授業であり，人生初の高校生への授業だったので，笑いを盛り込もうと苦心した結果である。高校生にかなり好反応だったので，それ以降は大学生への説明でも使用することにした。

- 「思います星人」
  文末表現に「～と思います・考えます・感じます」を多用する人々。
  （脱出法）これらの表現を一切使わずに書く（無意識に使う癖を直す）。
- 「熱意なし星人」
  所与の行数に空白があるのに，作文を終えてしまう人々。
  （脱出法）与えられた行数の最後まで書く。
- 「メール文星人」
  各行を語句の切れ目で適当に改行し，段落冒頭1字下げもない人々。
  （脱出法）段落を改める以外は右端まで書く。段落開始では1字分空ける。
- 「乱筆乱文星人」
  思いつくままにダラダラと，しかもぞんざいな文字で書く人々。
  （脱出法1）「下書き→推敲→清書」の流れで文章を完成させる。
  （脱出法2）清書の4ポイントを守る。
  　　　①丁寧さ：可能な限り丁寧に書く。
  　　　②消し跡：間違いの筆跡をきれいに消した後で書き直す。

　　　　③にじみ：書いた文字を自分の手でこすって汚さない。
　　　　④下揃え：大半の字が下線に触れるように書く。
　以上のように「基本の型」には多々制約があり，小学生レベルのリメディアル的要素から小見出しの名詞句というやや高度な要素が混在されたものである。そしてこの型指導で繰り返し力説してきたのは，「読み手に対する思いやり」に満ちた文章を書こうという意識である。大学生の手書き答案を一瞥すれば瞬時に分かることだが，「俺の書いた文章，しっかり読めや」というような上から目線の文章ばかりが目立つ。こうした態度からの180度転換を求め，「お忙しいところ大変恐縮ですが，私の拙い文章をぜひとも読んでください」というへりくだった気持ちを起こさせるのである。
　また，この型の主眼は，論理的「文章力」ではなく，論理的「表現力」を高めることにある。大学では，また高校でも，大半の作文指導は小論文やレポートなどが書けるようになるために行われているが，こうした文章力向上は汎用性に富む「基本の型」では2次的な効果にすぎない。むしろ主目的は，かつてキケロが，クインティリアヌスが，そして福沢諭吉が力説したような，人前で自分の考えを語ることなのである（名和 2016a：491）。
　「基本の型」そのものについては，紙面の都合上，これ以上の説明を省略するが7，型作文指導の核心は採点・添削にある。「基本の型」について一通り説明した後は，学生は型通りに書いてみる。そして教員は前述の全ポイントがよくできているか細かくチェックした上で文章表現上の稚拙さを赤ペンで修正し，翌週には返却していまだ理解が乏しい部分の注意を促す。つまり，「学生の型作文執筆→教員の採点・添削・講評」という流れを数回繰り返すのである（名和 2016b 第1節）。
　型作文の採点・添削は，間違いなく時間的にも精神的にも負担大の作業であるが，それでも，「毎回作文させ添削しているのに，効果が見えない」というような労多くして功少ない作業ではないと断言できる。型作文を反復練習すると，論理的表現力は目に見えて高まり，2，3回の反復で型を身につけるようになるし，さらには作文への苦手意識が弱まり，自信もつき，楽しいという気持ちになる者もいる。効果を直接確認できるおかげで，指導後には労が報われたという達成感に満たされるし，今後も継続せねばという使命感もわく。

(2) 型作文指導実績

試行錯誤を経て独自に開発した「基本の型」による型作文指導は、その対象を大学生のみならず、市民教育プログラム構築という観点から、より低い年齢層でも可能かと実験を試みてきた。以下では、2009年度から7年間行ってきた実験について、対象別に概説する。

まず本務校では、「基本の型」による型作文指導を教養教育科目「社会学Ⅰ」・「社会思想史Ⅰ・Ⅱ」（隔年開講）において、表

表1　高崎経済大学経済学部での型作文指導実施状況

年度学期	科目名	履修者数
2009年度前期	社会学Ⅰ	83
2009年度後期	社会思想史Ⅰ	17
2010年度前期	社会学Ⅰ	38
2010年度後期	社会思想史Ⅱ	44
2011年度前期	社会学Ⅰ	28
2011年度後期	社会思想史Ⅰ	17
2012年度前期	社会学Ⅰ	48
2012年度後期	社会思想史Ⅱ	8
2013年度前期	社会学Ⅰ	54
同	学問研究入門8	16
2013年度後期	社会思想史Ⅰ 9	20
2014年度前期	日本語リテラシーⅠ	新入生全員
2014年度後期	社会学10	27
2015年度前期	日本語リテラシーⅠ	新入生全員
2015年度後期	社会学	40

1の通り、実践してきた。論理的表現力を育てる教育研究に関して、2007年4月着任以来の9年間を総括すると、次のように言える。すなわち、深い徒労感しかなかった2007年度[11]、試行錯誤の中で希望の光を見出した2008年度、十分な手応えを感じとり型作文の一般化に着手した2009～11年度、型作文の学部必修化準備に追われた2012～13年度、型作文のさらなる普及を視野に入れ始めた2014～15年度と。

2009年度前期を除いては、一般的な講義科目としては履修者数が相当少ないが、一方で筆者による履修者減らしの工夫（筆者の力量では40人程度が限界である）[12]、他方で負担の大きな科目だという情報の学生間での共有、両者が相まっての結果である。後者に関しては、毎回の出席が当然、そのうち10回は制約多い型作文の実習、しかも授業外の予復習も毎回ある[13]。その結果として｜ド鬼」・｜ドシビ」という評価が広まった。以降、受講生数は頭打ちだが、むしろ大人数マスプロ教育を回避でき、大いに望ましい教育環境である。

2012年度までは、いずれの科目も授業全15回を次のような計画で実施した。まず、2回かけて「基本の型」の具体的な書き方について詳しく説明する。次に、型通りの作文練習を7、8回繰り返す。最後に、型の応用練習を2、3回行う。型の応用は、身につけた「基本の型」を上手く活用で

きていない学生が多かったので，2011年度より授業終盤に加えた。

以上のように授業中に型作文を10回実習するのであるが，ただ単につらく面倒くさい作業を繰り返すのではなく，その苦労のやりがいを学生1人1人が感じとれるような工夫も施している。それは，後述する新入生必修科目「日本語リテラシーⅠ」における授業設計上の要諦にもなったことだが（名和 2015：16-25），成功体験による自信の芽生えを促すことであり，具体的には，学生各自の指導前の作文を記録し，反復練習後にその事前作文を振り返って成長を実感してもらうのである。この工夫のために，「基本の型」説明以前に1つの作文を課し（何も指示を出さず自由に書かせる），そして反復練習終盤で，その事前作文を当人に返却し，受講前の作文がいかに乱筆乱文で論理性がないかなどを確認させた上で，全く同一の課題を今度は「基本の型」通りに書き直させるのである。その課題とは，なぜこの科目を受講したいのかという「受講希望理由書」であるが，厳しい採点・添削がしばらく続いた後で当初作文を目にすると，ほぼ一様に，当初作文への恥ずかしさとともに能力がついた現在の自分に手応えを感じることになる[14]。

2014年度前期から現れる「日本語リテラシーⅠ」とは，同年度より施行された少人数制初年次必修科目（前期，2単位）であり，この科目の中で学部新入生全員（520名前後）が「基本の型」を学ぶようになった[15]。標準13名×40クラスの科目で型作文指導は授業第6回目から第9回目までの4回だけであり，添削指導も3回に限定している。2015年度の作文課題は，①お薦めの講義，②希望のゼミナール，③希望の職業であり，前述した成長実感による自信の芽生えをもたらすために，高崎経済大学経済学部への入学理由という課題を事前に課し，添削指導後には同一課題を「基本の型」通りに書き直させた[16]。

ここで，1つの疑問が浮かぶかもしれない。「社会学Ⅰ」・「社会思想史Ⅰ・Ⅱ」は筆者が担当なので，自分が開発した「基本の型」を指導できるが，40クラスもの必修科目で同様の指導が可能なのかと。2014年度は18名が（学部専任教員が筆者を含めて4名，非常勤講師が14名），2015年度は19名が（専任4名，非常勤15名）担当したが，20名近い担当者が「基本の型」を指導するにあたって，開発者の頭を悩ませたのは，担当者間での指導の程度差，つまり全40クラスの公平性であった。そして，型作文指導の標準

化のために講じた工夫が，①「基本の型」の指導内容および採点・添削のマニュアル作成，②指導時における「下書き構想図」の活用，③時間刻みの指導要領の作成である。以下に概略する。

まず，指導内容については，「基本の型」説明の簡略版を教員用講義レジュメとして用意し，そのレジュメに沿っての説明となる。さらに，採点表と添削指導要領を作成し，事細かな注意点を採点に反映させると同時に，添削をマニュアル化した（名和2016b 第1節）。

次に，「下書き構想図」とは図2の通りであり，梅嶋ほか（2011：15-31）の「文章の設計図」を参考として，型作文の執筆に向けてどのように構想を練っていくかをフローチャート式にまとめたものである。高校生への試行（2013年9月開催の作文指導）を経て，初年次教育必修化と同時に実用化した。構想図発案以前には型作文に慣れるまでにかなりの時間を要する学生もいたが，実用後には「基本の型」への理解も早まった[17]。

型作文指導標準化のための工夫3点目は，時間刻みの指導要領の作成である。これは簡単に言えば，『大学入試センター試験監督要領』のようなも

図2　下書き構想図例

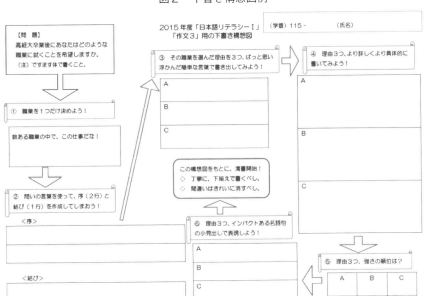

のである。時刻ごとに事細かな台詞を連ねている台本に沿って，40クラスいずれも毎回同じ授業内容が同じように進行するようにした，担当者用の授業マニュアルである[18]。

　以上が本務校での指導実績であるが，「基本の型」の指導は大学以外でも，附属高では少なくとも年1回継続し，この2年間も本務校近郊を中心に，表2の通り，高等学校3校と小学校2校で試行してきた。

　高校生への指導については，以前に詳論した事業（名和2013）の継続のため，ここでは割愛するが，これだけの試行により，大学生に行った内容を高校1年生まで下げることが可能という判断を下せた。もっとも，市民教育という観点から言えば，実験対象が高校受験合格者の集合体だけであり，学力が高くない一定数をいまだ対象にできていない。

　次の実験は，本来ならば中学生を対象とすべきかもしれないが，高1で可能と分かったために中3でも問題ないと推測できたので，一気に小学生にシフトし，小学校6年間のうちで一体どこまで下げられるのか試みることにした。小学校と大学の小大連携と言えそうなものだが，その指導は，表2の小①～小③のみで，まだ3度しかない[19]。小①では，「基本の型」の指導内容をやや易しめバージョンとし，講義時間も40分程度に抑えたが，作文の分量は同じ16行とした。事前課題と復習課題も課したが，さらに6学年担任によって，もう1つの別課題も与えられた。その別課題では，三分法も本論の段落分けも，その他の指導内容も意識が明確となっており，6年生42名全員に，はっきりとした成長が見られた。小③も同一内容の指

表2　初等・中等教育での型作文指導実施状況

累計	実施日	学校名	対象	授業形式
高⑦	2014年5月30日 2015年1月13, 20日	高崎市立高崎経済大学附属高等学校	1年生全員， 1年オナークラス	講義を1回 大学生による個別指導を2回
高⑧	2014年8月21日 9月4, 11, 18日	群馬県立吉井高等学校	3年生全員， 3年生希望者	講義を1回 大学生による個別指導を3回
小①	2014年10月15日	群馬県高崎市立北部小学校	6年生全員	講義を1回
小②	2015年3月14日	岩手県釜石市立鵜住居小学校	3年生から6年生の希望者	講義を1回 大学生による個別指導を1回
高⑨	2015年5月29日 2015年6月9, 16, 23日	高崎市立高崎経済大学附属高等学校	1年生全員， 1年オナークラス	講義を1回 大学生による個別指導を3回
小③	2015年10月14日	群馬県高崎市立北部小学校	6年生全員	講義を1回

導である。なお、小②は被災児童への指導であるが、述べたいことが多々あるので、別の機会に紹介する。

(3) 型作文指導に対する受講者の評価

　特定人物が経験的実践的に開発したような授業プログラムを開発者以外の者が行うにあたっては、使用者が開発者と同じように指導できるかという点が最大の問題であろう。2015年度に、「日本語リテラシーⅠ」では18名の教員が計38クラスを担当したし、附属高のオナークラス70名に対しては16名の大学生チューターが指導した。果たして開発者と同じような指導が可能であったのか、アンケート結果から検証してみよう[20]。

　まず、「日本語リテラシーⅠ」でのアンケート調査（無記名式）結果である（表3）。新入生526名のうち、筆者担当2クラスを除いた、38クラスの498名を調査対象とし、3回の添削指導が済んだ第9回目（2015年6月4，5，17日）に実施。当日出席した485名が回答（回答率97.4％）。続いて、附属高1年生へのアンケート調査（記名式）結果である（表4）。大学生が指導したオナークラス70名を調査対象とし、指導最終日（2015年6月23日）の指導後に実施。当日出席した68名が回答（回答率97.1％）。

　調査対象受講者の相違（批判的態度は総じて大学生が高い）や、指導者1人あたりにおける受講者数の相違（大学生が13名前後に対して、高校生は4名程度）があるものの、大学生チューターによる指導結果にはアッパレの一言である。作文力成長の実感について、大学生は「まあまあ」と「とても」を合計すると90.1％なのに対して、高校生の合計は見事に100％に達した。もちろん「日本語リテラシーⅠ」担当者も、学部必修科目としてはかなり高い成果を上げていると評価できるであろう[21]。

　本節では最後に、表2の小①における小学6年生の感想を示そう。「基本の型」についての講義を1回受けただけの児童による感想である。

表3　作文力の成長を実感できましたか？（大学1年生485名）

まったく実感できなかった	3人	0.6%
あまり実感できなかった	10人	2.1%
どちらともいえない	35人	7.2%
まあまあ実感できた	240人	49.5%
とても実感できた	197人	40.6%

表4　作文力の成長を実感できましたか？（高校1年生68名）

まったく実感できなかった	0人	0.0%
あまり実感できなかった	0人	0.0%
どちらともいえない	0人	0.0%
まあまあ実感できた	18人	26.5%
とても実感できた	50人	73.5%

◇「作文の教え方がとってもわかりやすかったです。作文大っきらいな僕でも、とってもわかりやすくて、『ア！これはスイスイできそうだ』と感じました。」

◇「私は作文がすごく苦手だったけれど、名和先生におそわってからスラスラ書けて右から左までずっとかくことを意識するようになりました。前に比べて作文がすごく好きになりました。」

添削指導を行っていないにもかかわらず、あれだけ時間を要していた作文が「スラスラ」、「スイスイ」書けるようになったという。他にも嬉しい感想が多々あり、「一生忘れない授業」という言葉にはとりわけ感激した。

ちなみに、小学生の作文指導に関しては、国語教育分野からの研究や現場教諭による授業実践報告が実に多く出ている一方で、ドラゼミ教育研究所が実施した「小学校での作文学習についての意識調査」における「小学校での作文指導についてどのように感じられていますか。」という質問項目では、「大変満足している」（１％）、「満足している」（９％）、「やや満足している」（25％）が合計で35％、それに対して「指導時間がやや不十分に感じる」（40％）と「指導時間が不十分に感じる」（24％）の合計が64％という結果であった。不十分に感じる理由については、「書く機会が少なく、組み立て方、まとめ方をよく理解していない」、「作文を書いても添削はないし（漢字間違い程度の添削）、先生からのコメントも短い」などの意見もあったという[22]。小学生を２人もつ父親として十分うなずける結果である。

これに対して、これまで述べてきた初等・中等教育における「基本の型」指導実験の中間報告は次の通りである。すなわち、高校生に対しては十分指導可能であり、むしろ高校から大学へと応用練習ができるような段階的プログラム構築が求められる。また、指導開始時期については、図らずも表２の小②において２年生の参加があったおかげで、小学校６年間のうちで一体どこまで下げたらよいのか、貴重な示唆を得た。現在の小学校国語科教科書では、「はじめ、なか、おわり」という三分法の文章指導がすでに２年生１学期から行われているが[23]、この単元を何度か学んだ高学年の方が効果的である。もっとも、サンプル数があまりに少ないため、小学生に関しては、さらなる実験が必要である。作文指導への不満が強い現状を打開するためにも、何より市民教育の観点から言語教育の充実を図るために、

小学校との連携をより深めながら引き続き検討したい。

2. 型発問による批判的思考力涵養への挑戦

(1) 型発問指導の経緯

　イソクラテス的言語教育の流れが強いアメリカでは，子どもたちが自らの社会の「批判的な読み手」だという認識が深く（アップル・ビーン 2013：28），大学初年次教育でもすでに戦後から「批判力を持つ市民の育成になみなみならない熱意」があったという（依田 2011：43）。日本でも戦後当初の国語科学習指導要領では，初等・中等教育ともに批判的に聞く能力・読む能力の重要性が力説されていたようだが（柴田 2006：20-21），遺憾なことに，その見解が放棄されてしまい，近年ようやく復興の兆しである。

　ここで，10年ほど前の「教養教育の再構築」公開シンポジウム（2005年7月開催）での全体討論を振り返りたい。その場で報告者の1人であった石井紫郎氏は，大学の教養教育と市民教育との関連性を論じるなかで，初等・中等教育からの言語（日本語）教育の徹底を唱え，「いわゆる国語教育は大改革しなくてはならない」と主張した。彼は教養教育の主目的をコミュニケーション能力，とりわけ質問をする力とみなし，質問力を身につけさせるには，まず先生が質問を発し，そうしたお手本の質問を聞いていくうちに「学生も何かこの辺がちょっとくさいと感じたら，そこを衝く」という双方向性の授業を提唱したのである[24]。こうした「発問＝代理問」という教育法が日本に登場し，「教師の仕事は，子どもに問い方を教えていくことにある」という認識が現れてからすでに1世紀が経つようだが（豊田 2008：32-33），政治思想史研究者であればこうした教育法を学生時代にテクスト輪読で体験済みであろうし，自らの質問力も培われたにちがいない。このようにお手本たる質問の型を身につけることを「型発問」と呼びたい。

　型発問による批判的思考力指導については，筆者も自らの学習体験を踏まえてゼミなどの少人数制科目の輪読で実践してきたが，他方で前節で述べた型作文指導科目でも，型作文と同様に型発問の反復練習をしてきた。ちなみに，「基本の型」は2009年度より本格的に指導しているが，2009年度作文課題はいまだ試行錯誤の状態であった[25]。そうした中で，授業第7回（2009年6月8日）での「教科書46-47頁［平均寿命のデータ］を読み，

浮かんだ疑問をいくつか説明しなさい。」という出題をきっかけに，第9回目にも似たような出題をした。正直，今となっては記憶が定かではないが，何かしらの問題に対して意見や解決策などを述べさせるような一般的なやり方に限界を感じていたのであろう。さらには，疑問そのものだけを，それが一体どのような疑問なのか明快に伝えるという課題が，批判的思考力の向上に大いに有効と判断したのであろう。翌2010年度以降は，「社会学Ⅰ」では社会問題のデータを読み，「社会思想史Ⅰ・Ⅱ」では古典テクストを読み，浮かんだ疑問3点の内容を伝えるという課題を型作文全10回のうち7回前後出題した。疑問に対する自分なりのコメントや解決策などには言及することなく，思いついた疑問をそのまま疑問のままにとどめて，どのような疑問なのかを伝えることを求めたのである[26]。

　なお，2009年度に2度出題した際には，疑問は2つもしくは3つ挙げるよう指示したが，2010年度以降は必ず3つ挙げるように改めた。「1つの内容は1つの段落に」という原則に沿って内容を2つ書いている場合，学生の文章はとかく冗長がちだったので，限られた分量の中で3つの内容を明快に伝えさせた方が表現力の面では有効であるし，思考力の面でも多角的な視点に立つことができると判断したのである。また，のちに直接教示を得たことだが，理由などを3つ並列的に展開するという3点列挙には「不思議な説得力があり，安定感もある」（薄井 2014：105）という[27]。

　それから，批判的思考力の「批判」とは否定することから始まるものではない。しっかりと理解しようとする態度からもたらされるものである。古典輪読などをすれば，文章中に不可解な点が随所に出て来る。それと同様に，特定のデータをじっくりと様々な角度から読み込むと，データには不可解な点があちこちに潜んでいる。こうした不可解な点をそのまま放置するのではなく，「ここは自分が分からないことだ」と強く意識させて，その疑問をあえて3点も挙げるということを繰り返す。こうした反復練習により，分からないことを表明することへのためらいや羞恥心を徐々に払拭させていく（疑問を発することが自らの恥をさらけ出すことになると思い込んでいる学生は実に多い）。また，学生が挙げた疑問すべてを翌週までにチェックし，誰もが思いつきそうな標準的な疑問と，細かいところまであるいは様々な角度から注意深く読んで見出した鋭い疑問とに分類した上で，鋭い疑問例を次回授業の冒頭で紹介する。さらに，学生は誰も挙げな

かったが「この点を挙げなきゃだめでしょう」というようなお手本たる疑問を例示する。こうした型発問の反復により、鋭い疑問をズバッと指摘できるような質問力を鍛えていくのである。型発問が身につけば、ゼミや講義で話を聴くときに、さらには文章を読むときに、必ずや発表者の話や文章を事細かに諸角度からチェックできるようになるであろうという期待を込めて。

こうした経緯で、表1の2010年度以降「社会学Ⅰ」・「社会思想史Ⅰ・Ⅱ」では型発問を指導してきた。古典読解やテクスト解釈での発問については、本学会員の多くが学生としても教員としても体験済みであろうから、以下では、データ読解課題について説明したい。なお、テクスト解釈課題一例は次の通りである：『旧約聖書』「創世記」の「天地創造」を読み、浮かんだ疑問を述べなさい。

(2) データ読解による型発問指導の概要と評価

本務校では2008年度より授業評価アンケートが導入されたが、その評価は型作文・型発問の成果を如実に物語っている。学生にとって近い将来には忘却の彼方となるような2008年度までの授業に大きな変革をもたらしたのは前節で詳述した2009年度からの型作文指導導入であり、さらに勢いに乗せてくれたのは2010年度から本格化させたデータ読解の型発問指導であった。以降は、大人数マスプロ教育を回避できた良好な教育環境のもとで28、表5の通り、極めて高い評価を得ている。

この高評価に対して、型作文による論理的表現力向上の要素が大きいと分析していたが、一方で同様に継続してきた型発問による批判的思考力の向上に関しては検証を試みることがなかった。この点について今回検討す

表5 「社会学」の「授業に関する学生アンケート」結果

年度	2008	2009	2010	2011	2012	2013	2014	2015
開講時限	前期3限	前期2限	前期1限	前期2限	前期1限	前期2限	後期1限	後期2限
履修登録者	101名	83名	38名	28名	48名	54名	27名	40名
常時出席者	86名	77名	32名	23名	44名	40名	23名	28名
アンケート回答者	77名	67名	26名	21名	38名	38名	20名	28名
本科目の総合評価	3.9	4.3	4.6	4.9	94.7	96.3	95.0	90.0
大学全体の平均評価	3.8	3.8	3.8	3.9	79.9	81.1	81.8	82.5

（＊）評価は、2008～11年度が5点満点、2012～15年度が100点満点。

ることになるが,その前に本科目の概要(表 6)および型発問課題(表 7)を紹介しておこう。

表 6　2015年度「社会学」概要

授業目的	世界の諸統計資料を読み解くと同時に読み解いた内容を分かりやすく表現するという作業を毎回繰り返し,社会学固有の比較方法に習熟することを目指す。
達成目標	(1)社会学的方法の把握 社会問題をジャーナリスト的観点から考えるような姿勢からの脱却 (2)データ読解力の向上 社会問題に関する既存データを鵜呑みにするような態度からの脱却 (3)論理的表現力の向上 社会問題データにおける問題点をダラダラと伝える思考からの脱却
授業方法	第 2 回〜第 4 回:講義形式 第 5 回〜第14回:講義形式での作文講評・課題データ解説→小レポート実習
評価方法	小レポート10回分を総合的に評価(100％)。学期末のレポート提出や試験は一切なし。提出された小レポートは添削・採点し,次回の授業初めに返却。

表 7　2015年度「社会学」課題一覧

授業回数(課題番号)	課題内容
第 2 回(発問練習 1)	「論理的な文章の書き方(理論編)」の講義を聴き,浮かんだ疑問を 3 点挙げなさい。
第 3 回(発問練習 2)	「社会学という学問名称のユニーク性」の講義を聴き,浮かんだ疑問を 3 点挙げなさい。事前課題の「社会学」受講希望理由書も提出。
第 4 回(発問練習 3)	「社会学的なものの考え方」の講義を聴き,浮かんだ疑問を 3 点挙げなさい。
第 5 回(小レポート 1)	昨年度教科書66〜67頁29にある大学進学率(2010年)の数値を比較検討し,浮かんだ疑問を述べなさい。
第 6 回(小レポート 2)	教科書92〜93頁にある平均寿命(2012年)の数値を比較検討し,浮かんだ疑問を述べなさい。
第 7 回(小レポート 3)	教科書98頁にあるジェンダー不平等指数(2013年)の数値を比較検討し,浮かんだ疑問を述べなさい。
第 8 回(小レポート 4)	教科書54〜55頁にある,おもな難民の出身国・地域(2013年末現在)および難民受け入れ数上位10カ国(2013年末現在)の数値を比較検討し,浮かんだ疑問を述べなさい。
第 9 回(小レポート 5)	教科書134〜135頁にある,CO_2排出量年平均増加率(2000〜2013年),CO_2排出量(2013年),そしてCO_2排出量の国別割合(2013年),以上の数値を比較検討し,浮かんだ疑問を述べなさい。
第10回(小レポート 6)	教科書120〜121頁にある,総発電量に占める再生可能エネルギーの割合(2011年),再生可能エネルギーによる発電量とエネルギー構成(2011年),そして 4 つの再生可能エネルギーによる各発電量(2011年),以上の数値を比較検討し,浮かんだ疑問を述べなさい。
第11回(小レポート 7)	本科目で指導を受けてきた「言いたいことを分かりやすく伝える基本の型」通りに,自らの「受講希望理由書」を書き直しなさい。

教科書:遠藤文雄監修(2015)『今がわかる時代がわかる世界地図2015年度版』成美堂出版。

以上のようなデータ読解の型発問指導に対して，受講生へのアンケートおよび聴講した教職員のコメントという面から検証してみよう。

表8　批判的思考力の成長を実感できましたか？

まったく実感できなかった	0人	0.0%
あまり実感できなかった	0人	0.0%
どちらともいえない	1人	4.2%
まあまあ実感できた	15人	62.5%
とても実感できた	8人	33.3%

　まず，2015年度「社会学」でのアンケート調査結果（無記名式）である（表8）。常時出席者28名を調査対象とし，授業最終第15回（2016年2月4日）に実施。当日出席し回答した26名のうちの24名分（調査用紙全3頁のうち1頁を無記入した1名と，質問項目すべてを「5」に回答した1名を除外。回収率85.7％）。ちなみに，本科目は教職課程において中学校社会科免許状必修科目のため，中学・高校教諭志望者が履修者全体の7割前後を占める。このように仕方なしに履修せざるをえない学生が多数を占める科目であるが故に，アンケートの信憑性も高まるにちがいない。

　また，自由記述欄の一部抜粋は，以下の通りである。

◇　データを注意深く読解することによって，一見しただけでは分からないようなことまで読み取ることが理解できた。本講義の受講をきっかけに，データに対して臨む姿勢が大いに変化した。

◇　コツをつかむことで疑問を見つけることが楽しくなりました。

◇　ゼミの発表で，ゼミ生がそれぞれ作ったレジュメを見て，本当にこれは意味があるか等，発表の本質を吟味することができるようになりました。

◇　後期の時期に社会人と対談する機会があり，今までなら質問できずに疑問も浮かばずに終わってしまいそうなところを，積極的に参加することができ，とてもこの授業の成果を感じました。

◇　企業の合同説明会や先輩の卒論発表会などの際には，「何か質問してやろう」という気が起こり，以前より疑問が浮かぶようになった気がする。

　続いては，本科目を1度聴講した高崎経済大学教職員の感想である。本務校では2014年度より「教職員による講義聴講（ピアレビュー）」が試行実施されるようになったが，本科目には2014年度に4名（教員2名，事務職員2名）の聴講があった（2015年度には聴講者なし）。そのうちの2名（匿

表9　教職員Aの聴講記録シート

1．聴講して興味深く感じた点
①　先生はマイクを使わず大きな声で話し，事前課題の好例の板書は授業開始前に済ませていた。
②　予習課題が多く，学生の負担は比較的大きいと思われる。しかし，採点や講評の細密さなどから，学生負担を上回る教員負担が感じられ，学生も自分の努力に見合う指導を受けていることを分かった上で意欲的に取り組んでいるのではないかと感じた。
③　講義内容は，レポート課題を通して様々な社会現象におけるデータの読み方を学び，また読み取った情報を自分の言葉で表現する方法を学ぶことを重点としている。社会学そのものを深く学ぶというよりは，一般教養としての要素が強いと感じた。
2．自分の講義や方法に役立つと思った点（教員） 　　学生の態度や講義教室の雰囲気などを観察し，客観的に感じたこと（事務職員）
①　全員真面目に講義を受けている。若干の遅刻者がおり，9：07頃には全員が揃った。
②　学生はみな静かに受講し，寝ている様子や携帯電話を操作する様子などは見られない。
③　友人と示し合わせで授業を取っていても，固まって座るようなことなく，各人が自身の学習スペースを確保し，講義に臨んでいるように思われた。
3．自由意見
①　教員がシラバスにも記載しているとおり，事前課題が多く履修に覚悟を要す科目ではあるが，徹底的に文書作成の基礎・要点を学び，反復練習することができ，教養科目及び教職科目として得るものが多い講義であると感じた。
②　社会人になってから改めて大学の講義を聴講できるのは非常に貴重な機会であった。
③　繰り返しになるが，学生に負担をかけるということはそれ以上の労力を教員が被るということであり，全員に課題を与え，徹底的にフォローするやり方に教員の教育に対する熱意を感じた。

名）から聴講記録シートを頂いたが，1名からは，「データを見て疑問に思ったことを3つ書かせるという作文課題は，すぐに活用可能である」などの感想があった。もう1名からのシートには，表9の通り，授業の雰囲気が多面的に描写されていた。

(3)　論理的表現力と批判的思考力の相関

前述した2015年度「社会学」アンケート調査では，表8の質問項目の他にも，本科目受講以降の論理的表現力と批判的思考力との汎用状況自己評価に関連する6つの質問項目も設けた。以下では，それらを用いてAmosでの確認的因子分析を行い，型作文指導と型発問指導との相関を検証する。この検証では，型作文も型発問も広く応用できるものなので，次の仮説を設定し，図3のように2因子のパス図を作成した上で，分析を試みる。
（仮説）汎用性が高い論理的表現力の向上と汎用性が高い批判的思考力の向上とは相関しているのか。

図3 パス図

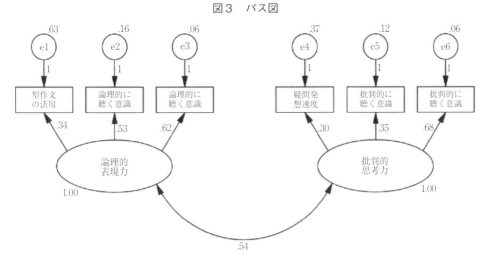

　まず，標準化係数（表11）を見ると，「型作文の活用」と「疑問発想速度」を除いた4つは比較的大きな値である（いずれも表10の通り，0.1％水準で有意でもある）。型作文では論理的に聴く意識と論理的に読む意識に，また型発問でも批判的に聴く意識と批判的に読む意識に大きな効果が見られる。どちらも読む意識への効果が極めて高い。これに対して，型作文のテストやレポートなどでの活用や疑問を発想する速さの効果はやや小さい。

　次に，相関係数（表12）を見ると，論理的表現力と批判的思考力の相関係数は r=.535とかなりの正の相関を示した（表12の通り， 1 ％水準で有意でもある）。

　以上の分析結果を踏まえた上で，論理的表現力と批判的思考力をリンク

表10　係数

			推定値	標準誤差	検定統計量	確率
型作文の活用	←	論理的表現力	0.341	0.186	1.837	.066
論理的に聴く意識	←	論理的表現力	0.529	0.133	3.974	***
論理的に読む意識	←	論理的表現力	0.624	0.136	4.571	***
疑問発想速度	←	批判的思考力	0.302	0.143	2.110	.035
批判的に聴く意識	←	批判的思考力	0.354	0.103	3.435	***
批判的に読む意識	←	批判的思考力	0.680	0.148	4.601	***

注：***p < .0001

表11　標準化係数

			推定値
型作文の活用	←	論理的表現力	.394
論理的に聴く意識	←	論理的表現力	.799
論理的に読む意識	←	論理的表現力	.908
疑問発想速度	←	批判的思考力	.448
批判的に聴く意識	←	批判的思考力	.711
批判的に読む意識	←	批判的思考力	.942

表12　相関係数

			推定値
論理的表現力	↔	批判的思考力	.535

表13　共分散

			推定値	標準誤差	検定統計量	確率
論理的表現力	↔	批判的思考力	.535	.188	2.852	.004

させた授業について考察すると，次のように言えよう。すなわち，型作文と型発問との同時指導，疑問3点を挙げた上でその内容を型作文するという反復練習により，汎用性に富む批判的思考力が高まれば高まるほど，汎用性に富む論理的表現力もまた高まり，その逆もまたしかりである。それ故，型発問指導だけでも批判的思考力が高まるにちがいないが，この能力を飛躍的に向上させるには型作文との同時指導がより効果的であると思われる。

おわりに

以上，市民教育の要諦を論理的表現力と批判的思考力に定め，両能力を高める手法として型作文指導と型発問指導を行う授業の実践報告をした。型作文については，開発者の手から離れてもその採点・添削の効果的な実践が可能と言えるが，指導に伴う負担も確かに大きいので，少人数教育でなければ実践し難いにちがいない。他方で型発問については，「知識の拡充ではなく，能力の錬磨」（久保2005：93）に力点を置けば，講義科目でも次のように活用可能であろう。すなわち，講義終盤20分程度を設けて，データ資料（あるいは短めの文章でも当日の講義内容でもよかろう）を読み，疑問を3つ挙げさせ，箇条書きで提出させる。次週までにその疑問を分類し（「○・△・×」程度でも採点し返却するとなおさら望ましい），主要なものを板書した上で各疑問の鋭さを指摘する。また学生の誰も見出さなかった疑問を例示する。以上の流れを数回繰り返すのである。

国語教育学者の飛田多喜雄は，戦後間もなく，中学校言語教育に対して「社會的必要性ということにおぼれ，量的に多様なものをとりあげ過ぎている…手確く體得させるために，中學としてとりあげなければならない基本的なものを十分に考察し，いわば多様性におぼれず選擇性を高くしたい」（飛田1951：23）と主張した。この言葉は現在の授業開発にも同様にあてはまる。市民教育がかつてないほどに声高に叫ばれている今こそ，基本の反復練習により論理的表現力と批判的思考力を涵養する授業プログラム開発が求められる。その基本の積み重ねに格好の教育法が型作文と型発問と言えよう。しかも後者は，工夫次第ではさほど負担増にもならないため，本学会員の担当諸科目において実践可能と思われる。

　最後に，今後の課題を「基本の型」通りにまとめておこう。少なくとも次の3点が挙げられる。まず，型発問指導のさらなる検証である。成績を平均化して5段階に直したものを観測変数に加えることができれば，諸変数と成績の変数との相関が検討できるにちがいない。次に，初等・中等教育での型発問実験である。正確な理解にもとづく型発問指導は，大学生でなければできないという訳ではない。中等教育でも初等教育でも実現可能であろう。そして最後に，これが最大の課題となろうが，型発問を絡めた型作文の段階的プログラム化である。双方をリンクさせた授業を学年ごとにいかに段階的に学習させるか検討しなけらばならない。以上の課題に取り組むためにも，今しばらくは作文屋活動に邁進したい。

　　［謝辞］　本稿の執筆にあたっては，日本政治学会年報2016－Ⅰ号「政治と教育」第4回編集委員会（2015年9月26日）において論稿の骨子を報告する機会があり，苅部直委員長をはじめ竹島博之委員，河野有理委員より，多くの有益なコメントを頂いた。この場を借りて，感謝の意を表したい。

（1）　2014年度政治思想学会研究大会公募パネル「主権国家体制のゆらぎと政治教育・市民教育の課題」（2014年5月25日）での冒頭コメント。
（2）　着任した2007年度には大学所定の「講義感想・小テスト用紙」（12cm×14行）を使用していたが，毎週返却を始めた2008年度からは自作用紙（12.5cm×15行）を使用。型作文指導を始めた2009年以降も同一用紙を使い続け，記述行数を序（2行）・本論1（4行）・本論2（3行）・本論3（5行）・結び（1行）と制約した。さらに2015年度以降からは序（2

行）・本論1（4行）・本論2（4行）・本論3（5行）・結び（1行）に改めた。図1の場合には，1行あたり27字で全体432字となる。ついでに言えば，「基本の型」の指導では，必ず横書きかつ原稿用紙のマス目なしの自作用紙に書かせている。論理的「表現力」が主眼だという理由もあるが，それ以上に，日本人に作文嫌いが多い元凶を，小学生に始まる原稿用紙縦書きの呪縛にあるとみなしているからである。

（3） 理系論文では内容の並列的展開時に1番伝えたいことを最初に配置することも多いようだが，「基本の型」の主目的は人前で論理的に話すことにあるので，本論最後の配置とした。スピーチの場合，聞き手は1番伝えたいことを聞いてしまうと，残りの話に対しては注意力が大幅に弱まるであろう。薄井（2014：105）もまた「最後に言ったことが一番印象に残る」という理由で最後に置くよう指導する。

（4）「小見出し」については，2011年度までは「キーワード」と称していたが，2012年度により適切な表現に改めた。この小見出しを名詞節（〜ということ，〜である点），副詞句（〜について），副詞節（〜であるから，〜するため）などではなく，あえて名詞句としたのは，大学院時代から諸研究会に出席し，発表や質疑応答で次のように感じることがしばしばあったからである。すなわち，「3点あります。1つ目は，…，2つ目は，…」と話しているが，1つ目も2つ目も果たして何を言いたいのか皆目分からんと。そうした体験から，段落冒頭にはこれから伝える内容が明快に分かるような言葉を記すのが良いと判断し，小見出しの文から始めることにした。しかも，名詞句に限定すると，辞書を何度も引いて措辞を練る作業により語彙力向上を図るという効果もある。

（5） 三分法の起源については，名和（2016a）491-492を参照。

（6） 作文指導時には4星人の他に，「段落知らん星人」・「一文長すぎ星人」という星人も登場する。さらに近年では，本論中に同一語句を何度も繰り返すような人々を「リフレイン星人」と呼んでいる。

（7）「基本の型」の詳細については，名和（2013）273-279を参照。

（8） 初年次教育充実のために2009年度より開講（標準受講生15名）。2012年度までは話の聴き方と本の読み方を実践指導する内容であったが，2013年度には翌年の初年次必修科目新設を見据えたパイロット授業を実施したため，授業の一部に型作文が加わった。

（9） 2014年度の新カリキュラム導入に伴い，「社会思想史Ⅰ・Ⅱ」は廃止。

（10） 新カリキュラム導入に伴い，2014年度より「社会学Ⅰ」を改称。

（11） 着任初年度の苦悩ぶりについては，名和（2008）69-74を参照。

（12） 筆者にとっての作文指導のお手本である久保正彰氏は，東北芸術工科大学長時代の6年間に，1年次生配当科目「芸術文化論」で，360人もの

受講生を相手に毎週作文を書かせ添削して返すということを実践したようだが（久保 2005：82,94），筆者はその10分の1程度の乏しい力量である。
(13)　2015年度「社会学」の「授業に関する学生アンケート」での「普段，授業の教科書や参考文献，配付資料，ノート等を用いて予復習しましたか」という質問項目の結果は，次の通りである（回答者28人）。すなわち，「かなり予復習した」64％（18人），「ある程度は予復習した」32％（9人），「ときどきは予復習した」4％（1人），「ほとんど予復習しなかった」0％（0人），「その他」0％（0人）。
(14)　大半の新入生から好評を得る一方で，ほんのごく一部の学生からは，型作文に対する強い反発もある。2014年度「日本語リテラシーⅠ」の「授業に関する学生アンケート」自由記述欄には，次のようなコメントがあった。「必修として1つの考えを教えこむのはいいが，強要している部分を少し感じた。1つの型にはまりすぎている気がします。」，「作文の指導に納得できません。作文の型は大切です。それについて学べたのは良かったと思います。しかしあんなつまらない作文はいったい誰の心に響くのでしょうか。内容面の指導も充実させるべきだと思います。」こうした反発は今後も想定されるが，「型の修練を経てはじめて独創性が生まれる」（名和2016a：491，また，名和2013：295［註23］も参照）という面を軽視してはならない。型を身につけてこそ自由たり得るという主張は，関口編（2009）でも一貫して見られる。
(15)　この科目の開設理由・授業計画・授業内容等については，名和（2015）を参照。教養教育新カリキュラム原案作成チームリーダーとして本科目の設計にも携わった筆者は，この初年次教育をギリシア・ローマの伝統を受け継ぐLitteratus科目とみなし，経済学部学位授与方針（ディプロマ・ポリシー）も次のように改め教授会で承認された。「経済学部では，教養教育を通じて批判的思考・論理的表現の汎用力を習得し，さらに言語・数理の基礎力及び国際的・学際的感覚を身につける」と。このように諸大学の教養教育で掲げられている「豊かな人間性」という表現を削除し，より具体的実践的な方針とした。2014年度からの新カリキュラムに関しては学部ホームページの紹介（http://www.tcue.ac.jp/dbps_data/_material_/localhost/about/model_kyouyou.pdf）を参照（2016年2月29日アクセス）。
(16)　作文課題がアカデミックとは程遠いものであることに関しては，名和（2015）21-22を参照。
(17)　2014年度以降の「社会学」では，より細かな構造図を用意し，2倍のA3サイズを使用している。
(18)　この指導要領は必修1年目終了後の2014年9月に印刷製本した（名和編 2015a）。もっとも，指導要領中の台詞については，一語一句をそのまま

述べるようなことを担当者には求めず，適宜，自分なりの表現に改めて授業を進めるように，また時刻も目安として自分のペースで進めるよう依頼した。必修２年目にも授業内容一部変更に合わせて改訂し，担当者全員が使用。2016年度前期も同様である。なお，必修40クラスの公平性を保つ工夫に関しては，名和（2015）32－33も参照。
(19) 小①の北部小学校への実験にあたっては，伏線があった。現在小６の筆者長男が小３の時，作文の宿題が月１度ほどあり，その際に型作文で書くように何度か息子を指導してみた。その家庭学習でそれなりの手応えがあったので，小学校高学年全体で可能か試したくなったのである。堀越文代校長（当時）に年度初めに打診したところ，快諾を頂いて，実現できた。講義前には，大学見学の時間も設け，小学生にとっては，校区内にある大学キャンパス内に入り，大講義教室や図書館などを見学する機会にもなっている。
(20) 道田（2000：376）によれば，「授業を受講する前後での学生の主観的な変化を捉えることで，特定授業の効果を検証することは可能」という。
(21) 他の担当者と筆者との指導効果差異の検証については，アンケートのみならず２年次以降の作文の追跡調査も含めて，近いうちに試みたい。名和（2016b 第２節）はこの検証の試論である。
(22) https://www.atpress.ne.jp/news/61698（2016年２月29日アクセス）
(23) 例えば，『ひろがることば　小学国語　２上』(2015) 教育出版，47，57－60頁を参照。
(24) この議論は『教養教育の再構築第四回シンポジウム報告集』88－92頁に収録されている。
(25) 当時の課題は，着任初年度のものを一部改変したにすぎなかった（cf. 名和 2008：71－73）。
(26) その後，2011年度「社会学Ⅰ」の受講生から当時教示を受けたのだが，森（2005：54－57）もまた，知的能力は「問題に答えることではなく，問題を見つけること」という見地から，毎回の講義で質問を１つだけ考えさせているという。
(27) 「三元のもたらす安定感」や居心地の良さについては，平井（2009：113）や北岡（2002：150－151）も参照。くしくも，選挙権年齢の引下げに対応した高校生向け政治教育副教材でも，模擬議会における賛否の主張において，賛否いずれかの根拠を３点挙げるように手引きしている（総務省・文部科学省 2015：80，84，87）。
(28) 「社会学」でも，表７の第３回にあるように，「受講希望理由書」の提出を2008年度より義務化したが，この理由書の当初の目的は授業回数序盤での課題を嫌い，履修者が減ることを狙ったものであった。それが同年度

内にこれを作文指導後に返却するということがひらめいた。さらに2009年度以降は，シラバス内に次のような脅し文句を盛り込み，またガイダンス時にも受講の大変さを説明し，特に１年次生が安易に履修しないよう喚起した。「全出席し適当に小レポートを出せば単位が取れるような甘い授業ではありません。講義中の指示通りに小レポートが書けるようにならない限り，単位取得は難しいでしょう。」「大学における授業の聴き方・ノートのとり方がある程度身に付いた２年生以上の受講が望ましい。」さらに2014年度からは履修者の現状を踏まえ，「例年，教職課程で履修せざるを得ない学生が受講生の半数以上を占めます。一般学生の割合の低さは，毎回ヒイヒイ言って大いに苦労するほど，受講のシンドさトップクラスの授業だからです。」という注意書きも加えた。

(29) この回だけ昨年度教科書を用いたのは，例年取り上げてきた大学進学率のデータが2015年版では収録されなかったためである。

引用文献

薄井道正（2014）『思考力と表現力を鍛える「日本語の技法」テキスト2014年度版』立命館大学教育開発推進機構。

梅嶋真樹ほか（2011）『論理コミュニケーション』慶応義塾大学出版会。

大口邦雄（2014）『リベラル・アーツとは何か：その歴史的系譜』さんこう社。

北岡俊明（2002）『「論理力」の鍛え方：なぜロジックは勝つのか』PHP研究所。

絹川正吉（2006）『大学教育の思想：学士課程教育のデザイン』東信堂。

楠見孝ほか編（2011）『批判的思考力を育む：学士力と社会人基礎力の基盤形成』有斐閣。

楠見孝・道田泰司編（2015）『批判的思考：21世紀を生きぬくリテラシーの基盤』新曜社。

久保正彰（2005）「『お手本』を求めて」『教養教育の再構築第二回シンポジウム報告集』 82－100頁［葛西康則・鈴木佳秀編（2008）『これからの教養教育：|カタ」の効用』東信堂：188－220頁に「ハーバード・カレッジの教養教育」として再録］。

近藤久雄（2009）「ことばと教養教育」上垣豊編『市場化する大学と教養教育の危機』洛北出版，7－42頁。

柴田義松（2007）『批判的思考力を育てる：授業と学習集団の実践』日本標準。

関口正司編（2009）『政治における「型」の研究』風行社。

総務省・文部科学省（2015）『私たちが拓く日本の未来：有権者として求め

られる力を身に付けるために』」(http://www.soumu.go.jp/main_content/000386873.pdf)。

竹島博之（20004）「大学における政治学教育：『学問教育』と『市民教育』の狭間で」『福岡教育大学紀要　第二分冊社会科編』第53号，11－28頁。

豊田ひさき（2008）『リテラシーを育てる授業づくり』黎明書房。

名和賢美（2008）「初年次教育改革に向けた教養教育実践の試み」平成19年度高崎経済大学特別研究報告書『初年次教育としてのアカデミック・リテラシー教育に関する基礎的研究』高崎経済大学，67－84頁。

――（2013）「大学生による論理的表現力の伝授：型作文から始まる市民教育の模索」高崎経済大学産業研究所編『高大連携と能力形成』日本評論社，253－298頁。

――編（2015a）『「日本語リテラシーⅠ」2014年度版担当者指導要領』高崎経済大学。

――編（2015b）『日本語リテラシーと初年次教育』高崎経済大学。

――（2015）「『日本語リテラシーⅠ』の授業設計：学生が成長を実感できる初年次教育を求めて」名和編（2015b）15－34頁。

――（2016a）「ギリシア・ローマの弁論術を受け継ぐ市民教育の可能性」平子友長ほか編『危機に対峙する思考』梓出版社，487－503頁。

――（2016b）「型作文の定着度に関する試論的検証」名和賢美編（2016）『日本語リテラシーと大学教育』高崎経済大学。

飛田多喜雄（1951）「中學校言語生活の實際とその指導」『国文学解釈と鑑賞』第16巻第5号，21－25頁。

平井孝治（2009）「益川・小林理論の方法論的応用：三元と双対のデカルト積」『立命館経営学』第48巻第2・3号，113－136頁。

廣川洋一（2005）『イソクラテスの修辞学校：西欧的教養の源泉』講談社。

道田泰司（2000）「大学は学生に批判的思考力を育成しているか？：米国における研究の展望」『琉球大学教育学部紀要』第56集，369－378頁。

武藤孝典・新井浅浩編（2007）『ヨーロッパの学校における市民的社会性教育の発展：フランス・ドイツ・イギリス』東信堂。

森博嗣（2005）『大学の話をしましょうか』中央公論新社。

依田博（2011）「政治学教育の意義と実践：大学のCSRとキー・コンピテンシー」『現代社会研究科論集』29－51頁。

『教養教育の再構築第四回シンポジウム報告集』（2008）日本学術振興会人文・社会科学振興プロジェクト。

『ひろがることば　小学国語　2上』（2015）教育出版。

アップルM. W.・ビーンJ. A.（2013）『デモクラティック・スクール：力のある学校教育とは何か』（澤田稔訳）上智大学出版。

ボイヤー E. L. (1996)『アメリカの大学・カレッジ：大学教育への提言』（喜多村和之ほか訳）改訂版，玉川大学出版部。
マルー H.-I. (1985)『古代教育文化史』（横尾壮英ほか訳）岩波書店。
Kimball, Bruce A. (1986) *Orators & Philosophers: A History of the Idea of Liberal Education*, New York: Teachers College Press.

「遊び」とデモクラシー

―― 南原繁と丸山眞男の大学教育論 ――

苅部　直*

要旨：丸山眞男の文章は，現在は日本の高校教育において，一種のシティズンシップ教育の材料として，国語教科書に掲載されている。その丸山は，高校教育については多くの言及は残していないものの，大学教育をめぐって独自の見解を抱いていた。もともと戦後日本の大学においては，丸山の師，南原繁によって，政治に参加する「市民」養成のカリキュラムとして，「一般教養科目」が設定されていた。しかしその機能不全が明らかになった1960年代に，丸山は，ヨハン・ホイジンガの著作『ホモ・ルーデンス』からヒントをえて，独自の大学教育論を構想していたのである。

キーワード：政治教育　南原繁　丸山眞男　大学教育　戦後日本の教育改革

1　教科書の丸山眞男

　丸山眞男の文章に初めてふれたのは，高校の国語（現代国語・現代文）教科書に載っていたのを読んだときだった。そういう思い出をもつ人は，日本政治学会の会員にも少なくないだろう。実際に使用例を調べた結果によれば，丸山の文章は，講演記録「『である』ことと『する』こと」（1959年活字化。改訂のうえ『日本の思想』岩波新書，1961年に第Ⅳ章として再録）が1964（昭和39）年以来，実に10社の教科書（現在は掲載しなくなったものも含む）で，それぞれ中断期間もはさみながら使用され続けてきた。現行の2013（平成25）年検定・14年使用開始の「現代文B」教科書では，9社すべてが採用し，全18点のうち14点に載っている。また，講演記録「現代における態度決定」（1960年）も，1986（昭和61）年からしばらく，

---

*　東京大学法学部教授　日本政治思想史

2社が載せていた時期があった[1]。

　なぜ丸山だったのか。そして、なぜ「『である』ことと『する』こと」なのか。最初にこの文章を収録したのは、三省堂『現代国語　二』（高校二年生用）の1963（昭和38）年検定・64年使用開始の版である。「編修委員代表」として名前が載っている4名のうちに、中国文学者、松枝茂夫（当時、東京都立大学教授）がいる。松枝は竹内好や武田泰淳の古くからの友人であり、終戦直後の短いあいだ（1947-48年）は東京大学文学部助教授でもあったから、丸山とも面識があった可能性がある。もしかすると松枝の意向が働いた作品選定であったかもしれない。文章に小見出しがついているので、初出紙の毎日新聞ではなく、『日本の思想』からの引用であるとわかる。

　教科書に記された、この文章に関する指導のねらいには、「論説文を読み、思索と行動の指針を得る」「抽象的な思考の方法を身につける」「社会科学的な文章を読んで、論旨の展開を正確にとらえる」（239頁）といった言葉が見える。第一には、「抽象的な思考の方法」を展開した「社会科学的な文章」を読む訓練のために使ってほしいという意図なのだろう。なお、筆者としての丸山の紹介文には「法律学者。長野県の生まれ」とあり、二箇所もまちがえている。長野県松代は本籍地で、実際に生まれた場所は大阪であった。

　しかし同時に、高校生がこの丸山の文章から「思索と行動の指針」を手に入れることを、教科書の編集陣は期待している。その趣旨は、この文章を含む第4章「思索と行動」の冒頭（88頁）で、以下のように述べられている。

　　　封建社会は、身分とか家がらとかを優先させる「である」社会であり、近代社会は、機能を中心とした「する」社会であると考えられますが、その間には、徹底的な価値基準の変革がなされなくてはなりません。それが不十分なところに、今日の社会の混乱があるのです。／思索は行動を生み、行動は思索を求めます。両者の正しい結びつけが、今日ほど要求されている時代は、かつてなかったと言えるでしょう。

　封建社会から近代社会へ離陸するための、「徹底的な価値基準の変革」。

これはたしかに，丸山がこの講演で「である」論理と「する」論理との違いを論じた意図に即するものではあるだろう。実際に，社会に対する積極的な働きかけをめざす「する」論理の意義を述べた講演の前半部分に，重きを置いた引用のしかたになっている。いまから振り返れば，すでに経済の高度成長が始まり，生活様式の合理化が進んでいた1960年代の前半に，近代社会の確立のための「価値基準の変革」を説くのは，時期はずれのように見えるかもしれない。

しかしそのように説明しながら「『である』ことと『する』こと」を収録したことの背景には，やはり1960（昭和35）年の日米安全保障条約反対運動における，丸山の活躍があったに違いない。このとき丸山は，岸信介内閣による衆議院での強行採決に対して，民主主義をふみにじるものだとして批判し，市民たちの反対運動の先頭にたった。

「『である』ことと『する』こと」それ自体は，1958（昭和33）年10月，札幌市で開かれた岩波文化講演会での講演をもとにしたものであり，安保条約問題と直接の関係はない。だが，そのなかで「民主主義というものは，人民が本来，制度の自己目的化——物神化——を不断に警戒し，制度の現実の働き方を絶えず監視し批判する姿勢によって，はじめて生きたものとなり得るのです」[2]と説いている箇所などに，教科書の編集陣や，それを用いて授業を行なう教師は，60年安保の知識人というイメージを重ねていたことだろう。のちに，「現代における態度決定」も国語教科書に使われることになるが，この作品はまさしく，1960年5月3日の憲法記念講演会で話した内容であり，岸内閣の改憲の方針に抗して，憲法擁護のための日々の「行動」を呼びかけたものであった。

三省堂の教科書の翌年には，明治書院と筑摩書房も「『である』ことと『する』こと」を載せ，合計3社がこの文章を掲載するようになった。やがて大学紛争のさいに，丸山はアカデミズムの権威秩序の擁護者として，全共闘の学生から激しく攻撃されることになる。そのとき丸山を糾弾する学生のうちには，高校時代に教科書で「『である』ことと『する』こと」にふれた者も少なくなかったはずである。彼らがぶつける反感には，教科書に載っている旧来の知の権威とか，道徳的な説教の材料といった印象が強く働いていたのではないだろうか。

高校の国語教育の教材として丸山眞男の文章が用いられたのは，一種の

シティズンシップ教育としての側面をもっていたと言うこともできる。よく知られているように，1960年代の当時，文部省は，学生が左翼的な政治運動へむかうのを警戒して，中等教育が政治的な中立性を保つよう，学校にきびしく要請していた。国語の教材に丸山眞男を登場させるのは，そうした制限のもとで，デモクラシーを主体的に支える市民になるように，高校生を導く回路として考えられたのかもしれない。

だが，学校教育に関する丸山眞男の発言は，あまり多くない[3]。それどころか，終戦直後に教育学者，宮原誠一と行なった対談「教育の反省」（1948年）には，「どうも教育学というものはつまらなくてつい敬遠したくなる」という発言まで見える[4]。これは，丸山の師であった南原繁が，終戦直後の教育制度改革をみずから主導し，教育について積極的に論じていたこととは，まったく対照的である[5]。あるいは，そうした南原に対して抱いていた距離感が，教育に関する発言を控えさせたのかもしれない。

だが例外的に大学教育に関しては，丸山も南原と対照的な議論を展開していた。その角度から，南原と丸山，この二人の政治学者が，政治と教育との関係についてどのような構想を展開していたのかを検討してみよう。

2 南原繁と大学「一般教養科目」の誕生

大東亜戦争の終戦直後，占領軍による支配のもとで行なわれた教育制度改革については，六・三制の導入や高等教育機関の大学への一本化など，アメリカによる押しつけの産物のように語られてしまうことがある。しかし，近年は占領軍の関係文書の研究が進み，実際には日本側の意向が強く働いていたことが，明らかになっている。南原繁は，その日本側の関係者の中心人物にほかならなかった[6]。

大学に関しては，高等教育機関の一本化のほかに，学士課程教育において「一般教養科目」（のち「一般教育科目」と改称）という教科分類が新たに設けられたことが，大きな変化である。そしてこの改革を主導したのが，東京大学総長であり，教育刷新委員会の副委員長・委員長を務めていた南原繁である。

実は高等教育に関しては，アメリカ側は日本の実状をよく知らず，構想をまったく持っていなかった。1946年3月，アメリカ政府が派遣した教育使節団第一次訪日団が改革構想の策定のため，日本に到着するが，日本政

府はそれに先手を打って日本側教育家委員会を発足させ，南原がその委員長になっていた。使節団の来日の直後に，南原は訪日団の団長であった教育学者のG.D.ストッダードに面会し，3月25日には，占領軍の民間情報教育局で，日本側教育家委員会の公式意見としての講演を行なったのである。

　土持ゲーリー法一の研究が紹介する占領関係文書によれば，この会談と講演のなかですでに，新制大学の制度としてやがて実現する内容が示されていた。四年制大学では，専門教育と同時に "General Culture" も重視する。これが，資料上で確認できる，大学の「教養」科目が生まれた原点である[7]。これに沿って1947年7月，大学基準で「一般教養科目」と専門科目の両方を教えることが定められ，二年後に新制国立大学が設置されることとなった。

　大学での「教養」教育を構想したさい，南原が「教養」の中核にすえたのは「政治的教養」であった。すでに終戦直後の1945（昭和20）年11月，東大法学部での戦場からの帰還学生歓迎会で，法学部長として行なった講演「新日本の建設」に，「政治的教養」の語とともにこんな言葉が見える[8]。

> 戦に敗れたこと自体は必ずしも不幸ではない。なにゆえならば，およそ理想的な国家生活は最大の悲劇を通してかち得られるものであるから。問題は国民がそれをいかに受取り，それにいかなる自覚をもって新たに立ち向うかにある。真の国民的試練と戦はこれからである。

> もし，この戦いにおいて敗れたならば，日本国民は永久に外国の奴隷と化し終るであろう。それこそ日本国家の滅亡と日本民族の死でなくして何であろうか。正しい意味での「民族的なもの」($ナショナル$)は忘却されてはならぬ。否，むしろ強調されねばならぬ秋と思う。/ しかも注意したいことは，その場合，国家にせよ，民族にせよ，およそ一切の超個性的な威力が歴史的に継続し，更新し，発展してゆくための究極の原動力は人間個性の力であるということである。人は国民たると同時に，あるいはその以前に，各自それぞれ一個の「人間」として自己の理性と良心とに従って判断し，行為するところの自主自律的な人格個性たることが根本である。

南原の考えでは，人が本当に自分の個性を自覚し発展させ，理性を育てていくことを通じて，理想の共同性を実現することができる。その共同性の単位は，家族や地縁共同体や会社ではなく，あくまでも「民族」に限られる。ただし「民族」の紐帯をなすのは血統によるつながりではなく，あくまでも「文化」であり，これを「文化共同体」と南原は呼ぶ。そして，単にすでにある「文化」の同一性を確認するだけではなく，理想の「文化共同体」すなわち「民族」を作るために，人々が自分自身の個性を育て，理性を十分に発揮できるようにならなくてはいけない。

　デモクラシーの時代を迎えた若者たちが，そうした理想の政治共同体に参与するための「教養」の営みを積んでゆくこと。それを南原は大学教育の新しい役割として指定したのであった。アリストテレス『政治学』にならって，人間は「政治的動物」であると唱えた南原にとって，ポリスに見られたような，人と人とが結びあう政治共同体にかかわり，共に生活することによってこそ，人は真に人間らしく，理性的かつ個性的に生きられるのであった。したがって大学における「政治的教養」の営みは，デモクラシーを支えるだけでなく，専門によって限定されない総合的な知性を育てることで，人間の本質を十全に発揮させるものでもあった。

　南原によれば，大学の学士課程教育を通じてその「高い教養」を身につけることが，「それぞれ職業人たる前に，おなじく善き人間，良き市民としての養成」となる[9]。かつて南原は，大学卒業後にいったん内務省の官僚となり，富山県射水郡に郡長として赴任していたさい（1917年～1919年），「農業公民学校」の設立に力を注いだことがあった。それは中学校に相当する年齢の少年を教育し，「本当に郷土のためにつくす見識と教養をもった指導的人物を養成する」ことを目的としていた。それに日本で唯一の「公民」学校という名前をつけたのは，「人間としての教養をもった一個の市民」としてのシティズンを育てるという意識ゆえのことだったという[10]。そうしたシティズンシップの養成の機能を，戦後の南原は大学の「教養」教育に求めた。

　しかし，南原が「政治的教養」や，大学での「教養」の教育を口にするとき，その指している内容は，きわめて曖昧である。ある時には「哲学」がすべての知を総合すると説き，ある時には哲学・教養・科学の総合と述

べるなど，一つに定まっていない印象を受ける。おそらくは，大学教育のカリキュラム編成の問題として，「教養」教育の重点をどこに置くかについて，はっきりした構想を持っていなかったのであろう。

歴史の経緯としては，それまであった旧制高校や大学予科の教員を併合する形で，大学での一般教養課程が誕生することになる。それは当時の高等教育機関での人員配置を考えれば，最善の措置であったかもしれない。しかし，「教養教育」として何を教えるのかについて明確な方針がなければ，デモクラシーを支える市民の育成という目的も，単なる題目に終わってしまう。そして，旧制高校と大学予科——しばしば誤解されるが，その教育方針は決して教養教育ではなく，制度上はあくまでも大学への予備教育であった——の教員にそれを担当させた結果,「一般教養科目」とは，専門教育のための入門授業の寄せ集めにすぎないという意識を，教員と学生の双方に定着させる結果になった。その後の時代における，大学での「教養教育」の迷走と形骸化は，発足当初のこうした事情に，大きく由来するのではないだろうか。

3　丸山眞男の大学・学問論——「遊び」の意味

丸山眞男は，南原繁の指導のもとで日本政治思想史の研究者に育ち，やはり東大法学部の教授として活躍した。終戦直後には旧制第一高等学校でも，学生に社会科学の幅ひろい知識を与えるために設けられた特別講義を，1947（昭和22）年度後期に担当している[11]。この出講はあくまでも一高側の方針に基づくものであるが，広くとらえれば，南原が導入した「教養教育」を実際に担う，最初期の教育事業の一つと呼ぶことができるかもしれない。

のち，南原の追悼講演「南原先生を師として」（1975年）などで語っているように，丸山は南原の人格と学問を，終生深く尊敬し続けた。しかし，その師弟関係は複雑である。南原は明治生まれ，少年時代に朱子学を漢学塾で学び，長じてはイマヌエル・カントの説く人格の理想をみずからの立場とし，皇室に対する敬愛を戦後も保ち続けた。それに対して丸山は，1930年代に高校・大学生活を送った世代に属する。青年時代にはマルクス主義思想の洗礼を受け，ドストエフスキーの流行に見られたようなニヒリズムの空気を吸いながら，人生を歩んでいた。戦後には南原とは異なり，

「超国家主義の論理と心理」(1946年) をはじめとする著作で,「天皇制」に対する批判を展開するようになる。

丸山が南原に対する正面からの批判を展開することは, ついになかった。だがたとえば論文「人間と政治」(1948年) では, 南原の政治観との鋭い対照を示している。南原がアリストテレスの語るポリスを政治の原像として描いたのに対し, 丸山はそこで, ニッコロ・マキアヴェッリやトマス・ホッブズの著作を引いて, 政治の本質は非理性的なものまでをも用いて人々を動員し, 組織化する営みだと説いている12。また, 二人の対談「戦後日本の精神革命」(1964年) では, 日本神話の意義を高らかに説く南原に対して, それは「普遍者」には決してつながらないと丸山が厳しく批判している。おそらく実際の対話では, そうとうに激しいやりとりだったのだろう13。

そう考えてゆくと, 丸山が南原とはまた違った大学教育の構想を抱いていたことを窺わせる資料の存在が, 気になってくる。没後に刊行された書物『自己内対話』で活字化された, 自身の大学改革構想を記したメモである14。それは前後の記述から, 1968 (昭和43) 年の11月か12月のころに書かれたと推測される。すでに東大紛争の渦中にあった時期であり, 紛争が収拾したのちに実現されるべき, 新しい大学の形として発想していたのであろう。ただしこれはおそらく, 法学部研究室の封鎖や安田講堂の攻防戦にはまだ至っていない, その意味で紛争が極度に泥沼化する前の時期に書かれたものではあった。

そこで丸山は, 日本の大学を,「大学」と「連合大学 (大学校)」との二種類に分けることを唱える。旧帝大のように大規模な総合大学は「連合大学」にして別の制度にするというのだろう。具体的に東京大学に関しては,「東京大学校」を「フェデレーション」という組織に, つまり複数の「高等研究所」と「専門学校 (カレッジ)」, そして「研究センター」の三つがゆるやかに結びあう形に再編成するというのである。

このうち「高等研究所」は研究機関で, 大学院の博士課程もここに含まれる。「専門学校」は, 学士課程とおそらくは修士課程の教育を担当する。「研究センター」は常勤の教授を置かず, シンポジウムの運営などを行なう機関。そして全般にわたり講座制は廃止する。丸山の記述には「一部の専門学校及び高等研究所は駒場に設置される」とあることからすると, 東大

の教養学部は廃止して，教養教育と専門教育の両方を担当するカレッジがいくつも，本郷と駒場の両方のキャンパス内に並立する。そういった組織改革を考えていたのだろう。

さらに同じメモの中にある「大学は何を学ぶところか」という文章が興味ぶかい[15]。そこでは大学の学問には，「(イ)『遊び』としての学問，遊びに専念する場としての大学」「(ロ)専門家し，分化した知識の市場としての大学」と二種類のものがあるという。そして「(ロ)は問題解決の具としての学問であり，(イ)は『問題』を前提としない学問である。最悪の学問教育は，問題解決の具ともならない知識のつめこみ教育である」。(ロ)はいわゆる実学系の学問，(イ)は理論系・歴史系の学問や基礎研究にあたると言えるだろう。

この(イ)について，丸山はさらに詳しく説明を加えている。「対象としてはどんなに切実な現代性をもつようなテーマについても，『アカデミックな』研究にはあそびの精神が必要であり，意味がある。問題解決の具としてではない学問，ただ無限の対話（自己内対話をふくむ），ないしだべりとしての学問が，どこか分からぬ時と場所で『生きて』来るものなのだ。こういう『遊び』としての学問は紙一重でデカダンスになる。しかしデカダンスを賭さないで，スケールの大きな学問的業績は生まれない」。つまり(イ)は，「遊び」としての知的探求ということになるだろう。専門教育とは別に，こうした「遊び」の精神を培うものとしての教養教育・共通教育を，丸山はあるべき大学の像に求めていたのではないだろうか。

この当時，「遊び」についてヨーロッパの文化史を通観した，オランダの歴史家ヨハン・ホイジンガの著書，『ホモ・ルーデンス』（1938年）の翻訳がすでに出ていた。丸山眞男の旧蔵書はいま，東京女子大学図書館の丸山眞男文庫が収蔵しており，その書目は図書館のウェブサイトから検索できる。『ホモ・ルーデンス』については高橋英夫訳の初版（中央公論社，1963年）と，それを改訂した中公文庫版（1973年）の両方が収められていて，関心の高さを窺わせる。「遊び」と書きつけたとき，おそらく意識していたことだろう。たとえば，「遊戯は利害関係を離れたものである」「＜日常生活＞とは別のあるものとして，遊戯は必要や欲望の直接的満足という過程の外にある。いや，それはこの欲望の過程を一時的に中断する」[16]。そんなホイジンガの所説が，「遊び」としての学問のイメージの源になっていた

のではないだろうか。

　実は，『ホモ・ルーデンス』という本は，政治の問題とも大きく関係している。それは第12章「現代文化における遊戯要素」のなかで，20世紀の戦争を論じている箇所に現われている[17]。ホイジンガが「遊び」にはルールが必要だとして，ヨーロッパのかつての絶対君主どうしの戦争，そして外交は，一種の「遊び」の性格を持っていたと説く。「いったい，遊戯規則を遵守するということが，諸民族，諸国家間の交渉の場合のように，不可欠なものであることはない。一たびそれが破られれば，社会は野蛮と混沌に陥ってしまう。しかしその反面われわれは，戦争というものは，威信を求めて行なわれる原始的な遊戯に形式と内容を与える闘技的精神へ回帰してゆくものでもある，と考えざるを得ないのである」。こうした意味で，交戦法規を守りながら戦う，「遊び」と似た性格を，初期近代ヨーロッパの主権国家どうしの戦争は持っていた。

　しかし同時代の1930年代においては，そうした性格を否定し，単なる敵同士の殲滅戦として戦争を高らかにうたい上げる傾向が擡頭してきた。それをホイジンガは痛烈に批判している。「現代ドイツの流行語では，戦争状態に入ったことを＜非常時＞になった，という」。「非常時」のドイツ語 Ernstfall は言葉どおりにとれば「真面目な場合」であり，「遊び」とはまさに対極にある。「戦争への準備をも含めて，ただ戦争だけが真面目な政治というものである，と見なすこの理論の信奉者たちは，戦争にはいかなる競技の性格も認めることはできない，そこに遊戯の性格を認めることは拒否しなければならない，という思想を主張する」。したがって敵を遊びの相手としては見ず，ひたすらその存在を抹殺しようとめざす。

　この箇所につけた注で，ホイジンガは，カール・シュミットの著書『政治的なものの概念』（1933年版）の名前を挙げている。『政治的なものの概念』は，先にふれた丸山眞男の「人間と政治」が下敷きにした書物の一つであった。そうした関連からしても，『ホモ・ルーデンス』は，丸山の関心をそそったことだろう。全面戦争のイメージで戦争と外交をとらえることをホイジンガは拒否し，ルールにのっとった「遊び」としての側面を強調する。想像をたくましくすれば，政治についてもまた，敵との全面対決ではない，主体どうしの相互交渉の「遊び」として考えてゆく可能性を，丸山は『ホモ・ルーデンス』から読みとったのではないか。

東京大学における日本政治思想史の講義にも，ホイジンガと「遊び」に対する丸山の関心を窺わせる箇所がある。1965年度の講義の「武士のエートスとその展開」という章では，鎌倉時代の武士たちがおたがいに騙し討ちをせず，正々堂々と闘っていたことについて「戦闘はまさに互いに武者としての身分的等質性を意識しあったものが対等に，一定の手続きにしたがってフェアに行うところのゲーム――しかし，生命をかけた厳粛な遊戯であった」と説明している[18]。学問についても，またデモクラシーの政治過程における対立や競争にも，そのようにルールを守った「遊び」としての側面を強調したいと考えていたように思われる。

　丸山は，鶴見俊輔との対談「普遍的原理の立場」(『思想の科学』1967年5月号) のなかで，徳川時代の日本社会で，「遊び」の世界にも生きていた「型」の意味を再評価していた。学問のトレーニング，剣道の修業，遊女の身ごなし，商家での奉公人のしつけ，家元が教える藝事。そんなさまざまなところで，徳川時代の日本人は，「型」を洗練させ，次の世代に伝えていた。そしてそうした「型」が近代化によって崩壊したあと，新しい時代に見あう「型」を再び確立できなかったところに，近代日本の抱えた大きな問題を見いだしている[19]。

　この対談で丸山が強調するのは，博士論文の書き方といった，学問における「型へのシツケ」の必要性である。その言葉だけを見れば堅苦しい印象があるが，一定の形式をふまえて言葉を用いることで，むしろ自分の先入観を離れた発想を展開できるという側面もあるだろう。その意味で，これもまた一種の「遊び」のルールと呼べるのではないか。政治と同じく学問についてもまた，かつて徳川時代にあった，柔軟な「遊び」の精神を復活させること。それを大学教育が果たすやり方を，紛争期の教師と学生との激しい対立のなかで，丸山眞男は考えていたのである。

　＊　本稿は，旧稿「『教養』と『遊び』――南原繁と丸山眞男の大学教育論」(『政治思想学会会報』第33号，2011年12月)，および「政治のための教養――丸山眞男百歳」(東京女子大学『丸山眞男記念比較思想研究センター報告』第10号，2015年) の内容をあわせ，改訂を加えたものである。

(1)　関口佳美「丸山真男『『である』ことと『する』こと』の教材史」(国語教育史学会『国語教育史研究』第3号，2004年) を参照。なお，関口の

調査から漏れているが，光村図書『現代文』が，1982年検定・83年使用開始の版で，講演記録「幕末における視座の変革——佐久間象山の場合」(『展望』1965年5月号に掲載) を使った例がある。これは，巻末の「近代のあけぼの」の章で「藤村詩集　序」などとともに，いわば文学史の学習資料として収められたもので，異例に属する。

（2）　丸山眞男「『である』ことと『する』こと」(『丸山眞男集』第8巻，岩波書店，1996年，所収) 25頁。

（3）　清水靖久「政治学と教養」(同志社大学人文科学研究所『社会科学』40巻3号，2010年11月) に包括的な検討が見られる。

（4）　『丸山眞男座談』第1冊 (岩波書店，1998年) 142頁。

（5）　寺﨑昌男「教育改革者としての南原繁——真理・創造そして平和の探求者」(山口周三『資料で読み解く　南原繁と戦後教育改革』，東信堂，2009年，所収) を参照。

（6）　土持ゲーリー法一『戦後日本の高等教育改革政策——「教養教育」の構築』(玉川大学出版部，2006年)，および苅部直『日本の＜現代＞5：移りゆく「教養」』(NTT出版，2007年) 第5章を参照。

（7）　土持前掲書，148頁。

（8）　『南原繁著作集』第6巻 (岩波書店，1972年) 61-62頁。

（9）　南原繁「日本における教育改革」(1955年初出，『南原繁著作集』第8巻，岩波書店，1973年，所収) 219頁。

（10）　丸山眞男・福田歓一（編）『聞き書　南原繁回顧録』(東京大学出版会，1989年) 60-64頁。

（11）　丸山眞男「旧制第一高等学校における政治学講義草稿（一部——法制経済）」(東京女子大学『丸山眞男記念比較思想研究センター報告』第6号，2011年)。坂本義和『人間と国家——ある政治学徒の回想』上巻 (岩波新書，2011年) 88～90頁に，この講義に関する回想が見える。

（12）　『丸山眞男集』第3巻 (岩波書店，1995年) 207-208頁。

（13）　『丸山眞男座談』第5冊 (岩波書店，1998年) 28-30頁。

（14）　丸山眞男『自己内対話——3冊のノートから』(みすず書房，1998年) 202-203頁。関連史料として，『丸山眞男集　別集』第3巻 (岩波書店，2015年) に収められた「大学問題シンポジウムにおける発言」(1969年) がある。

（15）　同上書，216-217頁。

（16）　ヨハン・ホイジンガ（高橋英夫訳）『ホモ・ルーデンス』(中央公論社，1963年) 24頁。

（17）　同上書，346-349頁。

（18）　『丸山眞男講義録』第5冊 (東京大学出版会，1999年) 71頁。

（19）　『丸山眞男座談』第7冊 (岩波書店，1998年) 120-123頁。

引用文献

苅部直『日本の＜現代＞5：移りゆく「教養」』（NTT出版，2007年）
坂本義和『人間と国家――ある政治学徒の回想』上巻（岩波新書，2011年）
清水靖久「政治学と教養」（同志社大学人文科学研究所『社会科学』40巻3号，2010年11月，1-21頁）
関口佳美「丸山真男『「である」ことと「する」こと』の教材史」（国語教育史学会『国語教育史研究』第3号，2004年，46-53頁）
土持ゲーリー法一『戦後日本の高等教育改革政策』（玉川大学出版部，2006年）
『南原繁著作集』第6巻（岩波書店，1972年）
『南原繁著作集』第8巻（岩波書店，1973年）
ヨハン・ホイジンガ（高橋英夫訳）『ホモ・ルーデンス』（中央公論社，1963年）
丸山眞男「旧制第一高等学校における政治学講義草稿（一部――法制経済）」（東京女子大学『丸山眞男記念比較思想研究センター報告』第6号，2011年，33-70頁）
丸山眞男『自己内対話――3冊のノートから』（みすず書房，1998年）
丸山眞男「『である』ことと『する』こと」（『丸山眞男集』第8巻，岩波書店，1996年，所収，23-44頁）。
『丸山眞男集』第3巻（岩波書店，1995年）
『丸山眞男講義録』第5冊（東京大学出版会，1999年）
『丸山眞男座談』第1冊（岩波書店，1998年）
『丸山眞男座談』第5冊（岩波書店，1998年）
『丸山眞男座談』第7冊（岩波書店，1998年）
山口周三『資料で読み解く　南原繁と戦後教育改革』（東信堂，2009年）

政治学教育における目的,内容,方法
―― 多元的民主主義と政党システムの教え方を中心に ――

村上　弘*

> 要旨：日本の政治学教育(主権者教育)について，目的，内容，手法(教え方)を整理し，見解を述べるとともに，とくに内容の面について，2点を中心に考える。第1に，教えるべき項目群を民主主義，市民社会などの政治理念から体系的に導出できないか試みる。第2に，とくに日本で理解が弱いと思われる「多元的民主主義」や，その具体的な理解につながる政治権力への批判的視点や政党システムに関する教育について，内容や教え方を検討する。
> 　教える内容について，とくに高校までの段階では「政治的教育の中立性」による制約があるが，中立性と，多元的・批判的な見解の紹介とは両立しうる。多元的民主主義や政府への批判的視点は，政治史，政治思想，政治制度，比較政治などを通じて理解してもらうべきだ。各政党の論評が難しい場合には，政党システムや「左と右」の座標軸を教えることで，政治を比較し判断する視点を身に付けてもらうこともできる。
> 　教え方については，複数の情報や見解をもとに考え議論する力を付けさせるとともに，集団作業，政治参加，市民活動などの経験を促すこと自体が有効である。

キーワード：政治学(主権者)教育，多元主義，政党システム，
　　　　　　政治の「右と左」，教育の中立性

　18歳選挙権とは別に，そもそも政治についての市民の知識や思考は，経済，法律，医学，環境，あるいは交通ルール，薬の効果と副作用，「(美しい)毒キノコの見分け方」「蜂の有益さと危険」などについてと同じく必要だ。いや，それ以上だと言ってもよい。なぜなら，政治の世界に特有のも

---

*　立命館大学法学部教授　行政学・地方自治論

のとして，決定権が専門家ではなくすべての市民に配分され（民主主義），有権者の判断ミスの結果が破滅的であり（多数の専制），利害や意見が多様で対立し（多元性），ときに単純化や虚偽説明が有効なテクニックとなり（プロパガンダ，ポピュリズム），そして私的関心だけからは社会全体で望ましい意思決定が行われにくい（棄権や政治的無関心，利益政治，政府の過剰負担など）などの特性があるからだ。また，ナショナリズムなどの強力なイデオロギーによって，価値観はもとより事実関係や歴史の認識すら分断されることがある。

　そうした政治現象の特性は，政治に関する教育の必要を高めるが，同時にその教育に難問や工夫すべき課題を発生させる。

　本稿は，活発に議論・実践されつつある政治学（主権者）教育1について，目的，内容，手法（教え方）を整理するとともに，とくに議論が錯綜しうる「内容」の面について，2点を中心に考えたい。第1に，教えるべき知識や項目を民主主義，市民社会などの政治理念から体系的に導出できないか試みる。第2に，とくに日本で認識が弱そうな「多元的民主主義」や，それを現実に支える「政党システム」をどう教えるかについて，教育の中立性とも関連づけて，内容や方法を吟味してみたい。

　なお，本稿が念頭に置くのは，筆者が大学で専門科目の傍ら，教科書（村上 2014）も作って教える教養課程（社系・文系・理系学部）あるいは入門レベルの政治学である。とはいえ，以下の内容はある程度，同じく重要な，高校までの教育（参考，『Voters』2015B；広田・北海道高等学校教育経営研究会 2015など）や社会人教育にも当てはまるだろう。

1．何を，何のために教えるか――概観

(1) 日本の弱い政治参加についての2つの説明

　参考になる文書として，第1に，（日本学術会議政治学委員会政治学展望分科会 2010：18）は，「……日本の政治的有効性感覚が他国に比べて低い値を示していることから，政治に対する関心や知識はあるものの，自分が積極的に関わっても政治が良くなるわけではないという気持ちが，日本の市民に強く見られる」と指摘する。政治参加が弱い責任は，参加の有効性（選択肢や公約の順守など）を提供しない政党や政治家などの側にある，と

いうニュアンスだ。とはいえ，筆者は，政治的な関心や知識の方もかなりの学生，有権者に不足していると実感する。有効性感覚にしても，有権者がもし集合現象である政治に企業のような満足や反応を要求したり，選挙で「より悪い政治」を防ぐ必要も感じないのなら，それは政治学教育の弱さでもあろう。

第2に，（常時啓発事業のあり方等研究会 2011：10）は，「現在，我が国の学校教育においては，社会科に占める公民分野の時間自体が極めて少なく，その内容についても，政治的テーマ等を取り扱うこと自体，政治的中立性ということからタブー視されてきた傾向がある」と，中立性原則による教育の委縮を問題にする。

以上の，日本の弱い政治参加[2]についての異なる説明はともに，「国政選挙での棄権の理由」を尋ねた調査（明るい選挙推進協会 2015：38）で裏付けられる。回答は，「適当な候補者も政党もなかったから」「政党の政策や候補者の人物像など，違いがよくわからなかったから」「選挙によって政治はよくならないと思ったから」などで，そのうちの相当部分は，政治学教育によって変わりうるはずだ。

(2) 政治学教育の目的についての諸見解

大学向け教科書では，政治学教育の目的・意義をどう設定しているのか。

　「政治が，自分とは関係のない遠い世界のことではなくて，私たちの日々の生活や将来の生活に密接にかかわっていること，そして政治学はそれを分かりやすく解明する学問であることを学生諸君が理解してくれれば幸いである。」（伊藤編 2009）

　「本書の目的は，現代日本政治のさまざまな側面について，一般に受け入れられている通説から最新の学術的成果に基づく解釈に至るまで，幅広い見解を整理して紹介することにある。」「本書は，……読者ひとりひとりが日本政治を展望する独自のパースペクティヴを構築する一助となることを目指したい。」（平野・河野編 2011：1－2）

　「（この本は，）バランスの取れた情報提供を目指すが，『バランス』とは退屈を意味しない。また，論争の回避をも意味しない。リベラル派と保守派の主張が，クリアーに力強く示される。人種とジェンダー

の問題は，流行しているからではなく，アメリカの政治がずっとこうした要因に動かされてきた故に，特別な注意を払われる。これまでの版から引き続いて，この本の特徴は，学生をアメリカの政治的論争に引き込もうという願望にある。」(Dye 1998: xv)

「政治について学び語ることは，私たちが目指す良き生活の必要な一部分である。そのようにする権利を否定されることは，圧政の最初の兆候のひとつである。」(Kingdom 2014: 2)

あるいは，人気の高い政治解説者による入門書はこう書く。

「面白いもので，基本的な仕組みが分かると，政治の裏側が見えてきます。」「政治のプロの世界で常識になっていることを，素人の国民に向かって，『実はこんな仕組みになっているんです』と丁寧に説明する，そして視聴者のみなさんに，今の政治が直面する本質的な問題を考えてもらう。これが私の選挙特番でのスタイルでした。今回の本……でも，同じスタンスを貫きたいと考えています。」(池上 2013：3 − 6)

今日の日本の現代政治のテキストで，ここまで踏み込む例は少ないが，そのあたりが社会のニーズなのだろう。とはいえ基本的な情報を提供し，考えてもらうという目的設定については，上の教科書と共通している。

イギリス（イングランド）の全国カリキュラムでは，「市民教育」の目的を，日本の中学・高校に相当するレベルについて次のように定めている。

「A high-quality citizenship education helps to provide pupils with knowledge, skills and understanding to prepare them to play a full and active part in society. In particular, citizenship education should foster pupils' keen awareness and understanding of democracy, government and how laws are made and upheld. Teaching should equip pupils with the skills and knowledge to explore political and social issues critically, to weigh evidence, debate and make reasoned arguments. It should also prepare pupils to take their place in society as responsible citizens, manage their money well and make sound financial decisions.」(Department for

Education 2013).

　つまり，政治・社会問題に対して，批判的かつ合理的に検討し議論し，さらに参加し責任を果たすためのスキルや知識を教えることが，目的とされる。後半で，社会的な責任感や金銭面での合理性も身につけさせると書かれていることを含めて，この方針は，民主主義等の崇高な理念からだけでなく，英国社会の統合や安定化の必要から発しているようだ。

　以上を参考にすると，政治学教育の目的は大きく2つに分かれる。第1は，「学問としての政治学」が築いてきた体系的な知識を教え，理解し関心を持ってもらうこと。第2は，「政治のしくみ，現状，成果と問題点など」について理解と関心を持ち，考え議論できるように市民を助けることだ。

　2つの目的は重なるが，同一ではない。政治学の細分化され「洗練」された研究は，一般の人々が政治を理解するには，難しすぎるだろう。とはいえ，政治についての素朴で不正確な（しばしば政治家や評論家が流す）情報を再考させ，バランスをとるために，政治学はとても有益だ。下のような情報は，政治学者にとっては常識だが，一般の市民や，マスコミ関係者にはあまり知られていないのではないか。

- 「市場の失敗」（政府の必要性）と，「政府の失敗」の理論
- 「多数の専制」の概念や，歴史における民主主義の崩壊事例
- それを防ぐための，人権，立憲主義，多党制など
- 政治参加と棄権 ──「選挙は，ベストのではなく，よりましな政党や候補の選択だ」という考え方
- 異なる選挙制度とその作用，効果
- 政党システムの類型化 ──日本の自民党1党優位は，先進民主主義国では例外的
- 民主主義とは何か ──国民主権や多数決だけに単純化してはならず，多元主義，熟議，参加なども重要
- 政治における伝統的な「左と右」の対抗軸と，その意味内容
- ポピュリズムの概念
- ナショナリズムの概念 ──その心理，機能，危険

(3) 事例：棄権についてどう教えるか

政治学の知識は，現実政治の認識を変容させうる。たとえば，棄権の教え方を教科書等で見ると，つぎの2つのタイプが多いようだ。

　①先人たちが苦労して獲得した選挙権を，ムダにしてはならない。
　②棄権は，個人が投票のコストと便益を合理的に計算した結果として説明できる。

①は，政治史の情報で，有権者の心情に働きかけられるかもしれない。②は，投票行動論のモデルで，むしろ棄権を承認する論調だが，投票のコスト（手間）を下げ，便益を上げなければ投票率は改善しない，という政策的思考にもつながりうる。ただし，「便益」とはしばしば主観的認識であり，変化しうる。社会全体にとっての，投票することの利益や棄権の不利益を算入しなければ，②のモデルは不完全だ。

つまり③として，私見では，つぎのような政治学的な情報を（もし妥当なら）有権者に伝えるほうがよい（参考，中谷 2015）。

・これまでの日本の選挙が，専制の防止，政治変動，それなりの政策改善をもたらしてきたこと。
・政党のあいだには，各種の政策や理念に関して少なからぬ違い（参考，朝日・東大谷口研究室など）があり，比較するための座標軸も存在すること。
・棄権も不満・批判の意思表示かもしれないが，結果的には，より悪い候補・政党に政治を委ねることになりかねないという論理。

最後の点は，以前から，投票率が下がると組織票・組織政党に有利だと言われてきたが，近年では，ポピュリズム（大衆扇動・迎合政治）も，一定のファンを確実に動員できるので，低投票率になれば優勢になりやすいのである（村上 2016）。

(4) 政治学教育の全体像

図1は，政治学教育の目的，内容，さらに手法を概観している。筆者が上の文献レビューに，自分の教育経験を加えて作った。

図の中央には，(2)で述べた2つの目的を並べ，さらに第3の目的として，政治について自分で考え議論する力（調査分析能力など）の育成を置いている。この能力は，政治学の教育，政治についての教育のいずれにおいて

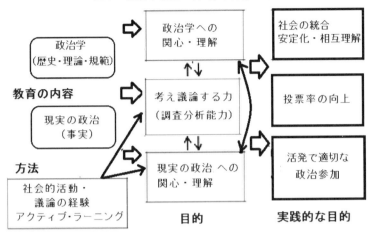

図1　政治学教育の目的，内容，方法

註：筆者作成

も目的となりうるからだ。

　図の右側には，政治学教育の実践的な（最終的な）目的を，3種類並べている。国によっては，民族対立や宗教の過激化のなかで，社会の安定・共存を急がなければならない。日本では，民族差別を防ぐ（これは「人権教育」の所轄）ために政治史等の知識も必要だが，同時に，多元的で自由な民主主義のための，積極的で適切な政治参加が，期待される。

　左下の，教育方法としての「社会的活動・議論の経験」は，教える内容というよりも，グループ学習，フィールドワーク，インターンシップ，（健全な）アルバイト，大学のサークル，市民活動，政治参加（選挙運動，デモなどを含む）などの経験を通じた勉学を指す[3]。社会人なら，地域社会，市民活動，業界団体，労働組合などへの参加も同様の効果を持つ。

2．政治学教育の内容―民主主義論，市民社会論を手掛かりに

　もう少しミクロに，政治学教育の目的を設定し，そのためにどんな内容を教えるのが適当か考えてみよう。

　前述のとおり，「現代の政治学の標準的な体系を教える」という立場もある。教科書を見ると，国会，政党，選挙，内閣，行政，地方自治といった政治制度や組織と，影響力・権力，投票行動，政策過程，政治体制，イデ

オロギーといった理論枠組みとが順に論じられることが多い。これは，1(2)で述べたように教育的にも妥当だ。ただ，政治学者の育成が政治学教育のおもな目的ではないのだから，もう少し別の，実践的な目的もあろう。

投票率の回復は，選挙関係者にとっても急務だ。そのために，(横浜市選挙管理委員会 2015) では，民主主義とは，選挙権の歴史，選挙の種類と選挙区，投票の流れと開票，あなたも立候補，投票率と世界の選挙，地方自治という7つの項目を設けて，広報する。明るい選挙推進協会のウェブサイトは，有益な内容が豊富に盛り込まれて重宝するが，その冒頭の「総務省・鷹の爪団」の漫画（2015年現在）だけは，「周りを変えたきゃ，まずお前が変われ」など絶叫調で，効果を急ぐあまり有権者の知的な理解を育てようとしないようだ。

あるいは，権威主義的な政治のもとでは，愛国心や上位者への忠誠を高め，国家のシンボルを強制し服従させるような教育が進む。戦前の教育勅語が礼節や社会秩序を育てたと賞賛する意見もあるが，社会的ルールを上下関係と命令として注入し議論や自由を認めない体制には，デメリットが大きかった。ルールを他者への配慮や民主的な決定手続から再構築しようとするのが，戦後教育の理念だが，これにも難点はあろう。もう少しソフトに「政府への信頼・貢献意識」という目的になると，政府の機能や「ガバナンス」の理論とともに，おそらく具体的な政策改善と，民主的な統制・参加の可能性を説明し，状況を理解してもらうことになろう。

ここでは仮に，「民主主義」や「市民社会」の維持・発展が目的の1つだという前提を立て，そのために何を教えればよいか，体系的な見取り図を作ってみる。

民主主義は日常用語でもあり，理解は千差万別だ。文学者の(高橋 2015)のエッセイは実感がこもるが，政治学上の民主主義論とは少し違う。

とりあえず，民主主義は，国王，貴族などではない，①一般の人々，民衆（多数者）による参加や支配という意味が，出発点だ。国民主権と言ってもよい。しかし現代の政治学の有力説では，そして歴史から学んだ私たちにとっては，この単純な定義を，他の重要な3つの要素によって補うべきだ（村上 2014：6章参照；久米・川出・古城・田中・真渕 2011：18章；佐々木 2012：126－141；Hague/ Harrop 2010: chap.5）。②「多元主義」(pluralism) と「自由主義」(liberalism) は，多数派による専制を防止し，市民に

とっての選択肢を提供してくれる。投票率が高くても，多元性や選択肢がなければ，民主主義とはいいがたい。さらに，③「直接民主主義」型の「参加」は，議会による間接民主主義（長所も多いが）の不備を補う。そして，④「熟議」（deliberation）は，市民と政府のあいだ，そして市民どうしの実質的な議論を保証し，従って専制的，感情的な政治を防ぐ。

相互に補完・抑制するゆえに，バランスが必要で，リベラルを自認する人々はときに③④を賛美し，②を構成する「既存政党」や議会に失望や決別を表明するが，逆効果だ。

関連して，②③④抜きの「民主主義」とも解釈できる，日本や海外で間欠的に噴出するポピュリズム（大衆扇動・迎合政治）について，教えるべきだろう。たとえば，ドイツ連邦政治教育センターのウェブサイトでは，「ポピュリズムとは，人々に近づき，自己の目的のために人々の感情，偏見，不安を利用し，政治的な問題に対して，偽りの，単純かつ明快な解決を提示する政治を言う」という定義（Schubert / Klein 2011）を紹介している[4]。こうした定義を知っておくと，この多面的な政治スタイルの実像を見抜くために，役に立つ。あるいは，民主主義の必要条件として，異なる意見の重要性や，熟議（あるいはその逆の「デマゴギー」）を教えれば，ポピュリズムを疑う「免疫」が身に付く。

つぎに，市民社会の概念は，簡単に整理すると（村上 2015Aとその参考文献），まず，政府や経済とは別の存在としての市民団体の発達という定義が主流だが，「大衆」に対比される「市民」の集まりという理解もできる。後者においては，「市民」の属性つまり人が市民と呼ばれるための条件を述べることになるが，これは，合理性と自律性の2つの態度を重視することが多く，さらに公共的精神を追加してもよい。逆に典型的な「大衆」とは，非合理的，他律的で，公共性に無関心な人々だ。

以上の考察のうえに，表1では，どんな内容が今日の（大学以外での）「政治的教育」に含まれているかを調べた。横浜市選挙管理委員会，明るい選挙推進協会の広報を見ると，民主主義は何よりもまず「国民主権」と理解される。他方で，現代政治学で民主主義に不可欠だとされる「多元主義・自由主義」，さらに「政治参加」「熟議」，あるいは市民社会の要素に含めてもよい「公共意識」は，前面に出ていない。横浜市選管の優れたウェブサイトには，「多元主義・自由主義」に分類できる憲法制度の説明もあるが，

表1　民主主義と市民社会について何を教えているか

	民主主義の要素	市民社会の要素	「民主主義とは」（横浜市選挙管理委員会2015）	「明るい選挙って何」（明るい選挙推進協会2015A）	高校用の『用語集　政治経済』　3)
1	多数者による支配		○国民主権（専制政治の打破の歴史）	○有権者がこぞって投票に参加すること	君主制A　市民革命A2　アメリカ独立宣言B3　多数決原理B2　選挙権A12　デモクラシーA1　国民主権A4　議会A8　民主化A4　小選挙区制A6　普通選挙A6　世論A5
2	多元主義自由主義	自律性	○三権分立○基本的人権		権力A3　独裁政治A　ポリアーキーC　市民社会B　フランス人権宣言A10　世界人権宣言A8　抵抗権A3　基本的人権A11　表現の自由A8　集会・結社の自由B3　三権分立A5　法の支配A6　自由主義（リベラリズム含む）A1　立憲主義A1　開発独裁A3　ファシズムA1　政党A9　保守A　革新A2　政党制A　多党制A5　一党制B2　自由民主党A3　民主党A3　圧力団体A6　労働組合A6　死票A　比例代表制A5　行政国家B3　地方自治A5
3	（直接的な）政治参加	自律性	○政治参加（選挙とそれ以外）		市民運動A1　直接民主制A3　リコールA　レファレンダムA　直接請求権A7　住民投票A13　棄権B
4	熟議	合理性・知性	○　1)	○有権者が普段から政治と選挙に関心をもち、候補者の人物や政見、政党の政策などを見る眼を養うこと	啓蒙思想C　討議型世論調査B2　世論操作A1　政治的無関心A　大衆民主主義A1　情報公開法A10
5		公共意識	○　2)		公共の福祉A6　基本的人権A3　社会権A8　人種差別A1　平等A1　国民の義務A
	（その他）			○選挙違反のないきれいな選挙	選挙違反B　事前運動C

註：筆者作成。1)「投票率と世界の選挙」には、「たまには家族と選挙や政治について話してみては」とある。2)「人まかせにするのではなく、自分たちで社会を良くしていこうとすることが、民主主義にとって大切ですね」とある。3) 高校「政治経済」の用語集の1つから、「民主政治の基本原理」「国民主権と政治機構」「現代日本の政治」の章を中心に、関連する用語・概念を示した（上原・大芝・山岡監修2015：1、5、6章、索引など）。用語の後の記号は、A、B、Cの順に教科書での掲載頻度が、数字が大きいほどセンター入試での出題頻度が高い（詳細は同書）。類似の用語や、記号なしの用語は省略した。なお、「左派」「右派」「中道」「公共性」「デモ」「一党優位制」「ポピュリズム」「デマゴギー」「扇動」は、この用語集には記号なしの扱いですら登場しない。（ただし、いくつかは、他の出版社の用語集には登場することがある。）

政党間の競争・バランスの問題、市民の批判精神などには及んでいない。このあたりは、やはり書きにくいのかもしれないという意味で、注目したい。多元性を制度の問題に限定するのは、政治学の（おそらく現代社会の）常識に反するのだが。

　表のいちばん右には、高校の「政治・経済」用語集にもとづいて、教えることになっている用語・概念を示した。民主主義の4つの要素に関連すると思われる諸概念が、少なくとも教科書に載り、出題されていることが分かる。（しかしセンター入試では、教科書と比べて、不確定な概念や、政

治現象を批判的にとらえる概念を取り上げることを控えているようだ。)

　多元主義・自由主義に関する用語は多いが，歴史，政治制度，政治思想に関連するものが目立ち，多元性の内実に関する，「左派」「右派」「中道」，あるいは「デモ」や「一党優位制」の概念などは，この用語集では登場しない。さらに，熟議や公共意識は，教えにくそうに見える。

3．政治学教育の内容—政治の多元主義的な理解の促進のために

　このように，高校や社会人向けの政治学（主権者）教育は，整備されつつも，かなり重大な「空白地帯」があるようだ。それを埋める，政治の多元主義的な理解に係わる教育内容・テーマを3つ取り上げよう。

(1)　「多元的民主主義」「政府・政治を疑う視点」をどう教えるか

　政府や政治機構に対する，市民の適度で正当な評価，信頼，協力も必要であり，市場の失敗（政府の役割）や，憲法30条の納税の義務や，政治制度がうまく機能している側面，各政権の業績，公共政策の成果や改善，日本政治史の「光と影」などは，政治学教育のメニューに入れてよい。

　それに対して，民主主義に欠かせない，多元主義，またはポリアーキーと「公的異議申し立て」（ダール 2014）のアイデアや，国家や政治権力（政党，官僚など）への批判的視点は，国や自治体が「政府（自治体）批判コンクール」をするわけにもいかず，むしろ政治学教育の責務に属する。しかもスローガンとしてではなく，表2，3のような知識の伝達を通じて教えた方がよい。それと並行して，実際に複数の資料をもとに，文献を（まず理解したうえで）批判的に読んだり，複数の意見や解釈を知り他の人と議論するという「実習」の経験も，合理主義，批判的精神，多元主義の育成につながる（4，5で後述）。

　表2を左から右へ解説するならば，多元主義・自由主義（や政府・政治に対する批判的視点）は，「長い物には巻かれよ」「物言えば唇寒し」と言われ，政治史を見ても独裁への抵抗が弱かった日本では，自明の理ではない。そうしたアイデアは，政治・社会の状況が厳しかった欧米（そして日本）の近代や20世紀に形成されてきたので，政治史や重要概念，格言，そして政治思想をつうじて説明すると，分かりやすい。講義で話すと，学生の興味も高いようだ。

表2 多元主義・自由主義を，政治学の何によって教えるか

視点＼分野	政治史とそこから作られた重要概念，格言	政治思想・理論	（日本の）政治制度	比較政治
多元主義自由主義	独裁，軍国主義，民主化の歴史 資本主義と社会問題の歴史 市民革命と憲法制定の歴史 市民社会論 「少数意見の尊重」 「政治における左と右」 「絶対的権力は絶対に腐敗する」	権力分立 多元主義・ポリアーキー リベラリズム ヒューマニズム 排他的ナショナリズム	基本的人権 言論・結社の自由など 憲法改正の慎重な手続き（96条） 二院制 小選挙区制と比例代表制（効果と弊害）	政党システム（多党制，二大政党制） 選挙制度 地方分権，地方自治 利益団体，労働運動の意義と「既得権」 市民活動，デモなど

註：筆者作成。他に，「政治参加」「政府や政治への一定の信頼」などの視点についても，この表を拡張できるが，紙幅の都合で略した。

ただそれだけでは，今の日本とは無縁だと受け止められるかもしれない。しかし，歴史上の思想は，憲法などの政治制度となって伝えられ，機能している。最後に，比較政治学は，日本の政治や「大胆な改革」構想を相対化し，長所・短所を考えるために役立つ。首相公選論が理想化する大統領制の実態や弱点（建林・曽我・待鳥 2008：108-113），日本での国会議員定数削減論を疑わせる，国際比較データ（村上 2014：図表9-3），改憲に国会の3分の2の特別多数決を求める国が多く与野党の合意できる範囲で漸進的に進めていること（同：11章）などは，有用な情報だ。

(2) 「政党システム」と，政治における「右と左」をどう教えるか

極論だが，もしかりに主要な政党間および候補者間に違いがないか，違いが認識できなければ，論理的には投票に行くべき理由はほとんどない。ほぼ唯一の理由は，投票率を上げて，選挙，政権と官僚，与野党，選挙管理行政の「正統性」を高めることだろう。

それはともかく，もし政党等のあいだに一定の違いが存在しうるなら，その探し方，比べ方を教えることは，政治学教育の重要なテーマだ。学生のニーズや要望も高い（中谷 2015：27）。

政党や政党システムについて教える内容は，政党の役割とタイプ，政党制（政党システム）の諸類型，日本の55年体制，保守安定支配，政界再編（川出・谷口編 2012：6章）といったものになる。他には，政党不信・政党の衰退論なども，教科書で取り上げられる。（筆者は，不十分な政党でも衰退すると困る理由も，教えるべきだと思うが。）このうち，政党の役割と

タイプ，政党システム，政党政治の歴史は，標準的な説明がしやすく，自民党の長期政権や民主党政権についても原因やメリット・デメリットを並べる方式で，学生や市民に考えてもらえばよいだろう。おそらく少し難しいのは，次の３つのテーマだ。

　①「自民党の一党優位制」という概念をあえて用いるか。
　②各政党の特徴を，どう解説するか。
　③政党システムにおける各政党の位置を，「右と左」の軸で解説するか。

　①は，少なくとも2000年ごろまでに関しては多くの教科書が書くが，2012年以降の自民優位をこれに含めるかは定説がないようだ。②は各政党の歴史や綱領，選挙公約は観察できるが，それを比較し論評するためには，評価基準を設定しなければならない。③も，政党の個数や相対的な大小は数値化できるが，政党間の関係や位置・距離はそうではない。

　やはりここでの重要かつ難しい仕事は，政党の特徴や違いをどう教え評価させるかだ。おもな政党について解説しまた学生に調べさせることは有益で，綱領や政策の違いを見出し論評させることも（手間はかかるが）可能だ。その場合，教育基本法14条２項が定める教育の中立性に反さないための「注意深い技術」が必要だ（参考，『Voters』2015A）。もちろん，だからといって，「ウサギ党」と「カメ党」で競わせどちらかを選ばせる仮想ゲームをしても，現実政治への理解と思考にはつながらない。

　それとは別に，政党への「間接的アプローチ」というべき方法がある。まず，今日の重要政策に関する論争を学ばせるアプローチが，実施しやすく，かつ勉強になる。

　以下では，異論もあろうが，政党の理念，政策，イデオロギーを分類整理する包括的な「座標軸」を教えるアプローチについて，考えてみよう。

　政治学では，「右と左」の座標軸とその意味について，かなりの合意がある。違いは，①市場経済に介入して規制・再配分する大きな政府を好むか，または市場経済の自由競争に任せる小さな政府を好むか，②平等と寛容を好むリベラルな価値か，または権力と不寛容が政治において必要だと考える権威主義的な価値か，であり，それぞれ，前者の立場が中道左派，後者の立場が中道右派・右派に相当する。（左派は，②に関して権威主義に傾く。）これらの２つの軸を組み合わせると，二次元の図が描ける（村上 2014：５章とその参考文献）。

政治的な右・左の観念は，戦後，1990年代ごろまでは「保守対革新」という言葉でマスコミや有権者にとって常識だった。今日では弱まっているが，アメリカ流の「保守対リベラル」というラベルは，広く使われる。ヨーロッパに関する政治学教科書や報道では，各政党を左派，中道左派，中道，中道右派，右派の一次元軸に並べて示すことが多い（Colomer 2008；網谷・伊藤・成廣編 2014）し，韓国では，「保守か，進歩か」が対立軸になっている（新川・大西編 2008：194-199）。

政治の「右と左」ないしは「保守とリベラル」の観念を，政治学教育で用いることに問題はなかろう。説明方法としては，19世紀以降の資本主義対社会（民主）主義のような政治史に沿っても可能だが，やや古風であり，歴史に加えて，現代社会でも弱まったとはいえ存在する政策や理念をめぐる争いによって，左右の軸を具体的に説明する方が，教えやすい。「大きな政府」によるサービス提供や規制活動への賛否は，身近な政治テーマであり，また寛容な考え方と権威主義的なそれがあることは，人間観察からも分かることだから。

さて，政治的な左右の基準が消失した世界とは，どんなものか。

そこでは認識の枠組みがあいまいになり，政治や政党間競争が分かりにくくなってしまう。有権者は，派手な争点，候補者の人柄や世話役活動，党首のイメージ，ネガティブ・キャンペーン，さらに「改革」のイメージ（左か右か方向は知らないが，ともかく現状を変えそうなパワー）などを手掛かりに，投票するしかない。ナショナリズム的な基準で，政府や国家への批判を「反日」だと攻撃する単純な主張が，力を持つ可能性もある[5]。

たとえば，2011年以降に台頭した，橋下前大阪市長率いる維新の党は，「維新八策」などから分かるように，小さな政府（効率化）と権力集中（強いリーダーシップ）と解される主張が多く，右派に分類できる（村上 2014：7章）。大阪では，大阪市を廃止する（かつ，何と住民投票用紙などでも廃止の説明を避けた！［村上 2016］）維新の「都構想」に，自民党まで反対してきた。ところが，海外のメディアが「右派」と報じる[6]この維新の党を，日本の主要マスコミは「第3極」と呼び，現状を打破する改革政党というイメージ宣伝にお墨付きを与え美化してきた[7]。戦後の日本で右派政党は支持率1％どまりだったのに，維新の党が比例代表で20％近く得票した理由の1つは，政治の左右軸のあいまい化にあるだろう。そして，右派

の維新が，民主党が頼みとする非自民・無党派層の票を奪取する「非公式な支援」がなければ，2012年以降も得票率3～4割の自民党が，議席占有率を3分の2に伸ばすことはできなかったはずだ（村上2015B：2016）。

(3) 選挙制度とその作用

多元的民主主義や政党システムに関連するが，小選挙区制下では，1つまたは2つの大政党が得票率（有権者の支持）以上に議席を得るので，議席数だけを見ていると首相や与党を過大評価したり，選挙のルールの問題点に気が付かない，といった認識上の問題がある。最後の6(2)で，提言を含めて触れたい。

4．政治学教育の方法
　　　―自分で考える力と習慣をどう身に付けてもらうか

とくに政治学教育では，「唯一の正統な」知識（それに近いものは制度や歴史に関しては存在するが）を理解させるだけでなく，多様な事実や見解を知り，自分で調べ，考え，批判する力を育てる「実習」が必要だ。

こうした力は，ある意味でそれ自体が，民主主義や市民社会の基礎を作る。グループで議論し発表することも，勉強になるだけでなく，経験を通じて多数派形成，他者への配慮・妥協（一種の多元主義），熟議，協力関係（一種の公共意識）などの「民主的・市民的」な価値観や，広い意味での政治への理解を養うだろう。さらに広く，インターンシップ，大学のサークル，学生自治会，市民活動，集会，デモなどの政治参加といった「社会的活動・議論の経験」にも，同じ効果が期待される（図1）。

教育や授業の場では，「アクティブ・ラーニング」と呼ばれる学生参加型・双方向型のスタイルがこれに当たる（もちろん，そこでは教員も適切な役割を果たさなければならない）。大学や高校で，個人や小集団（班）で調べ，考えて意見をまとめ，発表し議論する作業は有益だが，学問的には，複数の資料や見解に触れてもらうことが大前提だ。複数の新聞記事の比較や，政治的争点について論点と賛否双方の見解を比べる一覧表も，思考を整理する。ちなみに，過去，現代，近未来の政治や社会を扱う映画の鑑賞は，「現実感覚」を養ってくれる（参考，村上・佐藤編2016）。とはいえ，新聞を読む習慣の20～30歳代での弱まり（日本新聞協会2014：34）は，深

刻だ。

5．多元的な価値・論争・事実を，いかに「中立的」に教えるか

　前述の多元的民主主義，政府への批判的視点，政党システムに限らず，政治には評価，規範，価値の問題が付きまとう。

　特定の価値を教え込むなら，それはまさに多元主義や，自由な思考の訓練に反する。逆に価値の問題を避けて通れば，現実政治と遊離した空虚な教育になりかねないが，この傾向は，2つの原因から起こりうる。教育の「中立性」という規範と，政治学研究の過度の実証指向や細分化[8]であるが，以下では前者を考えてみよう。

　参考までに，マスコミなどに対して「政治的中立」の要求が，とくに自民党政権や（大阪系の）維新の党から突き付けらる（例，岩崎 2016）。その根拠は，「公共性」や「国民の税金の投入」あるいは，放送に関しては放送法4条が定める「政治的に公平であること」だが，自由で多様な報道の価値を否定するのに十分だろうか。また，保守側に好意的なメディアに対して「偏向」だと批判がなされることは，なぜか少ない。納税者も，多様な意見や民族性を持つ。

　「政治的中立」という規範は，言論・表現の自由の規制に他ならない。この自由権について，規制は民主主義そのものを傷つける恐れもあるなどの理由から，憲法学では，「事前抑制（検閲）の禁止」や「明白かつ現在の危険があること」などの，厳格な基準を適用しようとしてきた（芦部 2015：9章）。それを超えると，規制はつぎのデメリットをもたらしうる。

・「中立性」は，結果的には，強い情報発信力を持つ政権や与党への批判を弱める方向に働きがちだ。
・主権者・納税者である国民の間に反対もかなりある問題について，マスコミ（や教員）が反対意見を述べられないことは，むしろ公共性，公平性に反する。

　また，中立性と言ってもどこまで義務づけるのかという，レベルの問題もある。たしかに，①事実に反し，あるいは名誉を毀損するような言論や，②対立する主張の一方しか取り上げず，根拠なしに押し付けるような言論は，問題がある。しかし，③対立する主張を共に紹介したうえで，自らの見解を述べることは，中立性に配慮していて，弊害も小さいのではないか。

さて、教育の話に戻ると、大学では学問の自由にも照らして、③だけでなく②も認められるだろう。②はひんしゅくを買うが、逆の立場のラフな学者・評論家も発言する状況では、バランスを取る効用はある。

しかし、高校までの教育に関しては、「中立性」の要請が強まるかもしれない。生徒に社会的経験や理解力が不足しているという考慮もあるだろう。教育基本法14条は、「良識ある公民として必要な政治的教養は、教育上尊重されなければならない。」「法律に定める学校は、特定の政党を支持し、又はこれに反対するための政治教育その他政治的活動をしてはならない」と定める。後半は、特定政党を支持（に反対）する目的でする行為以外は禁止されない、と読むべきだ。また、この禁止規定は行政機構による拡張解釈を警戒すべきであるとともに、1950〜80年代の激しいイデオロギー対立のなかで導入・強化された（磯田 2015）経緯があるが、今はむしろ「対立軸が見えない」「政治的無関心」の状況で様変わりしていることも、考慮すべきだ。

1(1)でも引用したように、中立性が政治学（主権者）教育を委縮させてはまずい。とくに高校までの教育で、一定の中立性を尊重しつつ、教育を当たり障りのない用語解説にとどめず、問題提起的で思考・議論を促すものにするためには、どうすればよいのか。

この問いに対しては、「どのように」教えるかという方法面での検討（例、『Voters』2015A）が盛んだ。模擬請願、模擬投票、政党マニフェストの分析（実は教員が解説しないと分かりにくいが）などの実践（毎日新聞 2015年12月7日など）は、中立性違反という非難を避けつつ、政治の一面を経験させ身近に感じさせる効果がある。

それに加えて、大学（とくに教養・入門課程）、および可能な範囲で高校や社会人教育において、政治現象や政治学の「何を」教えるかという内容面を、考えてみよう（表2も参照）。

まず、政治への多元的・批判的な視点を、政治史や政治思想をつうじて育む方法がある。歴史の教訓や、政治思想家の鋭い指摘は、現在を考える「羅針盤」を与えてくれることがある。

同時に、現代政治を見つめることも、避けてはならない。この場合には、政治制度や比較政治から考えさせつつ、上の③のスタイルが利用できる。具体的には、学生・生徒が、政党の綱領や選挙公報を比較したり、重要な

表3 政治学教育における，中立性と多元性の関連

	一元的	多元的
中立的 (公平な)	憲法の重要性と，主要原理 今日のおもな政策課題 日本と主要の選挙制度 政党の定義，機能 政党システムの類型 政治イデオロギーの定義 政治制度の解説 近現代の政治史（政府の失敗・暴政，紛争の事例を含む）	改憲をめぐる議論 おもな政策への賛否の見解 おもな選挙制度の長所と短所 政党の綱領，政策などを比較し，違いを見つけ評価する 日本の1党優位制の原因，功罪 政治における「右と左」の違い おもな政治制度の長所，短所 政治思想史とそこでの論争 近現代の政治史に関する論争
党派的 (偏向した)	特定の政治理念，政党，政策を宣伝または批判だけする 政府の公式見解・方針だけを紹介する	（大きな問題のない政府方針や多数意見に対して，ごく少数の，とりわけ違憲・違法または不適切な反対意見を対等またはそれ以上に紹介する。）

註：筆者作成。

政治争点について賛否の見解や，複数の新聞記事を比較したりして，自分なりの意見をまとめ議論する作業だ。(村上 2014)でも，日本政治の重要争点について「議論の整理」の表を設け，読者に考えディベイトしてもらいやすいようにしている[9]。

このように「批判的視点を含む多元的な内容を，中立的に教える」可能性を，表3の右上でも示してみた。下の両側のような党派的な教育（反対意見があるのに，政府・与党の公式見解だけを教えることも含む！）は，望ましくない。その意味では，中立性が望ましいのだが，その場合でも「中立」を狭く解釈し，左上の部分，つまり唯一の標準的な（一元的な）知識の伝達に限ると，その意味は大きいとはいえ，多元的な情報や感覚が不足し，ともすれば「暗記もの」で終わってしまう。図の右上の，まさに現実政治を形作る，相対立する見解や立場を知らせ考えさせる教育こそが，中立性あるいは公平性（藤井 2016）を満たしつつ，自由で思考する民主主義のための政治学教育を実践できるだろう。

6．【補論】政治学会などによるインターネット情報の提供

(1) インターネットでの政治・政治学事典

本稿で一貫して述べたのは，政治の世界も，経済，法律，医学などと同

表4 政府，公共的機関，専門家団体が提供するオンライン辞典の例

提供機関	名称	註
国会図書館	史料に見る近代の日本：年表	1）
Historica Canada（カナダ）	The Canadian Encyclopedia	
BBC（イギリス）	Country Profiles, Timeline	2）
Bundeszentrale für politische Bildung（ドイツ）	Lexika	3）
Athabasca University（カナダ）	Online Dictionary of the Social Sciences	4）
総務省	安心してインターネットを使うために・用語辞典	
野村総合研究所	経営用語の基礎知識	
日本民営鉄道協会	鉄道用語辞典	
National Geographic 日本版	動物大図鑑	

註：登録なしに自由にアクセスできるウェブサイト。URLを略したが，機関名・名称で検索されたい。1）年表から資料にリンクして有益。2）世界各国の歴史年表。3）連邦政治教育センターが提供する事典。用語を入力すると，複数の政治学事典にリンクする。4）社会科学の基礎概念をコンパクトに解説する。

じく，理解し思考するためには一定の学問的な知識が必要だということだ。模擬選挙などの「実習」も重要だが，それだけでは足りない。(ここで実習とは，野菜や肉を料理・試食してもらうようなもので，学問的な知識とは，野菜や肉の種類，特性，栄養その他を解説するようなものだ。両方合わさって，理解が深まる。)

知識の提供は，国や地方自治体とともに，政治学の専門団体・機関が，信頼できる分かりやすい事典をインターネットで提供するならば，社会に貢献できる（参考，表4）。

(2) 選挙に関するデータベースの整備など

政治学で多元的民主主義，とくに選挙や政党システムを教えるとき，もっとも基本的で不可欠なデータは何だろう。

筆者は，最近の国政選挙での各政党の「得票率および議席数」だと考える。両方が必要なのは，もちろん小選挙区制などの作用によって，得票と議席がかい離しうるからだ。両方を載せる教科書には，(Caramani 2014: 438-363)（飯尾 2015）（苅部・宇野・中本編 2011）などがあり，(川出・谷口 2012：101, 119）も選挙区得票率と議席数を，(村上 2014：8章）は比例代表得票率と議席数を掲載している。ところが，マスコミの方は，各党の議席数だけを大きく報じる。海外の選挙については得票率を報じることも多いのに，まことに不思議な話で，担当の記者や編集委員は政治学を学んでいないのだろうか。

2015年9月，国会での安全保障法制（海外戦争法）の採決に当たっては，憲法9条と従来の政府解釈に違反するという批判や，東アジア情勢の分析は盛んだったが，決定過程については「自民党が数の力で強行した」といった論調が多かった。しかし，実はこの「数の力」という認識すら，考えてみると疑わしい。2014年末の衆院選で，与党の自民党・公明党は投票者の半数以下の票しか得ていない（比例代表で33%・14%）し，しかもその選挙公約で自民党は，安全保障法（自衛隊の戦闘活動の海外への拡大）を前面に出さず，選挙公報には明記しなかった。けれども，そうした認識は広がらなかった。

つまり，選挙とその公報（公約）に関するデータベースの整備は，主権者（政治学）教育の初歩的なインフラストラクチャーである。政治学系の学会としては，具体的には次のように貢献できるのではないか。

①政党の得票率や議席数の推移を，学会（や明るい選挙推進協会など）のウェブサイトで提供する方法もあるが，それとともに，マスコミに対して，選挙結果を示す表で，各党の議席数だけでなく得票率（選挙区，比例代表）を併記するよう要請する。

②選挙公報を，選管が開票後消去する慣行は問題があり，国政選挙を含めて，総務省や各選挙管理委員会に，一定期間，インターネットで公開を継続するよう働きかける。

　（1）　呼び名として，「市民教育」または「シティズンシップ教育」（イギリスの citizenship education）は，理念が分かりやすいが，経済，法律，環境なども広く含まれる。政治に関するというニュアンスでは，「主権者（有権者）教育」もよく用いられ，「政治（的）教育」（ドイツの politische Bildung）や「政治的教養」（日本の教育基本法14条）とも呼ばれる。この論文では，教育が学問的な基礎にもとづくべきだというニュアンスで，「政治学教育」という名称をおもに用いる。なお，政治学教育に関する検討や海外の動向については，(明るい選挙推進協会 2015B) とその論文リストが参考になる。さらに，(常時啓発事業のあり方等研究会 2011)，(長沼・大久保編，クリックほか 2012)，(苅部・宇野・中本編 2011：unit 9)，(佐藤 2014) が分かりやすい。

　（2）　(山田 2016) は，日本人の政治参加は「相対的に低水準」（同：51）としたあと，諸理論を紹介し，原因と対策を検討する。筆者は，「日本人の自律性・合理性は私的場面や小集団では高いが，政治や公的問題に関して下

がる」という独自モデルに立って各種データを解釈している（村上 2015A）。
（3）　教育学では，科学や学問の成果を教える「系統学習」と，生徒の発想や参加を生かした体験的な学習をつうじて能力を伸ばそうとする「問題解決学習（または経験学習）」とを区分する。
（4）　ポピュリズムについては，（大嶽 2003；Kuper / Kuper 2004；高橋・石田編 2013；村上 2016）などを参照。（村上 2014：図表 7－1）は，方法に着目し，「攻撃型」と「ばらまき型」に分類する。
（5）　あるいは，評論家や若手政治学者のコメントには，「日本は元来保守が強い国で，二大政党制はなじまない」といった趣旨の，「左右」軸に沿った多元主義を顧慮しないものもある。今日の「豊か」で（富裕層には不満が少ない）かつ競争的な（強い者だけが正しく価値がある）日本社会での実感かもしれず，注目したい。一方，ナショナリズム的な日本礼賛本も並ぶなかで，諸国の人々からの評価データ（BBC 2014）が興味深い。
（6）　たとえば，次のような記事を参照。

　「The right-leaning Ishin no To (Japan Innovation Party) went from 42 to 41 seats, ……」（The Economist 2014）

　「Die Erneuerungspartei Isshin, die zweitgrößte Oppositionskraft, ist aus dem Wahlverein des rechtspopulistischen Bürgermeisters von Osaka, Toru Hashimoto, hervorgegangen.（第 2 野党の維新の党は，右派ポピュリズム的な橋下大阪市長の選挙団体から発展したものである。）」（Süddeutsche Zeitung 2014）

（7）　原因は 2 つ考えられる。マスコミ記者が政治学の基礎知識を勉強していないこと，あるいは批判をした団体，学者，記者をウェブや電話で個人攻撃する橋下氏と維新の異例の戦術に圧迫されたことだ（藤井・村上・森編 2015）。
（8）　今日の日本の政治学では，重要な政治課題への取り組みも推奨されるが，まず内外の理論をレビューし，細分化したテーマで「変数」間の関係を実証しようとする研究（参考，伊藤 2011：18－19；エヴェラ 2009：4 章）が盛んで，これを政治学教育に利用するには，一定の加工を要する。病気の治療に関心がない医学，建築の安全性に責任を持たない建築学がありうるとか，その方が良い学問ができるとは筆者は思わない。ただ，政治学者は，現実の紛争に巻き込まれやすく，観察・認識が偏りうるので注意が必要だが，批判的な観点に立って初めて見えてくる事実も少なくない。
（9）　（村上 2014）では，大きな政府か小さな政府か，リベラルか権威主義か，昭和の戦争の評価，首相公選，一院制・国会議員の削減，道州制，憲法 96 条改正について，賛否両論を比べる「議論の整理」の表を設けた。

引用文献　　＊の論文は，ウェブサイトでも閲覧できる。

明るい選挙推進協会「明るい選挙って何？」2015年訪問，同協会ウェブサイト（http://www.akaruisenkyo.or.jp/020what/）＝2015A

明るい選挙推進協会「シティズンシップ教育」2015年訪問，同協会ウェブサイト（http://www.akaruisenkyo.or.jp/citizenship/）＝2015B

明るい選挙推進協会『第47回衆議院議員総選挙全国意識調査　調査結果の概要』2015年，同協会ウェブサイト（http://www.akaruisenkyo.or.jp/wp/wp-content/uploads/2011/10/47syuishikicyosa-1.pdf）＝2015C

朝日・東大谷口研究室「朝日・東大谷口研究室共同調査」朝日新聞ウェブサイト（http://www.asahi.copm/senkyo/sousenkyo47/asahitodai/）など。

芦部信喜（高橋和之補訂）『憲法』第 6 版，岩波書店，2015年。

網谷龍介・伊藤武・成廣孝編『ヨーロッパのデモクラシー』改訂第 2 版，ナカニシヤ出版，2014年

飯尾潤『現代日本の政治』放送大学教育振興会，2015年

池上彰『池上彰の政治の学校』増補版，朝日新聞出版，2013年

磯田文雄「政治的教養と政治的中立」（『Voters』No.26），2015年　＊

伊藤修一郎『政策リサーチ入門─仮説検証による問題解決の技法』東京大学出版会，2011年

伊藤光利編『ポリティカル・サイエンス事始め』第 3 版，有斐閣，2009年

岩崎貞明「『政治的公平』めぐる解釈は誤解だらけ─放送現場は萎縮せず自らの表現を貫け」『Journalism』No.309，2016年

『Voters』（明るい選挙推進協会）No.26（特集：「教育の中立性」を考える），2015年＝2015A　＊

『Voters』No.29（特集：主権者教育高校副教材），2015年＝2015B　＊

上原行雄・大芝亮・山岡道男監修『用語集政治・経済』清水書院，2015年

エヴェラ，スティーヴン・ヴァン（野口和彦・渡辺紫乃訳）『政治学のリサーチ・メソッド』，勁草書房，2009年

大嶽秀夫『日本型ポピュリズム─政治への期待と幻滅』中央公論新社，2003年

苅部直・宇野重規・中本義彦編『政治学をつかむ』有斐閣，2011年

川出良枝・谷口将紀編『政治学』東京大学出版会，2012年

久米郁男・川出良枝・古城佳子・田中愛治・真渕勝『政治学』補訂版，有斐閣，2011年

佐々木毅『政治学講義』第 2 版，東京大学出版会，2012年

佐藤智子「シティズンシップは涵養できるのか─学校教育と社会的学習の効果」（田辺俊介編『民主主義の「危機」─国際比較調査から見る市民意識』勁草書房，2014年）

常時啓発事業のあり方等研究会「「常時啓発事業のあり方等研究会」最終報告書　社会に参加し，自ら考え，自ら判断する主権者を目指して～新たなステージ「主権者教育」へ～」，総務省ウェブサイト（http://www.soumu.go.jp/main_content/000141752.pdf），2011年
高橋源一郎『ぼくらの民主主義なんだぜ』朝日新聞出版，2015年
高橋進・石田徹編『ポピュリズム時代のデモクラシー――ヨーロッパからの考察』法律文化社，2013年
建林正彦・曽我謙悟・待鳥聡史『比較政治制度論』有斐閣，2008年
ダール，ロバート・A（高畠通敏・前田脩訳）『ポリアーキー』岩波書店，（原著1972年）2014年
中谷美穂「主権者教育はどうあるべきか――政治参加研究の視点から」『都市問題』2015年9月号
長沼豊・大久保正弘編，クリック，バーナードほか著（鈴木崇弘・由井一成訳）『社会を変える教育 Citizenship Education ～英国のシティズンシップ教育とクリック・レポートから～』キーステージ21，2012年
新川敏光・大西裕編『世界政治叢書　日本・韓国』ミネルヴァ書房，2008年
日本学術会議政治学委員会政治学展望分科会「政治学分野の展望――グローバル化時代の市民社会を創造する政治学」，ウェブサイト（www.scj.go.jp/ja/info/kohyo/pdf/kohyo-21-h-1-9.pdf），2010年
日本新聞協会『2013年全国メディア接触・評価調査報告書』2014年　＊
平野浩・河野勝編『アクセス日本政治論』新版，日本経済評論社，2011年
広田照幸監修／北海道高等学校教育経営研究会編『月刊高校教育』2015年12月増刊号（高校生を主権者に育てる――シティズンシップ教育を核とした主権者教育），2015年
藤井聡・村上弘・森裕之編『大都市自治を問う――大阪・橋下市政の検証』学芸出版社，2015年
藤井剛「主権者教育への疑問に答えます」（『Voters』No.30），2016年　＊
毎日新聞「18歳選挙権　2コマで教える主権者教育（上）（下）」同ウェブサイト，2015年（12月7日）
村上弘『日本政治ガイドブック――改革と民主主義を考える』法律文化社，2014年
村上弘「強くない日本の市民社会――市民の政治参加の『3層構造』モデル」『政策科学』22-3，2015年＝2015A　＊
村上弘「維新の党――右派ポピュリズムはリベラルを超えるか」（藤井・村上・森編 2015）＝2015B
村上弘「日本政治におけるポピュリズム――2015年の『大阪都』，『維新』，有権者」『立命館法学』2015年5・6号，2016年　＊

村上弘・佐藤満編『よくわかる行政学』第2版,ミネルヴァ書房,2016年
山田真裕『シリーズ日本の政治4 政治参加と民主政治』東京大学出版会,2016年
横浜市選挙管理委員会「U-20【中・高校生向けページ】」,同委員会ウェブサイト,2015年訪問(http://www.city.yokohama.lg.jp/senkyo/u20/)

BBC World Service, Poll (The Country Ratings Poll of 24 nations), 2014, website (http://downloads.bbc.co.uk/mediacentre/country-rating-poll.pdf)
Caramani, Daniele, *Comparative Politics*, Oxford University Press, 2014
Colomer, Josep M., *Comparative European Politics*, 3rd ed., Routledge, 2008
Department for Education, National curriculum in England: citizenship programmes of study for key stages 3 and 4, 2013, website (https://www.gov.uk/government/publications/national-curriculum-in-england-citizenship-programmes-of-study/national-curriculum-in-england-citizenship-programmes-of-study-for-key-stages-3-and-4)
Dye, Thomas R., *Politics in America*, 3rd ed., Prentice Hall, 1999
The Economist, Dec 15th 2014, 'Japan's snap election result', website (http://www.economist.com/news/21636467-shinzo-abe-wins-easily-weak-mandate-voters-romping-home)
Hague, Rod/ Harrop, Martin, *Comparative Government and Politics: An Introduction*, 8th ed., Palgrave Macmillan, 2010
Kingdom, John with Fairclough, Paul, *Government and Politics in Britain*, 4th ed., Polity, 2014
Kuper, Adam/ Kuper, Jessica eds., *The Social Science Encyclopedia*, 3rd ed., Routledge, 2004
Schubert, Klaus/ Martina Klein, *Das Politiklexikon*, 5., aktual. Aufl., Dietz, 2011 <Bundeszentrale für politische Bildung, website (http://www.bpb.de/nachschlagen/lexika/politiklexikon/)
Süddeutsche Zeitung, 14. Dezember 2014, 'Parlamentswahl in Japan', website (http://www.sueddeutsche.de/politik/parlamentswahl-in-japan-ministerpraesident-abe-festigt-mehrheit-1.2266647)

社会統合における動機づけ問題への一解答
―― ホネットとハーバーマスにおける
「認知的アクセス」という視点から ――

成田大起＊

> 要旨：本稿の目的は，社会統合における動機づけ問題に対して「認知的アクセス」という新たな視点を導入し，それによってA.ホネットの承認関係を媒介とした社会統合がJ.ハーバーマスの法を媒介とした統合に比べ，普遍的な規範を支えにしながらも社会成員たちを統合の規範的目標へと動機づけることのできる社会統合のあり方として優れていることを示すことにある。規範を実現し不正義を改善するという目標に社会成員がどのように動機づけられるかを説明するという問題は，現実の社会に焦点を当てる政治理論にとって喫緊の課題である。近年の政治理論は，この問題を専ら社会統合の構想がどの程度文化的な特殊性を取り込むべきかという観点から考察しており，普遍性／特殊性という問題含みの二文法に陥っている。本稿はドイツの批判理論がイデオロギー批判という文脈で扱ってきた認知をめぐる議論を動機づけ問題に導入した。ハーバーマスの社会統合とホネットの社会統合を比べ，後者の優位性を示すことを通じて，本稿は普遍的な規範であっても社会成員がどのようにそれを実現する必要性に認知的にアクセスし，規範の実現に向けて動機づけられるのかを説明する道筋を示した。

キーワード：社会統合，動機づけ，アクセル・ホネット，
ユルゲン・ハーバーマス，批判理論と政治理論

1．序

本稿の目的は，社会統合における動機づけ問題に対して「認知的アクセス」という新たな視点を導入し，それによってA.ホネットの承認関係を媒

＊ 早稲田大学政治学研究科博士後期課程 日本学術振興会特別研究員(DC2)
　政治思想・現代政治理論

介とした社会統合がJ．ハーバーマスの法を媒介とした統合に比べ，普遍的な規範を支えにしながらも社会成員たちを統合の規範的目標へと動機づけることのできる社会統合のあり方として優れていることを示すことにある。

　本稿では規範的政治理論の立場から，社会統合を，ひとまずは政治過程を通じて規範を実現し，それによって生き方の点で多様な成員が連帯的な関係を形成する過程として定義する。近年の政治理論では，不正義に満ちた現実社会の中からいかにして規範的な欠損を克服し，成員たちを統合するのかという問題が問われている[1]。だが，こうした問題を考える際に重要になるのは，規範を実現し，不正義を改善するという統合の規範的目標へと成員たちをどのように動機づけることができるのかという問題である。不正義を取り除くという企てが社会の当事者の手に委ねられているとすれば，いかにして多様な人々が規範的目標へと動機づけられ，直接被害に遭っているわけではない人々と連帯することができるのか，という問題に取り組まなくてはならない。そこで，本稿は社会統合の構想を評価する数ある基準の中から動機づけの問題に焦点を当てて議論を行う。

　規範的政治理論において最も有力な社会統合の構想はハーバーマスの統合の構想である。この構想は政治過程を通じて実現されるべき規範を憲法規範とし，現実の具体的文脈の上で憲法規範を解釈し，法制定過程を通じてそれらを実現することを規範的目標とする。そしてこの統合の構想は目標に対する動機づけの資源として「憲法パトリオティズム」という政治文化に支えられているとされる。だがこの立場に対しては動機づけをめぐる論争があり，主にナショナリズムの立場から次のような異論が投げかけられてきた。つまり，ハーバーマスの統合は結局のところ「普遍的」な憲法規範を核とするために，憲法パトリオティズムを資源として統合の目標へと成員を動機づけるには弱すぎる[2]。この異論は，成員を統合の目標へと動機づけるにはナショナル・アイデンティティというより「特殊な」核を必要とすると主張する。これに対し，憲法パトリオティズムを支持する論者たちは，それが十分文化的特殊性を取り込むことができ，ナショナル・アイデンティティを核とする統合はかえって多数派文化と癒着する結果に陥ってしまい，少数派の排除を生んでしまうと反論してきた[3]。

　しかし，統合の目標への動機づけに関する現在の論争は膠着状態にある。

何故なら，こうした論争は動機づけ問題を文化的特殊性をどの程度取り込めばよいかという問いに還元することで，次のようなジレンマを抱え込むことになるからである。一方で，文化的特殊性が社会統合の規範的目標に取り込まれすぎると，目標に成員を動機づけることができるものの，その特殊性故に多様な生き方を持つ人々を統合することができない。他方で，社会統合が普遍的な規範を核に持つと，成員を十分動機づけることができないという批判に晒され続ける。「普遍」「特殊」という二分法にとらわれる限り，多様な生を排除せずに社会成員を統合の目標へと動機づけることのできる社会統合を考察する道は拓かれないのである[4]。

そこで，動機づけに関する問題を文化的特殊性をどの程度取り込めばよいかという問いとは異なる角度から，すなわち認知的アクセスをめぐる問いという角度から考察してみたい。統合の規範的目標に対して成員を動機づけるためには，理論家の三人称的な視点から論じられた議論が実際の成員の前理論的で一人称的な視点に媒介されることが必要である。認知的アクセスとは，成員の感情的次元も伴う日常経験から，規範が欠損されている状況と，その規範を実現することの必要性を理解することを意味する。実現の必要性を理解できるならば，成員は規範的欠損の状況に直面した時にそれを改善しようと動機づけられるからである。認知的アクセスを説明できるならば，普遍的な規範であっても，それを実現し不正義を除去するという規範的目標への動機づけを論じることができる。

認知をめぐる問題は，マルクス主義や，その流れを汲む「批判理論」が行ってきたイデオロギー批判という文脈で論じられてきた。例えばR. ゴイスは，イデオロギー批判の方法を論じた著作の中で，認知的に歪められている状況下で人々が真の利害関心を認知できるようになるための様々な批判の方法を論じている[5]。また，M.クックは批判理論の文脈の上で，歪められていない利害やニーズといった規範的内実を指摘する際に「認識論的権威主義」に陥ってはならないと指摘している。つまり，成員が規範的内実を認知するためには，理論は「アイデンティティの構成要素となる感情に満ちた理由の布置」からその内実にアクセスできる仕方を論じる必要がある[6]。本稿は，こうした認知をめぐる議論が動機づけの問題を論じる上で有意なものであると主張する。ハーバーマスの統合をめぐる論争を中心に，これまで動機づけに関する議論は普遍性／特殊性という二分法の中

で論じられてきた。これに変えて認知の軸を導入することで，たとえ規範がローカルな文脈と結びつかなくとも社会統合が持つ規範的目標へと成員が動機づけられる道筋を議論することができる。

　本稿はこうした議論を，ハーバーマスとホネットの社会統合の構想を比較し，ホネットの優位性を示すことで展開する。その理由は，ハーバーマスを批判して代替的な社会統合の構想を提示するホネットが，認知的アクセスという観点から動機づけを説明しようと試みていると解釈できるからである。彼らは批判理論の継承者と見なされているが，同時に政治過程を通じた社会統合の構想を提示している。これまでイデオロギー批判という文脈で議論されてきた認知的アクセスの観点から彼らの社会統合の構想を比較検討することで，どのように規範的目標への動機づけを説明するかという政治理論が取り組むべき問題を，これまでとは違った角度から論じることができる。また，ハーバーマスにおける動機づけの議論だけでなく，ホネットのハーバーマス批判や彼の動機づけをめぐる議論も普遍／特殊という二文法の中で論じられる傾向にあり，認知という軸から扱われることはなかった7。これに対し本稿は，成員が規範的欠損の状況を認知し，直接被害に遭っているわけではない人々がその改善に向けて連帯するための具体的な道筋を論じる点で，先行研究よりもホネットの動機づけをめぐる議論の長所を描き出すことができる。

　本稿の基本的な主張はこうである。すなわち，ハーバーマスの社会統合の理論は，理論家の視点と成員の視点とを媒介できておらず，それゆえ規範的目標に対する成員の動機づけの説明に成功しない。これに対し，本稿はホネットの承認関係を媒介とした統合を提示する。ホネットの社会統合とは，毀損された承認の回復を求める「承認をめぐる闘争」を通じて承認関係へと統合される過程であり，政治過程で実現されるべき規範は「承認原理」として定式化される。またホネットは承認の毀損という共通の不正義の除去を目指す「社会的協働」の理念を，成員を動機づけることのできる統合の規範的目標と捉えている。この議論の構造によって，ホネットの社会統合は成員の認知的なアクセスを確保することができるのである。

　次節以降は次のような順序で論を進める。ハーバーマスの社会統合は，コミュニケーションを通じた統合というアイデアの中で生じた動機づけの欠陥を補完していった結果として描かれている（第2節）。しかしながら，

この議論の構造ゆえに，理論家によって提示された社会統合の規範的目標は成員の一人称視点に適切に媒介されず，動機づけの問題は解決されずにいる（第3節）。それに代えて，承認の毀損という共通の不正義の改善を目指すホネットの社会的協働という目標が，成員たちの認知的アクセスを説明できることを示す（第4節）。最後に，ホネットによるハーバーマス批判を整理した上で，ハーバーマスから寄せられる可能性のある反論にホネットがどのように応答できるかを検討する（第5節）。

2．ハーバーマスにおける社会統合

憲法パトリオティズムという政治文化に支えられたハーバーマスの社会統合は，従来彼が考えていたコミュニケーションを通じた社会統合が動機づけについての補完を必要とするという認識から練り上げられる。近代において，前近代の宗教的な価値合意に基づく社会統合はコミュニケーションを通じた社会統合にとって代わられることになった[8]。そのような社会統合は「良き論拠の権威」にのみ基づく合意形成の条件を満たした討議の手続きを通じて行われることになる。ハーバーマスは近代社会の成員の言語使用を「再構成的」に分析することで，コミュニケーションを通じた社会統合が依拠すべき討議の規則を抽出する[9]。つまり，「言語＝行為能力ある主体が論議に参加することを想定するとき常に直観されている先行了解（Vorverständnis）」を再構成することを通じて，成員が潜在的に共有している討議原理（D）を定式化しようとする[10]。

　D：すべてのありうべき関与者が，合理的討議の参加者として合意しうるであろう行為規範こそは，妥当性を有する。

討議原理は，コミュニケーションによって互いの行為を調整し，行為の規則を相互に正当化しようとする者が不可避的に想定せざるを得ない原理である。コミュニケーションを通じた社会統合は，これまで社会的に妥当してきた規則をテストにかけ，根拠づけることを通じて成員たちが行為調整を行う，現実社会で現に遂行されている実践である。

だが，コミュニケーションを通じた社会統合は，次の二つの問題を抱えていた。第一にそれは実際に対話的関係にある人々のみを討議へと動機づ

けるにすぎず，全体社会の人々や社会システムを特定の行為規範に拘束させるには事実的な限界があった[11]。第二に，そうしたコミュニケーションに参加するための動機づけを考慮に入れることができない。具体的なコミュニケーションに先立って，討議を志向する状況が存在しなければならない[12]。

ハーバーマスの社会統合は，この動機づけの欠陥を法による補完と倫理による補完という二段階の補完によって解決しようとする[13]。『事実性と妥当』以降に採用されるのは，憲法規範（諸権利）を現実の具体的な生活形式の中で解釈し，法制定過程を通じて憲法規範を実現するという規範的目標を持つ，法を媒介とした社会統合である。社会統合の媒体が法であることによって，コミュニケーションを通じた社会統合の「機能的」な限界が補完される。すなわち，近代法は「コミュニケーション的に構造化された生活世界の社会統合の弱い力を増幅する変換器」であり，行政システムや経済システムを制御し，全体社会を統合する媒体となることができる[14]。そして法はまた「制裁の威嚇」によって，規範の遵守を強制することができる。

また，ハーバーマスはコミュニケーションを志向する動機づけを補完するために，討議を通じて正当化される規則と，個人や集団の善き生の問題に関わる倫理との結びつきを考慮する[15]。行為調整の対象となる規則が自分の所属する集団の善に関わる場合，そしてコミュニケーションを通じたコンフリクトの調整が倫理的生活形式に根付く場合に，社会統合は動機づけの補完を得ることができる。ハーバーマスは，市民が公共的な意見形成を行い，権利の実現を通じて集団的な善を追求する「リベラルな政治文化」に動機づけの資源があると考えている。こうした政治文化が「憲法パトリオティズム」という形で定式化される。憲法パトリオティズムは「市民が，憲法原理を単に抽象的内容においてのみならず，具体的に彼らのその都度の自国民固有の歴史という文脈からわが物とする」ような政治文化を意味する[16]。こうした政治文化は「自由で平等な者たちによるアソシエーションの成立という動態的に解されたプロジェクトを推進する力」となり，市民たちは憲法原理を自文化に特有の仕方で解釈し，それを実現するプロジェクトに対して動機づけられるのである。

ただし，憲法規範を実現する社会統合は，特定の文化集団内部の「倫理

的統合」と区別されなくてはならない。政治過程において，公共的な意見は各人の平等な自由を保障する上で重要な観点のみが考慮され，正当化される[17]。法が妥当なものとして認められるためには，常に平等な自由を根拠として全ての市民の合意を得ることを必要とするからである。従って，法を媒介とした社会統合は権利の実現と善き生活の結びつきから動機づけの資源を得るものの，自文化へのコミットメントとは切り離され，「多文化社会に共生する様々な生活形式の多様性と純一性に対する感覚」を必要とするのである[18]。

3．ハーバーマスにおける動機づけの欠如―視点の媒介の失敗

第2節ではハーバーマスが社会統合に対する動機づけをどのように補完しようと試みたのかを論じてきた。第3節では，そうした補完の結果としてハーバーマスの社会統合は理論家の視点と成員たちの視点とを媒介できず，それゆえ規範的目標に対する動機づけの説明に失敗することを示す。序節で示したように，成員を動機づける条件は，規範的欠損の状況と規範を回復することの必要性に対する認知的アクセスを説明することである。これについて(1)規範的な欠損に対するアクセスの問題，(2)憲法規範の必要性に対するアクセスの問題という点から論じる。

(1) システムの浸食に対するアクセスの問題

ハーバーマスは近代社会における規範的な欠損を，コミュニケーションを通じた行為調整を行う領域である生活世界に対して行政システムや経済システムが浸食していく現象（「植民地化」）として分析してきた。『事実性と妥当』におけるハーバーマスの政治理論においても，その基本的な構図は引き継がれている[19]。

ハーバーマスが規範的な欠損として考慮しているのは，公共圏で形成された意見が議会に影響力を行使し，実定法を通じて行政システムや経済システムを制御する一連のコミュニケーションの「循環」が塞き止められることである。こうした障害は，行政システム（政府）が，経済システムを統制する市場の命法に適応する必要性を背景にしながら，「効率性の基準」に従って恣意的な権力を行使することによって生じてくる[20]。規範的欠損とは「正統性の基準」に従ったコミュニケーションによる行為調整が，効

率性の基準に従った行為調整システムに取って代わられてしまうことである。「機能的に特殊化された行為システムの外在化されたコスト」によって引き起こされる規範的欠損は，市民にとって抑圧や差別の生活史的経験として現れる[21]。公共圏はそうした経験からの刺激によって作用する。この下からの声は，社会運動やジャーナリズムの影響力を通じて公共的な意見へと高められ，法を通じて抑圧や差別の原因であるシステムを制御することが目指される。

しかし，ハーバーマスの理論において，規範的欠損や不正義は抑圧や差別それ自体にあるのではなく，その背後にあるシステムの浸食に還元されてしまう。このことは市民自身の抑圧や差別といった経験と，理論家の状況診断との間の媒介問題を引き起こす。なぜなら，この経験はシステムの生活世界に対する浸食という理論的視点と正確に対応するものではないからである[22]。市民は，自らを取り巻く様々な関係性や制度が正統性の基準ではなく効率性の基準に従って調整されていることを見極め，それに対抗して影響力を行使することを目標としなければならない。しかしながら，システムと生活世界という理論的言語によって説明された規範的欠損は，当事者の前理論的な生活状況における抑圧や不平等の経験から直接的にアクセスできるものではない[23]。そのために，市民たちはシステムの浸食に対抗するための動機づけを形成することができない。

(2) 憲法規範の必要性に対するアクセスの問題

ハーバーマスのモデルにおいて，憲法規範の必要性に市民がアクセスする過程を描くことができない理由として次の二つが挙げられる。

第一に，憲法規範の実現は生活世界の植民地化に対抗することを意味している。法を媒介とした社会統合は，こうした規範的欠損に対抗するプロジェクトでもある。すなわち，市民の自律的な意思決定に従って制定された法を媒体として，効率性の基準に従うシステムを制御するプロジェクトである。そのために，憲法規範は討議原理を法媒体に適用することによって導出されると考えられている。つまり，コミュニケーションを通じた社会統合を法によって補完し，システムを制御するという理論家の視点から憲法規範が正当化されているのである。憲法規範を構成する権利のリストは討議原理を法的に制度化するための条件として特定され，この権利のリ

ストがあらゆる公共的討議の主題となり，市民の共通の利益を保護する手段となると考えられている。だが，市民が規範的欠損にアクセスできないとすれば，それに対抗する媒体として憲法規範の必要性を認知することはできない。そのために，一般的な権利のリストである憲法規範は市民にとって理論的所与として扱われてしまっているのである[24]。ハーバーマスの議論では，規範的欠損を改善する手段としての憲法規範の必要性に市民の前理論的視点からアクセスする道筋は示されていない。

第二に，憲法パトリオティズムという政治文化において，市民は自らの善き生の保護を求める倫理的な動機によって討議に参加するが，結局は倫理的動機を憲法規範への忠誠に組み込むことが要求される[25]。討議に参加する中で，市民は自分とは異なる生き方をする者たちの見解を前にして自らの意見を修正し，普遍化可能な共通の利益と市民としての自己理解をめぐって議論をかわし，それを実現する媒体として憲法規範を理解できなくてはならない。すなわち，市民が憲法規範の必要性にいかにアクセスするかという問題は，結局の所市民の公共的討議の問題となるのである。

しかし，ハーバーマスは法制定過程を公共圏から政治システムに至る「主体なきコミュニケーション」の中に見出している[26]。憲法規範の制度化についての議論は，市民の活動とは関わりなくコミュニケーションの循環が機能するよう，法的手続きをどのように整備すればよいかという機能的観点から行われているのである。憲法規範は，ひとたび法的手続きとして制度化されたならば匿名化した意見をくみ上げるフィルターとして機能するのであり，規範を実現する社会統合の過程は「主体」の問題ではなくなってしまう。統合の場が現実の討議から「主体なきコミュニケーション」へと移行するとすれば，日常経験から憲法規範の必要性にアクセスする道が塞がれてしまう[27]。すなわち，市民は他者との対話を通じて自文化集団の利害と一般化可能な利害を区別し，一般化可能な利害を実現する手段として憲法規範の必要性を理解していく機会を失うことになってしまうのである[28]。憲法規範の必要性に認知的にアクセスする手段を持たないとすれば，市民は憲法規範の実現を通じて多様な生を統合していく統合の目標へと動機づけられなくなってしまう。

以上で見た二つの問題に対して，ハーバーマスからの次のような反論が想定できる。すなわち，市民が倫理的動機を憲法規範への忠誠に組み込み，

社会の規範的欠損を改善しようと動機づけられる一連の営みはある種の「学習過程」として把握できるという反論である。ハーバーマスはコールバーグの発達心理学を解釈する中で, 社会が「ポスト慣習的段階」に至ると理論家の視点と市民の視点の「非対称性」が解消されると主張する[29]。すなわち, コミュニケーションを通じた行為調整が高度に発達した社会においては, 学習過程（合理化）を通じて成員は理論家の視点を取ることができると言われている。

しかし, このような回答は, 倫理的な動機を憲法規範への忠誠に組み込み, 社会の問題状況を認知する過程を単なる偶然的な事実とするものである[30]。ハーバーマスは, 一方で動機づけの補完の必要性を自覚しながらも, 他方で認知的アクセスの問題を事実性の次元に還元する。だが, 規範的欠損と規範を実現する必要性が成員の前理論的な視点からどのように理解可能なものになるかという問いに答えない限り, この学習過程に期待することはできない。視点の媒介がどのように達成されるかを論じなければ, 彼の社会統合は市民の動機づけを説明することができないのである。

4. ホネットにおける社会統合

成員を社会統合の規範的目標へと動機づけるために必要な条件は規範的欠損の状況と規範を実現・回復することの必要性に対する認知的アクセスを説明することであり, ハーバーマスの社会統合がそうした条件を満たせていないということを示してきた。これに対して, 多様な生を排除せず, 社会成員を統合の目標へと動機づけることのできる社会統合のあり方としてホネットの社会統合の構想を取り上げてみたい。以下では(1)いかにして規範的欠損の状況に成員がアクセスでき, (2)それによっていかにして規範を実現することの必要性にアクセスし, 社会的協働という規範的目標へと動機づけられるのかを論じる。

(1) 規範的欠損としての承認の毀損

ホネットは, 近代の社会統合は,「承認をめぐる闘争」をきっかけにして生じると理解する。すなわち, 社会統合は, 社会闘争をきっかけにして成員の尊厳や価値が承認され, 規範的期待が満たされることを通じて拡大していく[31]。ホネットによれば, 社会闘争は不当な扱いを受けた, あるいは

侮辱されたといった「承認の毀損（Mißachtung）」の経験を動機とする。そうした「否定的な感情反応」によって被った苦痛は，再び承認されることによってのみ修復される[32]。従って，ホネットの社会統合とは，成員が現存の承認関係の改善を求めて承認をめぐる闘争を起こし，相互主観的な承認を獲得する過程である。

　ホネットにとって，社会統合は人格の統合性と表裏一体の関係にある。承認とはある人格についての様々な価値ある性質が相互に認められることを意味しており，人格の統合性は他者からの承認に大きく依存している[33]。なぜなら，他者から価値ある性質を認められることは，自分自身の自己信頼や自己尊重，自己評価にとって不可欠の要素であり，自律的な自己の前提条件だからである。そのため，人間にとって相互承認関係は道徳的な関係として意識され，承認の毀損は「不正義の感覚」として経験される。社会統合の達成は，不正義の感覚を除去し，道徳的な関係を確立することに依存しているのである。

　ホネットは，成員たちに現に歴史的に共有されている承認の規範的期待を「再構成」することによって，承認をめぐる闘争において実現が目指される規範を抽出する。承認の規範的期待は，三つの承認原理という形で定式化される[34]。

(a) ケア原理：親密な関係において，個人的なニーズへの愛情を持った配慮によって，特異なニーズや欲求を持った個体として承認されるべきである。
(b) 平等原理：平等な権利関係において，他の成員と同一の責任能力を持ち，自律的である法人格として承認されるべきである。
(c) 業績原理：相互に評価される関係において，社会のすべての成員の個人的な業績が公正かつ適切に考慮されることで，社会にとって価値のある能力や才能を持った主体として承認されるべきである。

　三つの原理はそれぞれ他者から価値ある性質を認められるべき人格性の側面を表現しており，また近代社会の成員の規範的期待を構成している。人々は特異な存在として，平等な存在として，社会的に意味のある存在と

して承認されるべきであるという規範的期待を抱いている。ホネットは，承認原理を身分制秩序が崩壊した近代社会において歴史的に形成された原理として描く。各人の地位を出自に従って一元的に割り当てる身分制が崩壊した後，人間の相互行為の形式は承認の文脈に応じて三つの領域へと分化するに至った[35]。承認の三原理はそれぞれの文脈を規律する原理として歴史的に確立されたのである。

承認をめぐる闘争は，この承認原理の解釈をめぐる争いである。承認原理は，どのようなケアのあり方・平等な処遇の仕方・業績評価の仕方が正しいかという実質を規定するわけではない。そのため，闘争は既存の承認関係を問い直していく争いとして，あるいはある相互行為の文脈にどの原理が妥当するのかをめぐる争いとして生じてくる[36]。従って社会統合は，承認をめぐる闘争を通じて承認原理が新しく解釈・適用され，各人の人格性が承認される程度に従って拡充していく。承認の期待が相互に満たされることによって，成員は人格の統合性と道徳的な関係性を確立し，社会へと統合されるのである。

成員たちが規範的欠損の状況へとアクセスできるのは，ホネットの承認原理の再構成が承認の毀損という経験に依拠しているからである。承認の毀損が不正であることは「主体の目に認知的にあきらか」である[37]。それは人格の統合性が侵害されている経験であるために，成員は承認関係を改善することの必要性を理解することができる。自らの人格が賭けられているために，承認をめぐる闘争へと動機づけられるのである。

しかしながら，これまでの議論は統合の片側しか論じていない。承認関係の改善をめぐる他者の訴えに対して耳を傾け，応答するための動機づけがさらに問題になるからである。社会統合が達成されるためには，個人の訴えが他人の共感を集めることで社会運動にまで拡張し，その訴えが受け容れられなくてはならない。すなわち，闘争に向かう個人の動機は，他者の承認が毀損されている状況を改善する集団的な目標へと拡張されなくてはならないのである。

(2) 規範的目標としての社会的協働

そこで，ホネットは多様な生を統合する規範的目標をJ.デューイの「社会的協働（gesellschaftliche Kooperation）」という理念によって表現しよう

とする。ホネットは以下のようにデューイを理解する。社会的協働とは、分業関係の中で相互に依存しあっている者たちが、共通の障害や問題を政治的に解決するために協力する営みのことである。デューイにおいて、行為が「公的」になるのはその帰結が直接的な関与者を超えて第三者にまで影響を及ぼし、組織的な制御が必要になるような場合である。ある行為の帰結が適切に認知され、それが公的なものとして制御の必要性が明らかになった時、市民（「公衆」）たちは問題解決を目指して協働するのである。

ホネットによれば、デューイの社会的協働は、分業構造と間接的な影響関係の中にある生の多様性を維持することを可能にする。成員は価値志向について多元的なアソシエーションやコミュニティの内部で多様な生活を営んでいる。だが、その多様性ゆえに集団内の行為が間接的に外部集団に危害を加えることがあり、この間接的な影響関係を制御する必要が生じてくる。この問題解決にあたって、「相互に網目状に結合した公衆たちが社会問題に対しより積極的に、より繊細に反応すれば、国家が皆の一致できる解決策を検討し仕上げてゆくための実験の過程がそれだけ合理的になる」[38]。成員が問題解決の実践に能力に応じて様々な形で参加するほど、多様な見解から解決策が提示され、成員の生活を維持することが可能になる。そうした参加と結びついた協働の営み自体に、デューイは「デモクラシー」の名を宛てているのである[39]。

ホネットは、多様な成員は社会的協働のために共通の目的を追求することが必要であると、デューイが主張していると解釈する。

> 社会成員はあらかじめ、自分たちが協働活動を通じて共通の目的を追求しているのだということを、互いに理解できていなければならない。それは、次の段階で、民主主義的な自治組織の設立を、自分たちが社会的に調整を必要としている問題の政治的な解決のための手段として追体験できるために必要なのである[40]。

解決を必要とする障害が承認をめぐる闘争という状況にあるとすれば、多様な生活様式を持った成員が受容可能な共通の目的とは承認の毀損という不正義を除去することにある。多様な成員の間で共通の目的が認知されたならば、この目的の実現のために努力することになる。従って、社会的

協働の関係にある者たちは，承認の毀損という全ての成員が経験しうる不正義を様々な手段を用いて除去しようと協力する。デモクラシーという政治的実践は，承認の各領域や領域間で生じてきた障害を共同で解決し，各人の平等な自由を保障することを目指すのである。

だがさらに，不正義を除去するという共通の目的に成員がどのように認知的にアクセスできるかを論じる必要がある。そこでホネットは人々に現に共有されたものとして再構成された業績原理の持つ価値評価の領域，すなわち「連帯」の承認関係に着目する[41]。成員は多元的なアソシエーションの内部で仕事や活動を集団に固有の仕方で評価される。だが，そうした仕事や活動は同時に全体社会に対する貢献としても評価されうる。ホネットは，社会的協働に動機づけられるためには多様な成員が社会的な貢献を評価し合うことが必要であると主張する[42]。他者の活動が何らかの仕方で自分の生活の改善に貢献していることを評価することができるならば，相互依存関係にある他者が不正義を被っている状況に共感を寄せることができ，改善が必要な共通の不正義を認知することができる。他者の貢献を承認することで，共通の目的への認知的アクセスが達成されるのである。

「連帯」とは，「それぞれの主体が，集団によって等級づけされることなく，業績や能力の点で自分が社会にとって価値があるという経験をする機会を持つ」ような「対称的」な関係性を意味している[43]。連帯の関係にある者たちは，相互の評価を通じて他者に対する感受性を形成し，承認関係の改善を求める他者の訴えに配慮することができる。価値多元主義の状況下では，社会的な貢献をしている成員であるという最小限の意味での承認が，連帯を形成する上で必要なのである[44]。

5．ホネット対ハーバーマス

前節で見たホネットの社会統合の構想は，彼がハーバーマスを批判する中でその代替案として提示したものである。この批判は主に動機づけをめぐって展開されている。

ホネットのハーバーマス批判は，第一に規範原理に対する認知的アクセスという側面に向けられている。ハーバーマスは討議原理を法制定過程へと適用することで，民主的政治過程を整備する基盤である憲法規範を正当化する。だがホネットによれば，ハーバーマスの討議原理は成員が暗黙の

裡に用いている知（「ノウハウ」）を言語哲学の次元で理論家の視点から再構成したものであって，彼らの日常的な経験のうちに現れ，意識的にコミットしている規範ではない[45]。そして効率性の基準に従って行為調整が行われることがもたらす抑圧や差別の経験は，むしろ承認の毀損の経験として意識されるのであり，その経験を通じて成員は承認の三原理が侵害されているという欠損の状況にアクセスするのである。ハーバーマスが言語構造に内在する規範を再構成することを目指したのに対し，ホネットは不正義の感覚を手掛かりに，人々に潜在的に共有された承認の期待を再構成する。これによって，システムの浸食という欠損が成員の視点に媒介されず，憲法規範を実現することの必要性へとアクセスできないというハーバーマスが抱えた問題を回避できるのである。

　第二に，ホネットはハーバーマスにおける連帯や「共同性」が形成される過程にも批判を寄せている。先に見たように，ハーバーマスにおける連帯は実際に討議に参加し，普遍化可能な共通の利益を議論する中で形成される。これに対し，ホネットはハーバーマスが法制定過程への参加に連帯の形成の場面を限定していることを批判している。連帯の資源は，社会的協働という形で，法制定過程に先立ってコミュニケーションが必要であるという経験がすでになされたところでしか発生できないのである[46]。実際ハーバーマスは，憲法規範の必要性に認知的にアクセスできる機会を考慮していないために，憲法パトリオティズムという政治文化の中で成員が自文化へのコミットメントを憲法規範に対する忠誠へと組み込み，他者に配慮する動機づけを形成する過程を描くことができない。これに対し，ホネットは他者の貢献を評価することを通じて，承認原理を実現し，他者が被った不正義を除去するという共通の目的に対する認知的アクセスを説明できるのである。

　しかしながら，動機づけという点ではホネットに優位が認められるとしても，動機づけとは異なる尺度においてハーバーマスから次のような反論が予想される。つまり，ホネットの社会統合は，連帯の関係の中に人々を十分包摂することができないのではないかという反論である。価値評価の承認関係が市場を通じた業績評価である限り，それは「対称的」な評価というホネット自身のアイデアと矛盾する可能性がある[47]。彼は業績原理を市場経済の領域に浸透する規範として考慮している。だが，市場とはそも

そも競争的な評価をもたらすのであって，必然的に低い労働力を持つ者を劣った存在として表象する。市場による業績評価に基づいて連帯を形成しようとする限り，そこから排除される人々は必然的に生じてしまう。その点で，憲法規範に対する忠誠や，同じ憲法規範の解釈者である平等な市民として認め合うことによって形成されるハーバーマスの言う連帯の方が十分人々を包摂できるのではないか。

　こうした反論を踏まえ，近年のホネットは人々の活動を十分包摂できるような方向へと業績原理を修正している。『自由の権利』では，「協働する共同体の成員として互いに承認しあうこと」という形で全ての者の貢献を評価することが目指され，「連帯原理」とも呼ばれている[48]。市場から排除された人々の不正義の感覚には，こうした規範の侵害が含まれているというわけである。ただし，ホネットが労働とは別の仕方で社会的な貢献を考慮しているかどうかは依然として不透明である。例えば，問題解決というデモクラシーの実践に積極的に参加する市民的活動，ボランティア活動，依存者とケア提供者のネットワーク，NGOの活動等は，労働とは別の仕方で承認の毀損という共通の目的の改善に寄与することができる。連帯の関係に全ての人々を包摂するためには，市場の評価以外の評価軸をも考慮することが必要である。そのためには，多様な成員が問題解決の実践に参加するというホネット自身が支持するデューイの協働の理念が十分反映されるよう，さらなる修正が必要となるであろう。

　しかしながら，社会統合を法的平等の関係に制限するハーバーマスと異なって，社会的協働というホネットの行為調整はより広い問題解決の領域を含んでいる。こうした行為調整という次元において，ホネットからハーバーマスに対して次のような再反論ができるだろう。つまり，ハーバーマスの社会統合は，法によって対処することのできない不正義を被っている人々を統合できないのではないか。例えば，ケア労働の分担をめぐる性別役割分業の問題や同性愛者に対する中傷的発話などは，法によっては十分対処することのできない文化的な起源を持っている。ホネットは，社会統合の政治過程を単に憲法規範の実現の過程に制限することなく，ケアや価値評価といった次元における闘争も政治過程の一部として組み込もうとする。彼の言う社会的協働は，平等という次元に留まらず，憲法規範の実現によっては解決することのない不正義にその都度対処していくようなプラ

グマティックな問題解決の次元を含んでいる。明示的にハーバーマスと距離を置きながら，ホネットはケアや価値評価の領域における問題解決が法的な問題解決と相互補完的になるような社会的協働のあり方を「民主的人倫（demokratische Sittlichkeit）」と言っている[49]。つまり，法はそれ以外の社会領域での問題解決の実践を前提とし，その成果に対して，実定法の支援が必要な事例について，例えば家族法や社会保障制度の改正といった形でその都度対応するのである。「主体なきコミュニケーション」という形で統合の過程を想定するハーバーマスと異なって，ホネットの社会統合は日常的な不正義に対処する人々の実践と法制定過程の結びつきを捉えることができるのである。

6．結論

本稿では，成員たちを統合の規範的目標へと動機づけることのできる社会統合の条件とは，規範的欠損と規範を実現する必要性へのアクセスを日常経験から説明できることであるということを示してきた。従来の動機づけをめぐる議論は普遍性／特殊性という枠組みにおいて議論されており，膠着状態に陥っている。これに対し，本稿は認知的アクセスという条件を導入することによって，普遍的な規範を実現する目標への動機づけを説明する道筋を明らかにした。歴史的文脈の上で憲法規範を実現するという目標を持つハーバーマスの社会統合は，社会システム全体を法によっていかにして制御するのかという問いを重視するあまり，成員たちの認知的アクセスを説明することができない。これに対し，ホネットは承認をめぐる闘争を通じて承認関係へと統合される過程として社会統合を提示する。そこで実現される承認原理は不正義の感覚からアクセス可能なものであり，そして共通の不正義を改善する規範的目標である社会的協働へのアクセスを他者の貢献の承認によって説明することができる。ホネットの理論は社会統合を達成する上で修正が必要な問題を抱えているが，認知的アクセスという動機づけ問題に取り組む上で考慮すべき条件を確立しようとする。この条件の確立は，不正義に満ちた現実社会の中から社会を変革し，成員たちを統合するという目標を考察する政治理論が目指すべき方向性を示していると言えるのである。

※　本稿の執筆にあたって有益なコメントを頂いた匿名の査読者の方々，および査読委員会の先生方に感謝致します。

（1）　こうした問題は，J. ロールズの用語に依拠しながら，完全な遵守を想定する「理想理論」と区別され，部分的な遵守や望ましくない状況に対処する「非理想理論」が扱う問題であるとされている。こうした議論を整理したものとしては，Z. Stemplowska and A. Swift, "Ideal and Nonideal Theory," in D. Estlund (ed.), *Oxford Handbook of Political Philosophy*, 2012, pp.373-389. 例えば，「非理想理論」の立場を取る E. アンダーソンは人種隔離についてのアメリカの現状に対し，経験的研究を踏まえた上で「統合」を解決策として掲げている。E. Anderson, *The Imperative of Integration*, Princeton University Press, 2010.

（2）　D. Miller, *On Nationality*, Oxford University Press, 1995; 白川俊介「分断された社会における社会的連帯の源泉をめぐって――リベラル・ナショナリズム論を手掛かりに」『政治思想研究』第10号，2010年，335－363頁。また，リベラルナショナリズムの立場に依拠するわけではないが，この点からハーバーマスを批判するものとして，C. Calhoun, "Constitutional Patriotism and the Public Sphere: Interests, Identity, and Solidarity in the Integration of Europe," *International Journal of Politics, Culture, and Society* 18 (3), 2005, pp.257-280.

（3）　C. Cronin, "Democracy and Collective Identity: In Defence of Constitutional Patriotism," *European Journal of Philosophy* 11 (1), 2003, pp.1-28; 齋藤純一『政治と複数性』岩波書店，2008年。

（4）　A. Abizadeh, "On the philosophy/rethoric Binaries: Or, is Habermasian discourse motivationally impotent?," *Philosophy and Social Criticism* 33 (4), 2007, pp.445-472.

（5）　R. Geuss, *The Idea of Critical Theory: Habermas and the Frankfurt School*, Cambridge University Press, 1981, pp.76-82. 他にも認知の観点からイデオロギー批判を論じる研究として，R. Jaeggi, "Rethinking Ideology," in B. de Bruin and C. Zurn (eds.), *New Wave in Political Philosophy*, Palgrave MacMillan, 2009, pp.63-86.

（6）　M. Cooke, *Re-Presenting the Good Society*, MIT Press, 2006, p.17, 41.

（7）　ホネットの動機づけと連帯をめぐる議論として，M. Pensky, "Social Solidarity and Intersubjective Recognition: On Axel Honneth's Struggle for Recognition," in D. Petherbridge (ed.), *Axel Honneth: Critical Essays with a reply by Axel Honneth*, Brill, 2011, pp.125-154; 大畠啓「Habermas と Honneth における理論と実践」『社会学評論』第53巻，第3号，365－379頁。前者は

ホネットにおける連帯が普遍/特殊のジレンマに陥っていることを指摘し，後者は具体的な他者に焦点を当てる点にホネットの優位性を見て取っている。

（8） ハーバーマスは，生活世界の内部で行われる「社会的統合（soziale Integration）」と，システム統合を含めた「社会の統合」（Integration der Gesellschaft）を区別している。『事実性と妥当』では，法媒体によって他の機能システムを制御する過程に対して社会的統合という言葉が用いられている。本稿では，こうした語義の使い方から生じる誤解を避けるために，「社会統合」をハーバーマスの言う社会的統合の意味で用いる。ハーバーマスの社会統合の理論の詳細は，以下を参照。田畑真一「社会統合のメディアとしての法—J. ハーバーマスにおける法理解の転換」『政治思想研究』第11号，2011年，371-401頁。

（9） ハーバーマスとホネットは規範を導出する際に「再構成」という方法を用いる。それは，成員たちが意識せずとも実践のうちに「ノウハウ」として定着している直観知を再構成するという方法である。彼らに共通するこの方法を扱った研究として，D. Gaus, "Rational Reconstruction as a Method of Political Theory between Social Critique and Empirical Political Science," *Constellations* 20 (4), 2013, pp.553-570.

（10） J. Habermas, *Moralbewußtsein und kommunikatives Handeln*, Suhrkamp Verlag, 1985, S.100（三島憲一・中野敏男・木前利秋訳『道徳意識とコミュニケーション行為』岩波書店，2000年，144頁）。ここでの討議原理の導出の議論は簡略的なものであり，完全な論証に立ち入ることはできない。この点については以下を参照。日暮雅夫『討議と承認の社会理論—ハーバーマスとホネット』勁草書房，2008年。

（11） ハーバーマスは，「必要な場合には妥当なものとみなした要求を立証するよう努力するとの保証」によってコミュニケーション的行為への動機づけがもたらされると考えていた。Habermas, *Moralbewußtsein*, S.68（98頁）。後年，彼は理由を挙げる話し手の態度だけでは社会統合の目標に成員たちを十分動機づけるほどの力を持たないとして，このことを「弱い動機づけの力」と呼んでいる。J. Habermas, *Faktizität und Geltung*, Suhrkamp Verlag, 1992, S.202（河上倫逸・耳野健二訳『事実性と妥当性』未來社，上巻2002年，下巻2003年，上巻197頁）。

（12） これまでのハーバーマスが動機づけの問題を抱えていたことを指摘する研究として，中野敏男「合理性への問いと意味への問い—ウェーバーとハーバーマス」藤原保信・三島憲一・木前利秋編著『ハーバーマスと現代』新評論社，1987年，208-231頁。

（13） 憲法パトリオティズムを中心に法と倫理の補完の点からハーバーマス

の社会統合を理解する研究として，他に P. Markell, "Making Affect Safe for Democracy?: On 'Constitutional Patriotism'," *Political Theory* 28 (1), 2000, pp.38-63.
(14) Habermas, *Faktizität*, S.217（上巻210頁）．
(15) Habermas, *Moralbewußtsein*, S.190（273頁）．
(16) J. Habermas, *Zwischen Naturalismus und Religion*, Suhrkamp Verlag, 2005, S.111（庄司信他訳『自然主義と宗教の間』法政大学出版局，2014年，125頁）; J. Habermas, *Die Einbeziehung des Anderen*, 1996, S.264（高野昌行訳『他者の受容』法政大学出版局，2004年，257頁）．他にも，ドイツの文脈における一般的な理解から憲法パトリオティズムについて論じたものとして，毛利透『民主政の規範理論―憲法パトリオティズムは可能か』勁草書房，2002年。
(17) Habermas, *Faktizität*, S.513（下巻162頁）．
(18) Ebd., S.632（下巻281頁）．
(19) この点から『事実性と妥当』を検討するものとして H. Baxter, *Habermas: The Discourse Theory of Law and Democracy*, Stanford University Press, 2011.
(20) Habermas, *Faktizität*, S.518（下巻166頁）．
(21) Ebd., S.441（下巻95頁）．
(22) N．フレイザーは，システム／生活世界の二分法が女性の不平等や支配の経験をシステムの問題へと「物象化」し，日常的な生活連関に潜む権力関係を批判する視点を閉ざしてしまうと指摘している。N. Fraser, "What's Critical about Critical Theory?: The Case of Habermas and Gender," *New German Critique* 35, 1985, pp.97-131.
(23) ハーバーマス本人は，視点の媒介という問題に取り組む必要性を自覚している。T．シュタールは，ハーバーマスがこの問題に答えるために「生活世界の物語的概念」という視点を導入したものの，理論家と当事者の視点の媒介に失敗していることを指摘している。T. Stahl, "Habermas and the Project of Immanent Critique," *Constellations* 20 (4), 2013, p.541.
(24) ハーバーマスが権利の機能主義的な正当化を行うことを批判するものとして，R. Forst, *Das Recht auf Rechtfertigung: Elemente einer konstruktivistischen Theorie der Gerechtigkeit*, SuhrkampVerlag, 2007.
(25) J. W. Müller, *Constitutional Patriotism*, Princeton University Press, 2007, p.60; S. Krause, "Desiring Justice: Motivation and Justification in Rawls and Habermas," *Contemporary Political Theory* 4, 2005, p.377f.
(26) Habermas, *Faktizität*, S.365（下巻25頁）．
(27) この点から「主体なきコミュニケーション」を批判するものとして，

D. Munro, "Norms, Motives and Radical Democracy: Habermas and the Problem of Motivation," *The Journal of Political Philosophy* 15 (4), 2007, pp.447-472.
(28)　Abizadeh, op. cit., p.461f.
(29)　J. Habermas, *Erläuterung zur Dikursethik*, Suhrkamp Verlag, 1991, S.52（清水多吉・朝倉輝一訳『討議倫理』法政大学出版局，2005年，55頁）.
(30)　この点を指摘するものとして，F. Michelman, "Morality, Identity, and 'Constitutional Patriotism'," *Ratio Juris* 14 (3), 2001, p.270.
(31)　N. Fraser und A. Honneth, *Umverteilung oder Anerkennung?*, Suhrkamp Verlag, 2003, S.282（加藤泰史監訳『再配分か承認か？』法政大学出版局，2013年，276頁）.
(32)　A. Honneth, *Kampf um Anerkennung*, Suhrkamp Verlag, 1992, S.224（山本啓・直江清隆訳『承認をめぐる闘争増補版』法政大学出版局，2014年，187頁）.
(33)　A. Honneth, "Nachwort: Der Grund der Anerkennung," in *Kampf um Anerkennung: Mit einem neuen Nachwort*, Suhrkamp Verlag, 2003, S.332（「承認の根拠」『承認をめぐる闘争増補版』271頁）.
(34)　Fraser und Honneth, *Umverteilung*, S.162ff（155頁以下）. 以下の定式化は筆者の手によるものである。
(35)　Ebd., S.166（158頁）.
(36)　例えば家族はケア原理のみならず平等原理の対象領域でもあると考えられている。ホネットも言うように「制度的な複合体がただ一つの承認原理だけを具体化したものであることはきわめてまれな事例」なのである。Ebd., S.173（165頁）.
(37)　Honneth, *Kampf*, S.224（187頁）.
(38)　A. Honneth, *Das Andere der Gerechtigkeit*, Surhkamp Verlag, 2000, S.302（加藤泰史他訳『正義の他者』法政大学出版局，2005年，328頁）.
(39)　J. Dewey, "Creative Democracy: The Task Before Us," *The Later Works, 1925-1953*, vol.14: 1939-1941, *Essays*, J. Boydston (ed.), Southern Illinois University Press, 1998, pp.227-228.
(40)　Honneth, *Das Andere*, S.302（328頁）.
(41)　ホネットの「連帯」の承認関係を不正義の改善という文脈において読み取ろうとする議論として，A. Laitinen, "From Recognition to Solidarity: Universal Respect, Mutual Support, and Social Unity," in A. Laitinen and B. A. Pessi (eds.), *Solidarity: Theory and Praxis*, Lexington Books, 2015, pp.126-154.
(42)　Honneth, *Das Andere*, S.306（332頁）.
(43)　Honneth, *Kampf*, S.210（175頁）. ホネットは三つの承認の次元が万人に充足されるべきであるという「高次の平等」を平等原理の持つ低次の平

等の次元から区別している。Fraser und Honneth, *Umverteilung*, S.215f（208頁）.
(44) ここでさらに他者の貢献をどのように認知できるのかという問いが生じる。ホネットは認知的アクセスが遮断された状況（社会的病理）において，社会批判という形で理論家が介入する方向性を示している。この点については，別稿で論じることを予定している。
(45) Honneth, *Das Andere*, S.97f（104頁）.
(46) Ebd., S. 308（334頁）.
(47) こうした指摘を行うものとしては，他に J. Seglow, "Rights, Contribution, Achievement and the World: Some thoughts on Honneth's Recognitive Ideal," *European Journal of Political Theory* 8 (1), 2009, pp.61-75; N. Smith, "Work and Struggle for Recognition," *European Journal of Political Theory* 8 (1), 2009, pp.46-60.
(48) Honneth, *Das Recht der Freiheit*, Suhrkamp Verlag, 2011, S.349, 357.
(49) Ebd., S.615.

防衛政策・自衛隊の正当性の揺らぎ
―― 1970年代前半における国内環境と防衛大綱に至る過程 ――

真田尚剛 *

要旨：本稿は，1976年10月に閣議決定された「防衛計画の大綱」（防衛大綱）に至る過程について，1970年代前半における国内環境に着目し，論じるものである。まず，世論調査の結果と防衛政策関係者の認識の間に乖離があることを明らかにする。次に，世界最大の航空機事故である雫石事故，史上初めての自衛隊違憲判決である長沼裁判，革新勢力の伸長による保革伯仲，各地での反自衛隊事件を受けて，防衛政策関係者が従来にないほどの強い危機感を覚えた点を分析する。最後に，彼らが国内での個別具体的な事案の発生を受け，防衛政策や自衛隊の正当化を図るために，1972年10月の4次防で防衛構想と情勢判断を初めて明示し，1976年10月にはさらに詳しい内容となる防衛大綱を策定するに至った点について解明する。結論として，世論調査ではなく，日本国内での防衛問題に関連する批判的な事案の発生により，防衛政策関係者が防衛政策や自衛隊の正当化を図るべく，国民への説明の必要性を認識し，初めて防衛大綱を策定するに至ったことを立証する。

キーワード：防衛政策，自衛隊，防衛大綱，1970年代前半，国内環境

はじめに

1976年10月29日に閣議決定された「防衛計画の大綱」（防衛大綱）は，「目的及び趣旨」「国際情勢」「防衛の構想」「防衛の態勢」「陸上，海上及び航空自衛隊の体制」「防衛力整備実施上の方針及び留意事項」からなり，防衛力構想である基盤的防衛力構想を初めて打ち出し，防衛力の意義などを説明した。本稿では，防衛力構想などのこれらがなぜ包括的なかたちで防

---

* 立教大学大学院兼任講師　戦後日本の安全保障政策

衛大綱として明示されたのかについて，1970年代前半における防衛庁・自衛隊を取り巻く国内環境に着目し，解明する。

　防衛大綱は，1954年の防衛庁設置法において首相が国防会議に諮問すべき防衛政策上の重要事項として挙げられたものの，20年以上制定されず，4度にわたって固定方式の防衛力整備計画（年次防）が策定された[1]。防衛庁は，その年次防が依拠したとされる所要防衛力構想について，公的見解として国民に提示し，説明したことはなかった。そもそも同構想は，文字通り「必要な防衛力を整備する」考え方と解すべきものであるため，「なぜこのような性質の防衛力をこの程度保持すべきか」という防衛力の意義や役割の根拠となる「防衛力構想」といえない。それゆえ，年次防は防衛力を整備，つまり装備を調達するだけの「買い物計画」と揶揄された[2]。1976年の防衛大綱成立後は，今日に至るまで情勢判断や防衛力構想などが防衛大綱にて明確に示され，それに基づいた防衛力整備が進められている。

　1976年の防衛大綱に至る過程に関して，通説は，デタントや「防衛力の限界」論，久保構想に注目してきた[3]。1972年2月にニクソン（Richard M. Nixon）米国大統領が訪中し，同年5月には米ソ両国が第1次戦略兵器制限条約に調印するなかでデタント気運が盛り上がり，防衛力整備の必要性に疑問が投げかけられた。また，経済大国化した日本がその経済力とともに防衛力を増強させることへの警戒感を背景に，防衛力に限界を設けるべきとする「防衛力の限界」論も巻き起こった。こうした新たな情勢に適合する構想を提案したのが防衛官僚の久保卓也であり，久保構想といわれる彼の考え方は1976年の防衛大綱とその際に採用された基盤的防衛力構想へとつながったとされる。

　先行研究で指摘されるデタントと「防衛力の限界」論は，重要な要因である。しかし，同時期には，世界最大の航空機事故である雫石事故，史上初めての自衛隊違憲判決である長沼裁判，革新自治体での反自衛隊活動という特筆すべき事案が国内で発生した。また，国政及び地方選挙では，防衛問題で否定的立場をとる革新政党が伸長し，保革連立や55年体制崩壊との声も出始めた[4]。これらの出来事は，防衛政策史において類を見ないものであり，しかも1970年代前半に集中的に起こった点を踏まえると，その影響は看過されるべきではない。1976年の防衛大綱において防衛力構想などがまとまったかたちで示されたことを理解するには，デタントと「防衛

力の限界」論のみならず，防衛政策と自衛隊を取り巻く国内環境という側面についても議論する必要があろう。また，これらの事故や事件に関しては，言及する研究も一部にはあるが，分析が及んでいないため，研究の空白と指摘することが出来る[5]。

本稿は，1970年代前半に防衛問題に関連する批判的な事案が多発したことにより，防衛庁長官などの政治家や防衛官僚，自衛隊幹部という防衛政策関係者が危機感をつのらせ，従来不明確だった防衛力構想などを包括的に国民へ示すことで，自らの政策や自衛隊の存在の正当化を試みたとの議論を提示する。以下では，まず，世論調査の結果と当事者の認識の間に乖離があることを指摘する。次に，雫石事故などを受けて，防衛政策関係者がかつてないほどの不安を掻き立てられた点について，明らかにする。最後に，それらの事案に直面した彼らが，防衛政策や自衛隊の正当化を図るために「哲学」や「理念」，「理論」を必要と考え，防衛力構想などを防衛大綱として網羅的に示すに至ったことを解明する。

1．防衛政策関係者の認識と世論調査

1970年代前半，自民党や自衛隊首脳部は防衛政策を進める上で強い危機感を抱いた。1973年度予算編成の過程では，大蔵省や野党のみならず，自民党が世論対策上，自衛官増員に対して苦言を呈したという[6]。中村龍平は，自身が自衛官の頂点である統合幕僚会議議長や陸上幕僚長を務めた当時について，「反自衛隊運動の山場」[7]と振り返る。

同時期に関しては，主に世論調査に基づいて，軍事的事柄や軍事組織への嫌忌の情感を意味する「反軍主義」が台頭したとの指摘がある[8]。だが，世論調査の数値が政策へ与えた影響については不明確である上，調査結果自体からそのような傾向はつかめない。「図1」の通り，1960年代前半から1976年までの間，自衛隊の必要性を認める割合は70％台から80％前半の間で推移していた。この間，自衛隊の存在を否定的に捉える国民は，多くても10人に2人から3人程度であり，大多数とはいえない。国民の平和主義志向については，自衛隊の規模に関する調査の方が重要との指摘もあるが，その観点から世論調査を分析しても読み取ることは難しい[9]。「図2」のように，自衛隊を縮小すべきとする意見は1971年の40％を頂点に下降し，その翌年である1972年には20％となる一方，増強すべきとする意見は28％を

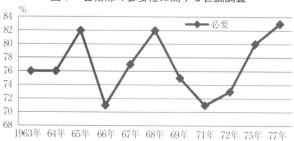

図1　自衛隊の必要性に関する世論調査

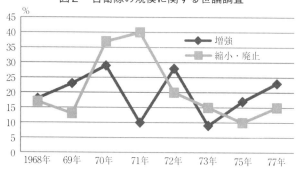

図2　自衛隊の規模に関する世論調査

※　「図1」「図2」の出典は，ともにNHK放送世論調査所編『〈第2版〉図説戦後世論史』（日本放送出版会，1982年）173頁。

記録し，「縮小」と「増強」の値は逆転した。その後も，縮小すべきとする世論は減少し続け，1975年には10％まで下落した。したがって，当該時期の世論調査をもとに，防衛政策を取り巻く環境が当事者の認識へ及ぼした影響を分析することは，困難といわざるを得ない。

　防衛政策に大きな影響を与えるのは，世論調査における値というよりも，その政策に関連する問題の発生であり，1970年代前半は自衛隊に否定的な印象を与える問題が続発した結果，防衛政策関係者は強い危機感を覚えたと考えられる。統合幕僚会議議長の衣笠駿雄は，1972年10月の講演において，各種の世論調査の結果，自衛隊の必要性を認める傾向が定着しつつある一方，「最近における現象には，いろいろな問題があることは，遺憾」とし，「防衛の諸問題に関しては〔…〕独自の理論が樹立されなければなら」

ず、「表面上の、その場当りの論議に止まらないようにしなければ〔…〕問題は解決されない」と述べ、防衛政策における国民的合意の形成のために「理論」が必要と強調した[10]。このように重要なのは世論調査の数値よりも特定の事案といえる。

2. 自衛隊の存在への疑義

(1) 雫石事故の衝撃

1971年7月30日、岩手県雫石町上空において航空自衛隊の戦闘機と全日空の旅客機が空中で接触し、双方が墜落した。この雫石事故では、自衛隊機側の操縦士がパラシュート脱出に成功して生還する一方、全日空機の乗客乗員162名は全員死亡という対照的な結果になった。その犠牲者数は当時の航空機事故としては世界最大であり、佐藤栄作首相の首席秘書官だった楠田實は同年7月のニクソン訪中発表と8月のドル政策変更という2つのニクソン・ショックよりも衝撃的だったとさえ語る[11]。政府関係者は、過去に例がない大惨事に驚愕した。

のちの事故調査報告書や裁判において過失割合は自衛隊側が大と認定されたが、事故原因やその責任が明らかになる前から自衛隊への風当たりは強かった[12]。その背景には、防衛問題で批判的傾向を示すマスコミの報道もあった[13]。事故発生翌日の3大全国紙には、「自衛隊機の"無法地帯"」「弁解の余地ない防衛庁」「自衛隊機に衝突された全日空機惨事」との見出しが躍った。一方、社説は、「空中衝突はなぜ起こったのか」「航空機事故防止に万全の対策を」「何が空の大惨事を招いたか」との主題を掲げ、比較的冷静な論調であった[14]。その理由は新聞社の責任ある主張という社説の性格を反映したためと考えられるが、読者に対して強い印象を与えるのは真相究明や再発防止を求める社説よりも「許せぬ"自衛隊機殺人"」[15]という見出しの方であろう。

航空自衛隊の正史といえる『航空自衛隊五十年史』は「多くの報道機関は、連日、『空自機が民間旅客機に衝突』『自衛隊機の無謀飛行』などと報じ、自衛隊に対して批判的な姿勢であった」とし、航空幕僚長を引責辞任した上田泰弘は後年、「マスコミは一斉に自衛隊攻撃を痛烈に始め」たと述懐する[16]。首相の佐藤は、日記に「最も恐れる処は自衛隊の士気の沮喪。

原因の調査もすまぬに新聞論調がすべて自衛隊攻撃。これでは相当参る」と記し、自衛隊の士気向上を目的に開かれた自衛隊高級幹部会同でも「自衛隊機が訓練にあたり民間航空機を標的としているなどのいわれのない批判まで受けたことは極めて遺憾」と訓示し、不満をあらわにした17。「『雫石事件』以来、何となく、社会の一般の風潮というのが、自衛隊に対する反自衛隊的な感情が非常に拡大をしていた」18と当時の陸上幕僚長である中村龍平が回想するように、佐藤らは、同事故を発端とする自衛隊批判の時勢を感じるとともに、マスコミの論調に苦悩した。

雫石事故の影響によって、航空自衛隊の訓練空域が制限されるなどしたが、注目すべきは自衛隊無用論の台頭とそれへの対応である。同事故の責任を取って辞任した増原恵吉に代わり、防衛庁長官に就任した西村直己は、「緊張緩和をし、国内に平和運動の動きがあると、自衛隊などいらないじゃないかという、素朴な流れが起こりやすい。一番いい例が全日空機の飛行機とぶつかった時」と雫石事故を真っ先に挙げ、自衛隊無用論が沸き起こった理由は自衛隊側の努力不足のためと語った19。防衛政務次官の野呂恭一は、雫石事故以降、「世論は自衛隊に対し、極めて厳しいものがありますが、しかし、世論との断絶の中に防衛はあり得ない」ため、「私共は、全力を傾けて、自衛隊に対する正しい理解と、新たなる協力を、国民的広場の中に求め」るべきと述べた20。自衛隊の存在に疑義が持たれたため、彼らは国民の理解を得る方策について強く意識するようになった。

(2) 長沼違憲判決

防衛問題において常に論議を呼ぶのが憲法と自衛隊の関係である。戦後日本の軍事組織を巡っては、恵庭事件のように、数多くの訴訟が提起されてきた。それらの判決で自衛隊が違憲であるとは認められなかったが、裁判において争われている限り、自衛隊反対の政治的合意が形成される可能性はあり、少なくとも自衛隊の正当性は疑わしい状態にしておける21。それに加え、自衛隊に否定的な日本のマスコミは、自衛隊と憲法の関係性を問う裁判が繰り返されている点を喧伝する一方、違憲訴訟が退けられた場合は報道としての価値が薄いこともあり、小さく扱う。つまり、政治的意味において重要な点は、訴訟の結果よりも、法的な論争が未解決ということによって、自衛隊の規範的基礎が争いの的になっているとの印象を国民

へ与え続けていることである[22]。政府関係者も，この点について，忌むべき状況であり，自衛隊の発展や国民の支持獲得，防衛政策の推進において大きな障害と考えていた[23]。

それゆえ，司法の場で史上初めて自衛隊が違憲であるとの判断が下された1973年9月7日の長沼判決に，彼らは強い危惧を抱いた。判決当日，「自衛隊の運営や防衛力整備の方針に変更を加えるつもりは毛頭ない」との内閣官房長官談話が発表され，防衛庁長官の山中貞則は，判決確定までの間に外部からの批判や攻撃が多くなると予想されるが，動ずることなく任務に精励すべしと全国の隊員へ訓示をした[24]。自民党は，同判決に反対する基本的見解をまとめ，全国の主要都市で「時局大演説会」を開催し，強く反発した[25]。

自民党と防衛庁幹部は，法的問題よりも政治的反響の方を憂いた。自民党内部の大勢は，最高裁判所では合憲判断が下されると予想したが，長沼判決によって野党が勢いづき，膠着状態だった防衛庁設置法と自衛隊法という防衛二法改正の国会審議に悪影響があること，自衛隊の士気に響くことを恐れた[26]。元防衛事務次官で自民党衆議院議員の加藤陽三は，「長沼裁判で判決が出ましたから，おそらくまた憲法問題として自衛隊が取り上げられますね。たびたびの世論調査でも国民の大多数は自衛隊の存在を認めております」[27]と語り，1つの事案が防衛政策や自衛隊へ与える影響について憂慮した。防衛庁防衛局長の久保卓也も，判決内容について最高裁判所で覆ると考えており，「批判するにも値しない」と断じる一方，「問題は，これから国会でどういうふうに論議され，マスコミでどういう書き方をされ，それが自治体，市民団体などでどういう反応を受けるか，ということ」と述べた[28]。彼らは，国会やマスコミ，自治体への影響を懸念したのである。

雫石事故と長沼違憲判決は，航空機事故と司法判断という同列に論じられる性質のものではないが，防衛政策上，2つの共通点を指摘出来る。第1に，いずれも自衛隊の存在を根本から問うものであった。前者の事故は，「国民の生命と財産を守る」ことを目的とする自衛隊が逆に多数の犠牲者を出す事故の主因となったと国民に理解される恐れを，防衛政策関係者に抱かせた。後者の判決は，自衛隊を最高法規である憲法が禁じる「戦力」に該当するとし，それまでも不安定であったその法的基盤に打撃を加えた

上，社会における自衛隊の印象を悪くさせる可能性があった。第2に，ともに未曾有の出来事だった。自衛隊の歴史上，単純に死者数のみで比べると，雫石事故は桁違いの惨事といえる。自衛隊とその活動は，憲法との関係から現在も訴訟対象となっているが，1973年9月の長沼判決は明確に違憲判断を下して政府側敗訴を言い渡した点で極めて異例である。これらに直面した防衛政策関係者は，自衛隊をいかに正当化するかに腐心する。だが，彼らを苦境に陥らせた背景には，自衛隊の存在に否定的な革新勢力の躍進という政治状況もあった。

3．革新陣営の伸長

(1) 保革伯仲の時代

　1967年4月の統一地方選挙以降，革新派は徐々に力を増していた[29]。同選挙では東京都知事選において美濃部亮吉が当選し，全国の革新知事は4名となる。その4年後の1971年に実施された統一地方選挙では自民党推薦の秦野章に160万票の大差をつけて美濃部が再選した上，大阪府知事には社会党と共産党の統一推薦を受けた黒田了一が当選し，最盛期に革新知事の数は10名に達した。市町村レベルにおいても革新勢力は伸長し，全国革新市長会に加盟する市長は100名を優に超えた。革新自治体は，全国革新市長会発足時の1960年代中頃はまだ北海道や東北，関東の地域に偏っていたが，1970年代に入ると3大都市圏における多数の自治体が革新陣営の手に帰すことになり，全国的な広がりをみせたのである。

　1970年代前半は，地方選挙とともに国政選挙でも，革新政党が躍進する傾向にあった[30]。1972年12月の総選挙では，自民党の議席数が297から283へと減る一方，社会党は87議席から118議席，共産党は選挙前の議席を3倍近く増やして39議席という結党以来最高の成績を収めた。1974年7月の参議院選挙においても自民党は振るわず，議席は追加公認も含めて参議院の半数を数議席上回る結果であった。一方，共産党は北海道選挙区と大阪府選挙区で初めて議席を獲得した。

　だが，前述の世論調査の通り，国民は防衛問題において否定的感情を強めていたわけではない。自民党の不振と革新政党の躍進は，当時問題視されていた国民生活や公害問題を要因としていた。多くの有権者は，高度経

済成長にともなうひずみに対して積極的に取り組もうとする革新陣営を支持したのである。敗北した自民党自身、1971年の地方選における「革新の進出の原因は物価問題や過密過疎、公害・環境・福祉など高度成長に伴う各種のひずみの顕在化と、それをすべて政府の対応の遅れとして攻撃し、無党派層を巻き込んだ革新の戦術の成功」とし、1972年の総選挙の敗因に関しても経済情勢や政治不信層の増加と総括している[31]。

しかし、選挙の勝敗要因にかかわらず、その結果は革新勢力の躍進であり、防衛政策や自衛隊に対して特に批判的な政党が伸びた。防衛官僚のなかには保革伯仲の時代に突入したと捉える者もおり、彼らは与党内の軍縮論の高まりを受け、従来通りの防衛政策の推進が困難になると考えた[32]。

(2) 各地における反自衛隊活動

革新自治体では、自治体が反自衛隊活動の主体となり、自衛隊関係者の人権を脅かす事態まで起こった。自衛隊の沖縄配備や立川移駐の際には、防衛庁・自衛隊と地方自治体の間で住民登録を巡る問題が発生した。沖縄返還にともなう自衛隊配備時、那覇市などは自衛官の住民登録やゴミ処理を拒否し、沖縄県知事の屋良朝苗は自衛隊員の国民体育大会参加辞退も打診した[33]。東京都の立川市は、1973年1月、日本へ返還予定の在日米軍基地の引き継ぎに合わせて移駐してきた自衛官の住民登録を拒んだ[34]。住民登録がなされない結果、自衛官本人による選挙権行使や印鑑証明取得などは阻害され、その子供は学令簿に登録されず、小中学校へ正式な入学も出来なかった。

これらの問題に関して、防衛白書は「偏見によるものであり、ごく一部の人々の行動ではあるが、隊員の基本的人権の侵害につながる」[35]と指摘した。同白書が「ごく一部の人々の行動」と記述する通り、那覇市長の平良良松と立川市長の阿部行蔵は全国革新市長会の軍事基地対策委員会で正副委員長をそれぞれ務めており、首長の政治信条が反映したためとも指摘出来る。また、全日本自治団体労働組合（自治労）や教職員組合が主導した面もある。だが、民間人や民間団体による抗議行動とは異なり、地方自治体における自衛官の基本的人権の侵害は極めて異例だった。しかも、その矛先は、組織である防衛庁・自衛隊のみならず、自衛官やその家族という個人にも向けられており、深刻な事態といえた[36]。

1970年代前半には，自衛官の生命にかかわる事件があり，沈静化したと思われていた問題も再燃した。1971年8月21日，陸上自衛隊朝霞駐屯地において歩哨任務中の自衛官が過激派に刺殺された。この事件を引き合いに，防衛庁長官の西村直己は「今後，沖縄返還問題等に関連して，極左勢力による基地侵入破壊工作が活発化することが予想される」と指摘し，当時，陸上幕僚長だった中村龍平は特に心痛した出来事として同事件を挙げ，自衛隊全体に深刻な心理的影響を及ぼしたと述懐する[37]。自衛官への大学入学拒否問題では，大学所在地の法務省地方法務局へ人権侵犯問題として申告する事例があった[38]。1972年4月には，5名の制服姿の自衛官が，自衛隊の沖縄配備中止などを求める防衛庁長官宛ての要望書を防衛庁前で読み上げた。1人の自衛官が勤務地である新潟県の隊舎内で反戦ビラを掲示した1969年の反戦自衛官問題と比べると，1972年の時は人数も場所も制服姿である点も異なっており，マスコミは大きな関心を寄せた[39]。

これらは，いずれも一部でのこととも言えるが，防衛庁や自衛隊の首脳部，自民党に一般社会と自衛隊の関係が不正常だと思わせるには十分な事件だった上，「波状攻撃」[40]のように相次いで起こった。同時期に統合幕僚会議議長や陸上幕僚長を務めた中村は，雫石事故，朝霞駐屯地での自衛官刺殺事件，反戦自衛官事件，マスコミの反自衛隊的報道などを挙げ，防衛庁と自衛隊にとって苦難が連続した時代と回想する[41]。再軍備当時から防衛政策に参画した自民党安全保障調査会副会長の加藤陽三は，次のように語った。

> だんだん自衛隊が根を張ってきたから，私の防衛庁の終わりの時分〔1960年代前半〕はだいぶ風当りが軟かくなってきた。ところが今は昔とちがって防衛問題は確かに国民的〔ママ〕の問題となったが，それと並行して政治的には予備隊が出来たときほどでないにしても，それに似た強い政治的攻撃が自衛隊に加わっている[42]

初代警察予備隊本部長官を務めた防衛庁長官の増原惠吉も，再軍備以来の防衛問題を巡るイデオロギー的対立は決着がついたと考えていたが，1970年代前半の事案を受けて，「非武装中立論といったものが復活をみせ始めた」と断言した[43]。1950年の再軍備時から防衛政策に深く関与してき

た加藤と増原は，自衛隊史上，最大の危局に突入したと考えたのである。
　防衛庁・自衛隊の内部からは，従来の姿勢を改め，能動的な対応を求める意見が出始める。自衛隊高級幹部会同において，海上自衛隊の将官は，雫石事故以降のマスコミでの論調や反戦自衛官問題などが自衛隊へ与える影響について報告した。首相や防衛庁長官が居並ぶなかで彼は，防衛問題についての国民的合意が不在である上，マスコミによる報道をみると，世論を無用に刺激しない慎重な配慮は理解出来ないことではないが，自衛官のみならずその家族までもが押し潰されそうな思いでありながらも任務に就き，耐えている現状を察して欲しいと懇願した[44]。防衛事務次官の島田豊は，雫石事故などを踏まえ，「防衛庁全体が厳しい環境に置かれてきている」なかで「防衛庁，自衛隊はとかくの批判を受けていますので，それらの批判にこたえる体制をどういうようにつくっていくかがさしあたりの問題」であると語った[45]。自らの存在自体が問われた以上，たんに平身するだけでは状況を好転させることは難しく，彼らは防衛政策と自衛隊の正当化が不可欠と考えた。
　その際に追求されたのは，防衛力の意義や役割を国民に理解させる説明だった。防衛庁長官の西村直己は「自衛隊というものが20年たっている今日，国会になお定着をしない部分があるとするならば，われわれは自衛の哲学〔…〕をもっと掘り下げて，それを国民に訴えて，国民の中で育っていくような自衛隊」[46]にすべきと唱えた。自民党安全保障調査会による1973年7月の報告書「わが国の安全保障政策」は，世論調査における多数の支持にもかかわらず，批判や意見の分裂があると指摘し，その克服のためには「総合的かつ具体的な安全保障政策を確立し，あらゆる機会を通じて説得し，安全保障問題や自衛隊について国民の理解を深めることが適切な方策」とした[47]。「自衛の哲学」，すなわち防衛力構想を有する「総合的かつ具体的な安全保障政策」の必要性は，防衛政策関係者の共通認識となり始めた。

4．防衛政策の正当化の試み

(1)　「情勢判断及び防衛構想」と防衛力構想

　防衛庁が政策面で対応をみせたのは，まず，1972年に閣議決定された4

次防(対象期間:1972年度～1976年度)においてである。4次防は、防衛力整備の内容や所要経費の面で特徴的な点はほとんどないが、初めて防衛力整備計画の前提条件である情勢判断と防衛構想を示した。「第4次防衛力整備5か年計画の策定に際しての情勢判断及び防衛の構想」(「情勢判断及び防衛構想」)では、まず、「緊張緩和傾向も見受けられる」とする一方、「地域的ないし期間的に限定された武力紛争の生起する可能性を否定することはできない」との情勢判断が示された。防衛構想は、「核の脅威に対しては、米国の核抑止力に依存するものとする。万一、侵略が発生した場合には、間接侵略および小規模の直接侵略に対してはわが国が独力で、それ以上の規模の武力侵略に対しては米国の協力を得て、これを排除することとする」と説明された。

それまでの2次防や3次防では、情勢判断と防衛構想が策定されるも、防衛論議が紛糾するという懸念から、外部に対しては公表されなかった[48]。政府は、長年、世論や野党からの批判を避けたいとの思惑から、攻撃材料となり得る公的見解や政策文書は可能な限り提示しないという消極的態度をとり続けていた。また、防衛庁防衛局の計画官として3次防策定を主導した玉木清司は、「防衛構想を国民に語るというならば、それは広報系統の話」であり、防衛庁としてはあくまでも防衛力整備が最優先だったと語る[49]。国民への防衛構想などの説明が広報担当者の役割としか考えられなかったのは、国民的理解を求める必要性をあまり認識しなかったためといえる。

しかし、防衛庁は国民の防衛政策への理解を得るために従来の姿勢を転換し、非公表だったそれらを4次防で明示した。防衛庁長官の増原恵吉は、4次防成立後の講演にて、これまでの計画が装備調達計画に過ぎないとの指摘があったため、非公開だった情勢判断などを示したと述べた[50]。防衛庁防衛局長の久保卓也も、その公表について、防衛政策への国民の理解を深めるという意味で評価されて良いと力説した[51]。彼らは、防衛政策や自衛隊に対する批判的な声が顕著になったことを踏まえ、4次防ではこれらをむしろ公表し、国民の支持を獲得したいと考えたのである[52]。

だが、「情勢判断及び防衛構想」が明示されたとはいえ、4次防は、従来の年次防と形式や名称の点ではほぼ同じであり、防衛力の意義や役割を説明する防衛力構想については正面から唱えなかった。防衛力構想の提示は、

非公表のものを開示するのとは異なり，容易な作業ではなかったのである。そこで恰好の材料を提供したのが，「理論家」で鳴らす久保だった。

　久保は，防衛局第一課長を務めた1960年代初頭から従来の５か年固定方式による整備計画からの転換を考えており，国防会議事務局参事官（1965年11月〜1968年５月）の時には，当時策定中だった３次防で検討すべき事項について総合的視野から質問書を提出し，彼の問題提起を主題とする国防会議参事官会議が開かれ，国防の将来的展望や骨幹的兵力の内容について話し合われた53。だが，このような久保の考え方や行動は，防衛政策関係者の関心を呼び起こすことはなかった54。

　しかし，1970年代前半の防衛政策や自衛隊を取り巻く国内環境は，防衛力の意義や役割を明確にする防衛力構想の必要性を防衛政策関係者に認識させ，久保の言説に改めて光が当たることになった。久保は，防衛政策を推進する上で厳しい時期に防衛事務次官に就任したことを「まさに男みょうりに尽きる」と語り，「このようなむずかしい条件の揃っている中で，〔防衛政策を〕どのように持っていこうかと考えていると結構楽しい」と述べた55。長い間，防衛政策を根本的に見直して国民的合意を形成すべきと考えていた彼は，むしろ厳しい環境を奇貨とし，自らの積年の構想を実現すべく，力を注いだ。

　久保は，1974年の論文「我が国の防衛構想と防衛力整備の考え方」の冒頭部分で「従来の防衛力整備計画においては，防衛力の数量的なものが先行し勝ちになり，現実的かつ具体的な防衛構想との関連が不明瞭であった嫌いがある。本来，我が国安全保障政策があり，防衛構想があり，それを受けて防衛力の規模，内容が論ぜられねばならない〔…〕国民の多くの人に受け容れられ易い防衛論，防衛構想について練っておく必要があろう」56と指摘した。彼は，「買い物計画」と揶揄されることもあった年次防を批判し，防衛力構想の確立に重点を置いていた。同論文では，国内外の情勢と防衛力の意義や役割が連関されて論じられ，１つの防衛力構想としては論理的で説得力に富むものだった。

　久保自身は同論文の作成直後に防衛施設庁長官へと異動になったが，彼が論じた防衛力の意義や役割を説く構想は，ポスト４次防（のちの防衛大綱）を策定する上で欠かせないものになる。３月13日の防衛庁参事官会議では，久保が「量的にどの程度整備するかという問題以前に，なぜ防衛力

が必要なのか、なぜこれだけの規模が必要なのか、防衛構想をどうするかなど、一種の"防衛哲学"を事務的に固めておくべき」と提言し、基本構想の検討を防衛庁内で開始することが決まった57。そして、「防衛哲学」の必要性は、防衛大綱決定時の防衛庁長官である坂田道太も不可欠と考えていた。

(2) 防衛大綱の成立

1974年12月、三木武夫政権が誕生し、防衛庁長官には坂田が就任した。首相の三木は、「憲法、自衛隊、日米安保などの国論分裂があるのは遺憾」であり、「国防について、与野党の基本的認識と基本態度とが、現在の日本のよにう根本的対立を見せていては、政権交代による日本の基本政策の継続性は保証され」ないと語り、この考えを共有する坂田に防衛政策を一任した58。坂田は、防衛問題における国民的合意の未形成の理由として長沼違憲判決を挙げ、また保革伯仲という政治状況に鑑みて野党も受け入れ可能な防衛力整備計画が必要と認識していた59。

坂田に大きな影響を与えたと考えられるのは、「防衛を考える会」での議論である60。坂田の肝いりで設置された同会では、参加者から長沼違憲判決や地方自治体での反自衛隊活動、自衛官への大学入学拒否問題に対して懸念の声が出た。1975年9月に提出された同会の報告書は、「国民の一部に自衛隊員に対して差別待遇をする動きがある。自衛隊員であるため大学への入学が妨げられ、住民登録が拒否されるような事態は、憲法が保障する基本的人権を犯す」と指摘し、また「与野党の勢力の差が、今までになく小さくなっている政治情勢の中で、防衛政策が『水と油』のように違っている状態」に危惧の念を示した61。

坂田は「国防または広く安全保障政策の中核となるべき理念や理論、フイロソフイの必要性など〔を〕痛感」しており、その点、久保構想は好適な「理論」だった62。同構想に関しては、坂田のみならず、ポスト4次防策定を実際に担う事務レベルも注目した。防衛課作成による1974年12月の文書は、「KB論文〔論文「我が国の防衛構想と防衛力整備の考え方」〕の基本的認識ないし問題意識＝わが国の防衛力の意義、役割を国民がより受容しやすい形で提示し、それに合致し、かつ、軍事的にも意味ある防衛力を整備したいとしていると理解して＝には、個人的には勿論、何人も異

論はあるまい」とし，「この論文の提示するような防衛力の意義，役割と所要防衛力から接近した防衛力との接合点を見出すための研究を行う」との作業方針を示した63。つまり，防衛課は久保による「防衛力の意義，役割」の部分を受け継ぐべきとしたわけである。

ポスト4次防の形式についても，防衛力整備に関する事項を従来よりも詳細に示すものが志向され始めた。防衛庁内部では，「情勢判断及び防衛構想」を含めた4次防でさえ「防衛力の整備に係る以外の内容についてはかなり抽象的」であるため，「防衛力や防衛政策そのものに対する誤解を生む〔…〕事態を防止するとともに防衛力整備に対する国民の正しい理解をうるため〔…〕長期防衛力整備計画の策定時においては」，情勢判断と防衛戦略，目標防衛力などを含む「計画の策定主旨を国民に解説し，報告する目的の文書を政府は作成すべき」との問題提起があった64。ポスト4次防の初期案といえる1975年2月の防衛庁防衛局防衛課長からの「依頼」や4月の防衛事務次官による「通達」に添付された試案「防衛力整備の基本方針」は，「国防の基本」「情勢判断」「防衛力を保持する意義」「防衛の構想」「常備すべき防衛力の体制」から構成され，装備調達内容や所要経費を個別に明示するだけの年次防とは異なった65。策定作業の初期段階から，防衛庁内部では防衛力の意義や防衛力整備の前提条件などを国民に対して示すことが検討された上，それは「通達」などによって公式化されており，従来の年次防の形式とは一線を画していた。この段階ではまだ「5次防」が念頭に置かれていたものの，実質的には防衛大綱のかたちに限りなく近づいていたといえる。

7月，防衛事務次官に就いた久保は，その就任の挨拶にて「古くから庁内におりまして感じますことは，理論が足りない〔…〕これをもっと増やしてまいりたい」とし，「いみじくもポスト4次防という言葉が使われておりますように，5次防，6次防でなくて，ポスト4次防である，そそういう性格づけがまさにされるべき」と述べた66。9月に防衛課長に着任した西廣整輝は，年次防という事業計画よりも防衛理念の明確化が重要であり，あるべき自衛隊の体制や態勢を国民に示すべきとし，防衛課は彼の指示で防衛大綱の策定へと舵を切った67。防衛力構想を含めて包括的に防衛力整備の在り方を提示すべきとの考えは，事実上，防衛庁内で固まった。

1976年10月29日，初となる防衛大綱が閣議決定された。防衛課作成の文

書によれば，同大綱は「過去の整備計画策定時の国会論議，新聞論調等からみて，従来のような事業計画，いわゆる"買い物計画"主体のものではなく，防衛力整備の基本的な考え方，防衛力の役割，整備すべき防衛力の最終的目標等を，ある程度明らかにできるものでなければならないと考え」られ，「防衛庁は，このような要請に応えるため，昨年の〔第2次〕長官指示において"基盤的防衛力"の構想を打ち出し」たのである[68]。

結び

　従来，1976年の防衛大綱に至る過程に関しては，デタントと「防衛力の限界」論が注目される一方，同時期に国内で発生した未曾有の事故や事件については見逃されてきた。本稿では，同大綱が防衛力整備の前提条件や防衛力構想などを包括的に明示した点に関して，1970年代前半における防衛庁・自衛隊を取り巻く国内環境の観点から，論じた。

　1970年代前半には，雫石事故や長沼違憲判決という前例のない難事が起こり，革新勢力の拡大にともない反自衛隊活動も盛んになった。防衛問題に関する否定的な出来事が立て続けに発生した結果，加藤陽三や増原恵吉が語った通り，防衛政策関係者は戦後防衛政策史における一大難局と考えるに至った。彼らは，防衛政策と自衛隊の正当性の揺らぎへの対応として，防衛力構想を防衛力整備の前提条件とともに国民へ示すべきとの認識を共有し始めた。防衛庁は，それらを提示しないことによって防衛論争の紛糾を避ける，あるいは説明自体が不要というかつての考えを改め，積極的姿勢へと転換した。

　このような逆境において，大きな役割を果たしたのが「理論家」である久保卓也と彼の構想である。久保は，年次防の在り方に対して遅くとも1960年代から問題意識を有していたものの，1970年代に入るまで周囲からの共感は得られなかった。だが，防衛力構想明示の声が高まったことにより，久保構想は日の目を見る。彼の構想については，防衛庁長官の坂田道太や防衛庁防衛局防衛課も，それが防衛力の意義や役割を国民に示すことを重視している点で評価した。1975年9月に防衛課長に着任した西廣整輝もこの評価を共有しており，彼らの主導によってポスト4次防策定の方針は，年次防ではなく，防衛力構想などを網羅する防衛大綱へと転換された。

　防衛大綱は今日まで4度策定され，その間，防衛力の整備目標は上下し，

防衛力構想は基盤的防衛力から動的防衛力，統合機動防衛力へと変更された。だが，防衛力構想などを含む防衛大綱，換言すると情勢判断や防衛力の意義などを包括的に示した上での防衛力整備という防衛政策の形態は，現在まで一貫しており，1976年の防衛大綱によって成立したといえる。

（1） 同法第42条。「防衛庁設置法」（1954年6月9日）大嶽秀夫編解説『戦後日本防衛問題資料集〈第3巻〉自衛隊の創設』（三一書房，1993年）587頁。本稿では年次防をそれぞれ1次防などと略記する。また，その年次防や1976年の防衛大綱の引用は，朝雲新聞社編集局編著『平成23年度版　防衛ハンドブック』（朝雲新聞社，2011年）からとする。
（2） 内田一臣「内田一臣回想録」（1983年3月25日）『自衛力の確立2（3/3）』（国立公文書館，防衛庁史資料，排架番号4A-35-1985）54頁〔以下，国立公文書館所蔵の防衛庁史資料に関しては排架番号のみを表記〕。内田は，1969年7月から1972年3月まで海上幕僚長を務めた。
（3） 廣瀬克哉『官僚と軍人──文民統制の限界』（岩波書店，1989年）144-162頁，田中明彦『安全保障──戦後50年の模索』（読売新聞社，1997年）237-238，244-250，256-260頁，佐道明広『戦後日本の防衛と政治』（吉川弘文館，2003年）260-271頁，武田悠「日本の防衛政策における『自主』の論理──『防衛計画の大綱』策定を中心に」筑波大学『国際政治経済学研究』第17号（2006年3月）。久保は，1970年代前半に防衛庁防衛局長と防衛施設庁長官を務め，1975年7月から1976年7月まで防衛事務次官だった。尚，大綱策定の一因といえるオイル・ショックは，主に固定計画方式の瓦解や防衛力整備目標の引き下げに影響を与えたと考えられる。
（4） 中村隆英『昭和史』下（東洋経済新報社，2012年）774頁。『年報政治学1977』は，「55年体制の形成と崩壊──続　現代日本の政治過程」との特集を組んだ。
（5） 田中『安全保障』237頁，吉田真吾『日米同盟の制度化──発展と深化の歴史過程』（名古屋大学出版会，2012年）194頁。
（6） C.O.E.オーラル・政策研究プロジェクト『小田村四郎（元行政管理事務次官・元拓殖大学総長）オーラルヒストリー』（政策研究大学院大学，2004年）246頁。
（7） 防衛省防衛研究所戦史部編『中村龍平オーラル・ヒストリー──元統合幕僚会議議長』（防衛省防衛研究所，2008年）301頁〔以下，『中村OH』と略記〕。中村は，1971年7月から1973年1月まで陸上幕僚長，その後，1974年6月まで統合幕僚会議議長を務めた。
（8） Thomas U. Berger, *Culture of Antimilitarism: National Security in Ger-*

many and Japan (Baltimore, Md: Johns Hopkins University Press, 1998), pp.110-123；吉田『日米同盟の制度化』193－196頁。
（9）　宮下は，脅威認識のレベルが日本人の平和主義志向へ与える影響について，自衛隊の規模に関する世論調査が重要と指摘する。宮下明聡「コンストラクティヴィズムと戦後日本の平和主義」東京国際大学『国際関係学研究』第24号（2011年2月）30－31頁。
（10）　衣笠駿雄「わが国防衛の現況」『広報アンテナ』第147号（1972年10月）8－10頁。衣笠は，1971年7月から1973年1月まで統合幕僚会議議長を務めた。
（11）　楠田實『首席秘書官――佐藤総理との10年間』（文藝春秋，1975年）171頁。
（12）　植村秀樹『自衛隊は誰のものか』（講談社現代新書，2002年）128頁。
（13）　このような気質については，Daniel I. Okimoto, "Ideas, Intellectuals, and Institutions: National Security and the Question of Nuclear Armament in Japan." 2 vols. (Ph.D. dissertation, University of Michigan, 1978) p.466；ピーター・J・カッツェンスタイン（有賀誠訳）『文化と国防――戦後日本の警察と軍隊』（日本経済評論社，2007年）152頁を参照。
（14）　『朝日新聞』1971年7月31日，『毎日新聞』1971年7月31日，『読売新聞』1971年7月31日。
（15）　『毎日新聞』1971年7月31日夕刊。
（16）　航空自衛隊五十年史編さん委員会編『航空自衛隊五十年史――美しき大空とともに』本編（防衛庁航空幕僚監部，2006年）301頁〔以下，『空自五十年史』と略記〕。上田泰弘「上田泰弘元空幕長回想証言執筆原稿」（1983年10月28日）『創建関係資料1（2/2）』（排架番号4A-35-2075）68頁。
（17）　佐藤榮作（伊藤隆監修）『佐藤榮作日記』第4巻（朝日新聞社，1997年），1971年8月2日の項，389頁，1971年9月9日の項，418頁，佐藤榮作「厳正な規律のもとに一層訓練に精励せよ」『広報アンテナ』第134号（1971年9月）3頁。
（18）　『中村OH』301頁。
（19）　西村直己『月曜会レポート　わが国の防衛について』第557号（1971年10月25日）11頁，西村直己・香原勝文〔対談〕「自衛隊の体質と自衛哲学」『軍事研究』第6巻第11号（1971年11月）191頁。
（20）　野呂恭一「国民的広場こそ自衛隊の母体である」『広報アンテナ』第134号（1971年9月）7頁。
（21）　John O. Haley, "Introduction: Legal vs. Social Controls," John O. Haley, ed., Law and Society in Contemporary Japan: American Perspectives (Iowa: Kendall Hunt Pub Co, 1988), pp.1-5.

(22) カッツェンスタイン『文化と国防』165頁。
(23) 「日本の防衛政策上の諸問題」(1973年5月)(外務省開示文書, 2013-00741)。
(24) 「長沼判決に関する評論」(日付不明)『長沼裁判関係資料』(排架番号4A-35-2425), 山中貞則「長官訓示」(1973年9月7日)「海原治関係文書」(国立国会図書館憲政資料室所蔵)〔以下,「海原文書」と略記〕,『朝日新聞』1973年9月7日夕刊,『朝雲』1973年9月13日。
(25) 自由民主党「長沼事件判決に関する基本的見解」(1973年9月27日)「海原文書」,『朝雲』1973年10月11日, 自由民主党編纂兼発行『自由民主党五十年史』上(2006年)344頁。
(26) 『読売新聞』1973年9月8日。
(27) 加藤陽三・篠原宏〔対談〕「内外へ防衛政策のPRが必要」『国防』第22巻第10号(1973年10月)98頁。加藤は, 1950年8月に警察予備隊本部人事局長に就任後, 保安庁官房長や防衛事務次官を歴任し, 1969年12月からは自民党衆議院議員を務めた。
(28) なだいなだほか〔座談会〕「水爆大激突座談会自衛隊違憲判決からクーデターまで『裁判所は防衛に口を出すな』『自衛隊は防衛産業のためにあるのだ』」『週刊読売』第32巻第43号(1973年9月)39, 43頁, 久保卓也「現場からの防衛論(抄)」久保卓也遺稿・追悼集刊行会編集兼発行『遺稿・追悼集 久保卓也』(1981年)186頁〔以下,『久保追悼集』と略記〕。
(29) 地方での革新勢力の伸長については, 升味準之輔『現代政治——1955年以後』下(東京大学出版会, 1985年)638頁, 石川真澄『〈新版〉戦後政治史』(岩波新書, 2004年)114頁を参照。
(30) 当時の選挙については, 田中善一郎「第64代第一次田中(角)内閣——転換期への夢と成算」林茂・辻清明編『日本内閣史録』第6巻(第一法規出版, 1981年)289-292頁, 石川『戦後政治史』127頁を参照。
(31) 自由民主党編『自由民主党五十年史』上, 304, 335頁。
(32) 村松栄一『おじいちゃんの自衛官31年』(2005年)〔自費出版〕その4, 4頁,「森繁弘オーラル・ヒストリー」防衛省防衛研究所戦史研究センター編『冷戦期の防衛力整備と同盟政策2 防衛計画の大綱と日米防衛協力のための指針』上(防衛省防衛研究所, 2013年)108-109頁〔以下,『冷戦期OH』2と略記〕。『おじいちゃんの自衛官31年』の閲覧は, 冨澤暉氏(元陸上幕僚長)の御厚意による。記して感謝申し上げる。
(33) 沖縄県における反自衛隊活動については, 以下を参照。「住民登録拒否問題について」『広報アンテナ』第155号(1973年6月)34-36頁,『空自五十年史』324頁。
(34) 西岡朗『現代のシビリアン・コントロール』(知識社, 1988年)275-

282頁。
(35)　防衛庁『日本の防衛』（大蔵省印刷局，1976年）61頁。自衛隊は，沖縄県と立川市での事案を関連した動きと捉えていた。西部方面総監部法務課「住民登録拒否問題」（1973年2月）『防衛意識関係資料3（2/3）』（排架番号4 A - 35 - 2306）。
(36)　海上自衛隊二十五年史編さん委員会編『海上自衛隊二十五年史』（海上幕僚監部，1980年）486頁。
(37)　西村直己「真の勇気を保持し明日の飛躍に備えよ」『広報アンテナ』第134号（1971年9月）5頁，中村龍平「中村龍平元陸将談話要約」（1980年9月8日）『自衛力の確立8（1/4）』（排架番号4 A - 35 - 2008）11頁，中村龍平「中村龍平元陸将回想手記」（1980年11月17日）同。
(38)　『読売新聞』1973年9月17日，防衛庁『日本の防衛』61頁。
(39)　『毎日新聞』1972年4月28日，中村「中村龍平元陸将回想手記」。
(40)　中村「中村龍平元陸将回想手記」。
(41)　同上。
(42)　加藤・篠原「内外へ防衛政策のPRが必要」98頁。
(43)　増原恵吉・高橋武彦〔対談〕「『戦略守勢』は攻撃的姿勢を含まない」『国防』第21巻第9号（1972年9月）16頁。
(44)　「47高級幹部会同時の報告資料　護衛艦隊の現状と諸問題について」（1973年1月19日）（防衛省開示文書，2012.7.19 - 本本B 417）。
(45)　島田豊・篠原宏〔対談〕「防衛諸機関の間に一体感を確立──防衛庁，自衛隊に対する外部の目は厳しい。当面の最も重要な課題は内部固めである。」『国防』第21巻第7号（1972年7月）62，64頁。
(46)　西村『わが国の防衛について』19頁。
(47)　自民党安全保障調査会「＜資料＞わが国の安全保障政策」（1973年7月27日）『国防』第22巻第9号（1973年9月）109 - 110頁。
(48)　「国防会議決定事項」（日付不明）「宝珠山昇関係文書」（国立国会図書館憲政資料室所蔵）〔以下，「宝珠山文書」と略記〕，「第三次防衛力整備計画の大綱」（1966年11月29日）同文書，内政史研究会編集兼発行『北村隆氏談話速記録』（1970年）264頁。
(49)　「玉木清司オーラル・ヒストリー」防衛省防衛研究所戦史研究センター編『冷戦期の防衛力整備と同盟政策1　四次防までの防衛力整備計画と日米安保体制の形成』（防衛省防衛研究所，2012年）78頁。
(50)　「増原防衛庁長官の『日本記者クラブ』における演説」『広報アンテナ』第148号（1972年11月）9頁，「第4次防衛力整備計画について」（防衛省開示文書，2012.7.19 - 本本B 370）。
(51)　久保卓也「四次防の性格と特徴」『国防』第21巻第12号（1972年12月）

17頁。
(52) 1970年10月に発表された新防衛力整備計画（4次防）の概要にも，情勢判断などが含まれた。ただし，同概要は，当時内閣改造が予想され，中曽根康弘防衛庁長官が業績作りのために急いでまとめられたものとの指摘がある。また，このような新防衛力整備計画の発表については，防衛政策関係者の間で戸惑いがあった。『日本経済新聞』1971年5月7日，上西朗夫『GNP 1％枠──防衛政策の検証』（角川文庫，1986年）150－151頁，「児玉良雄オーラル・ヒストリー」『冷戦期 OH』2，307頁。
(53) 玉木清司（元防衛庁防衛局第一課部員）への筆者によるインタビュー（2015年3月20日，東京），「3次防作業の経過」（日付不明）「宝珠山文書」，Ｃ．Ｏ．Ｅ．オーラル・政策研究プロジェクト『夏目晴雄（元防衛事務次官）オーラルヒストリー』（政策研究大学院大学，2004年）77－78頁。
(54) 事務次官「愛知官房長官との会談」（1966年10月6日）渡邉昭夫監修『〈DVD版〉堂場文書』（平和・安全保障研究所蔵，2013年）（通し番号1997）。
(55) 久保卓也〔インタビュー〕「戦後三十年の防衛問題」『財界ふくしま』第4巻第9号（1975年9月）24頁，『読売新聞』1975年7月15日。
(56) 久保卓也「我が国の防衛構想と防衛力整備の考え方」『久保追悼集』58頁。
(57) 『読売新聞』1974年3月14日。
(58) 「＜資料＞自衛隊高級幹部会同における三木総理と坂田防衛庁長官訓示」『国防』第24巻第6号（1975年6月）84頁。
(59) アメリカ局安全保障課「日米防衛協力について（坂田・シュレシンジャー会談）」（1975年8月29日）（外務省開示文書，2013－00125），塩田潮『官邸決断せず──日米「安保」戦争の内幕』（日本経済新聞社，1991年）144－145頁。
(60) Ｃ．Ｏ．Ｅ．オーラル・政策研究プロジェクト『オーラルヒストリー伊藤圭一（元内閣国防会議事務局長）』下（政策研究大学院大学，2003年）142－143頁。
(61) 防衛を考える会事務局編『わが国の防衛を考える』（朝雲新聞社，1975年）4，31，32，55，102，132，137，156頁。
(62) 「＜資料＞新しい政策決定の在り方」『防衛アンテナ』第176号（1975年3月）25頁，玉木清司ほか〔座談会〕「久保さんを偲ぶ」『久保追悼集』417－418頁。
(63) 防衛局防衛課「次期防の当面の課題と方針（案）」（1974年12月12日）「宝珠山文書」。
(64) 「わが国の防衛に関する現状と問題点」（1974年11月）（防衛省開示文書，2012.7.19－本本Ｂ409）。

(65) 防衛局防衛課長発「防防556号　常備すべき防衛力の検討について（依頼）」（1975年2月15日）「宝珠山文書」，防衛事務次官発「防防防1529号　常備すべき防衛力の検討について（通達）」（1975年4月7日）同文書。ただし，前者には「経費」と「改正」が含まれている。

(66) 『朝雲』1975年7月31日。

(67) 「三井康有オーラル・ヒストリー」防衛省防衛研究所戦史研究センター編『冷戦期の防衛力整備と同盟政策』4（防衛省防衛研究所，2015年）283，292頁。

(68) 防衛庁防衛局防衛課「昭和52年度以後の防衛力整備計画の作業について」（1976年8月12日）「宝珠山文書」。防衛課部員だった大森は，雫石事故などを受け，国民に受け入れられるものが必要だったと述懐する。大森敬治『我が国の国防戦略――背広の参謀が語る』（内外出版，2009年）26頁。

多元主義からイデオロギー対立へ

―― 大嶽秀夫の政治学とその変容 ――

酒井大輔 *

要旨：大嶽秀夫の政治学の特徴について、従来の日本政治学史研究では、①多元主義、②実証主義的・自然科学的な方法、③戦後政治学と大きく相違するもの、として理解されてきた。また、彼の方法の時間的変化を捉えていないなど、一面的であった。しかし1980年代以降の大嶽の変化は、①～③のイメージの再考を迫るものである。本稿は、彼の80年代以降の実証研究の内容にも立ち入って、彼の方法や理論枠組の変化を検証する。大嶽は既に1970年代当初から、影響力の遮蔽性やパースペクティブの概念により、多元主義の弱点の克服を試みていた。そして80年代には、イデオロギー対立の枠組により、構造的対立や政治潮流のサイクルをその分析の中心とした。こうした変化は、多元主義の枠組からの移行であるとともに、政策過程分析に思想史的方法を導入するなど、戦後政治学の方法を継承するものであった。

キーワード：大嶽秀夫、戦後政治学、レヴァイアサン・グループ、
多元主義、イデオロギー対立

1 はじめに ―― 日本政治学史における大嶽秀夫

「政治学をめぐる近年の注目すべき動きの一つに、日本政治学史研究の興隆を挙げてもよかろう」と、加茂（2002）は述べている。加茂が指摘するように、日本政治学史研究の「波」は1980年代頃から始まったと見ることができ、また近年もその発展が著しい[1]。例えば最近の業績である田口（2001）や渡部（2010）は、87年の『レヴァイアサン』創刊以降の学史展開を跡付けている。これらの新たな研究において、大きく注目されているの

---

* 国家公務員　政治学・政治理論

が、いわゆる「レヴァイアサン・グループ」の戦後政治学史上の位置であった。すなわち、大嶽秀夫・村松岐夫・猪口孝らの登場によって、日本の政治学は「制度化」——または専門分化と政治科学化——に向けて大きく加速したと言われる。そこで、従来の政治学との比較の上で、その変化と動向をどう理解するのか、という問いが、これまでの学史研究の大きな論点であった。そして、本稿もまたそうした問題構成の延長上に位置するものである。

そこで、本稿が関心を向けるのは大嶽秀夫である。大嶽はきわめて明確に、政治学の専門分化と自律化を目的として、従来とは異なる「政治学の新しい流れ」を目指していた。こうした方向性は、たんに『レヴァイアサン』発刊趣意にみられるだけではない。彼は早期から「戦後政治学の方法的基礎」を検討しており（大嶽 1979b）、また「山口・大嶽論争」（山口・大嶽 1985）では先行世代との鋭い対立を経験し、さらに『戦後政治と政治学』（大嶽 1994a）では「戦後政治学批判」を行うなど、戦後政治学からの脱却を意識した方法論的仕事に多く取り組んできた。この点は、同世代の他の政治学者と比較しても、大嶽の際立った特徴である。こうしたことから、日本政治学史の検討にあたって大嶽は格好の検討対象であり、また先行研究においても、大嶽の言説には大きな関心が寄せられてきた。

ただ、従来の研究における大嶽理解は、やや一面的であったことが否めないように思われる。それは第一に、大嶽の方法や理論枠組の時間的変化を捉えていない。第二に、丸山らの「戦後政治学」との断絶性が過剰に強調されている。そこで本稿は、従来一般的であった大嶽のイメージの妥当性について、彼の実証分析の内容にまで立ち入って検証を行うものである[2]。

それでは、「大嶽政治学」は一般にどのように理解されてきたのだろうか。この点を確認するには、主要な三つの大嶽批判を一瞥することが有益だろう[3]。大嶽に対する第一の批判は、多元主義批判である。この議論には、日本政治を多元的とすることの解釈上の批判（山口・大嶽 1985；石田 1992）や、政治学の保守化とみる批判（奥平 1986）、さらに新制度論の立場による方法上の批判（河野 2003：34-35）がある。第二は、いわゆる実証主義化ないし自然科学化への批判である。大嶽の実証的な研究方法には実践的関心が欠落しているという批判（木下 2004）や、政治学の専門化に伴い研

究対象が限定されるという批判（渡部 2010）がある。第三は，大嶽の「戦後政治学批判」に対する，戦後政治学を擁護する側からの反論である（石田 1995；田口 2001；渡部 2010）。これらの批判は相互に重なりあっており，一つの批判の中にも複数の要素が認められるが，単純化すれば以上のように整理できよう。

こうした諸批判から浮かび上がるのは，大嶽の「新しい政治学」に関する次のような特徴である。すなわち，①日本政治を多元主義的に解釈する，②実証主義的・自然科学的な方法を用いた，③戦後政治学と大きく相違する政治学，というものである。そして，少なくとも『現代日本の政治権力経済権力』（大嶽 1979a）の及ぼした当時の政治学界へのインパクトに限定すれば，こうした特徴づけは必ずしも誤りとは言えない。

しかし，その後大嶽の理論枠組が大きく変化したことは，あまり注目されていない。[表]は，大嶽の現代政治分析において，「多元主義」やその中心的概念の「影響力」の語が，1980年代以降，ほとんど使用されなくなったことを示している。それに替えて増加したのは，「イデオロギー」，そして「ポピュリズム」である[4]。同年代以降，多元主義は大嶽の論述の中心ではなくなった。後述のように，そこではもはや，当初の多元主義の枠

表　主要概念の登場回数　　　　　（単位：回）

年	著書	(a)多元主義	(b)影響力	(c)パースペクティブ	(d)イデオロギー	(e)ポピュリズム
1979	現代日本の政治権力経済権力	9	339	15	22	
1983	日本の防衛と国内政治		12	8	57	
1984	日本政治の争点	5	8	2	22	
1986	アデナウアーと吉田茂		12	2	114	
1988	再軍備とナショナリズム			1	26	
1994	自由主義的改革の時代		13	3	152	
1996	戦後日本のイデオロギー対立		12	4	109	
1997	「行革」の発想		10		45	
1999	日本政治の対立軸		4		30	
2003	日本型ポピュリズム		11		5	98
2006	小泉純一郎ポピュリズムの研究		4			62
2013	ニクソンとキッシンジャー		12		10	33

1）狭義の現代政治分析の著書のみを対象とした。
2）共著の場合は，大嶽の執筆部分のみを対象とした。
3）「(a) 多元主義」には「プリュラリスト」を含む。また，大嶽（1994b：45）には Michael Novak の「道徳的，文化的多元主義」の語が一度引用されているが，大嶽の「多元主義」とは明らかに意味の異なる語のため，ここには計上していない。
4）「(e) ポピュリズム」には「ポピュリスト」を含む。

組はそのままの形では維持されていない。それにもかかわらず、従来、こうした大嶽の分析枠組の変遷をとらえる試みは、ほとんど行われてこなかった。

大嶽の理論枠組はどのように変わったのだろうか。この点について、大嶽（2004）は自らの研究歴を振り返って、二度の「転機」があったと述べている。一度目の転機は、東大院生時代のシカゴ留学（70～73年）である。指導教官のピーターソンや、ローウィら「多元主義左派」の学者から直接指導を受け5、またアリソンやダールの著作を読む中で6、「日本の政治学はアメリカの政治学から少なくとも50年は遅れている」と実感したという。この第一の転機によって、大嶽は多元主義の理論枠組を取り入れることとなった。二度目の転機は、ハンブルク大学での在外研究（83～85年）である。この過程で、「西欧研究で目ざましく登場、発展していた制度史的な政治経済学に触れ」、「ミクロな政策決定過程からマクロな構造的理解への関心の中心を移行させた」と述べている。そして、この第二の転換は、実は多元主義アプローチからの変化を伴うものであった。

そこで、問われるべきは次の一連の問いである。「第二の転機」を経た1980年代の大嶽の理論枠組とはどのようなものか。なぜ大嶽は転換したのか。1970年代における多元主義の枠組との関係はどのように理解されるのか。

これらの問いに対する本稿の結論を先取りすれば、次のとおりである。1980年代の大嶽の理論枠組は、構造的なイデオロギー対立を中心とするものである。そこには、多元主義政治学の限界性を克服する明確な意図があった。これは、一方では多元主義からの転換と言いうるが、しかし他方では、1970年代の大嶽の理論的関心の延長上にあるとも言いうる。というのも、大嶽は同年代当初から、従来的な多元主義の限界性を克服する意図があったからである。

以上のように本稿の問題関心は、学説史的な観点から、「日本型多元主義」の担い手という大嶽イメージを再考することにある。そこで以下では、大嶽の70～80年代の理論的変化を明らかにしたい。まず、従来「多元主義」として一括されがちな70年代の理論枠組を再検討し、そこに多元主義の限界性を克服するモメントを確認する。次に、80年代の「第二の転機」により分析枠組がどう変容したのかを論じる。さらに、こうした「大嶽政治学」

の変容は，いわゆる戦後政治学との関係についても再考を迫るものである。この点は最後に述べたい[7]。

2 70年代の政治体制分析——影響力とパースペクティブ

　大嶽の理論的立場は，一般的に，米国政治学から多元主義を導入したものとして理解されている。しかし，大嶽自身は「多元主義論者」を自称することに慎重であったように，彼の立場がいかなる意味で「多元主義」と言えるかは自明でない。現にこれまでも，彼の議論に対して「多元主義として性格づけることができるであろうか」（石田 1992：213），「どこが多元主義なのか」（田辺他 1994：175）と疑義が呈されてきた。むしろ大嶽の理論には，多元主義とは異質な要素が多く含まれていたと見ることができる。

　そこでまず，大嶽の理論的出発点が，従来的な多元主義の克服にあったことを示す。次に，そうした課題に対して「影響力の遮蔽性」と「パースペクティブ」の概念が導入され，どのような理論構成をなしていたのかを明らかにする。

(1) 多元主義の問題とその克服

　大嶽は『現代日本の政治権力経済権力』（大嶽 1979a）の発表に先だって，多元主義の理論構成とその限界について検討している。これによれば，従来の多元主義には次の3つの問題があった（大嶽 1975a：54-55）。第一に，多元主義は，「政治」を政府の活動として狭く捉えるため，他の社会領域（経済，宗教等）における権力の研究へのアプローチがみられない。この「視野の狭さ」により，多元主義は，経済権力と政治権力の関係を十分明らかにできない。第二に，多元主義は，バクラック＆バラーツの指摘した「非決定の権力」を捉えていない。したがって，「ある社会問題が政治的イシューに発展することを妨げる政治風土あるいは政治機構の存在と機能」（大嶽 1975a：54）を分析できない。第三に，多元主義は，「だれが政策を決定したか」という影響力関係を抽出しようとする。しかしそうすると，影響力関係が検出されないにも拘わらず，ある政策群が体系的に特定集団（例えば「総資本」）の利益となるような現象を説明できない。言い換えれば，「このアプローチでは，政策決定者の主観的意図とは一応独立の，社会（体制）の中で政府が果たしている政府の『客観的機能』を分析することがで

きない」。

　大嶽が研究を開始したのは，こうした多元主義の問題が出揃っていた時期であった。したがって当時，こうした理論的問題を克服することなしには，多元主義をもはや維持できない研究状況にあったのである[8]。

　これらの三つの問題に対する大嶽の対処方法は，エリート主義およびマルクス主義との部分的接合であったと言ってよい[9]。第一の課題については，大企業の政治的影響力——当時は主にマルクス主義者の注目しか集めなかった（大嶽 1979b：14-15）——を分析対象とした。第二に，エリート主義の非決定権力については，欠陥車問題の分析で応用した。これらはよく知られた範疇に属するだろう。では，第三の課題にはどのように応えたのだろうか。それは一つには影響力概念の再検討，もう一つにはパースペクティブ概念の提示であった。

(2)　影響力とその遮蔽性

　まず60～70年代の研究状況を振り返っておきたい。従来的な多元主義によれば，社会集団が社会の諸利益を集約・表出し，政治領域の諸アクターに影響を与えることで政策決定がなされると想定されていた[10]。大嶽が多元主義から継承したもののうち，最も基本的な概念はこの影響力概念である（大嶽 1979a：3）。しかし，こうした影響力関係のみでは政治現象の説明に十分ではないことが，既に多元主義の理論家の間でも明らかにされていた。例えばポルスビー（Polsby 1968）は，政策決定が政治アクターによって自律的に行われており，政府外の諸集団の影響力を否定する局面を指摘している。そこで，オコンナーやスコッチポルのように，国家そのものを自律的アクターとして捉える潮流が登場した（大嶽他 1996：214-229；Hay et al 2005）。概して言えば，政策決定者の自律性をとらえる必要性が増していたのである。

　こうした研究状況の下で，大嶽は多元主義モデルに修正を試みる。大嶽は新たに，影響力の「遮蔽性」[11]という概念を設定し，これを次にように説明する。「影響力の分析のための状況の構成要因としては，影響力行使者のもつリソースとならんで，もう一方の構成要因たる影響力の受け手の側のもつ『遮蔽性』（『自律性』といってもよい）を議論する必要がある。……しかも，それを，個人的特徴としてではなく，政治制度の制度的特徴とし

て検討する必要がある」(大嶽 1990：126)。すなわち、政策決定構造は「制度的遮蔽性」を有し、政治エリートは自律性を有するとした[12]。例えば、政策領域における専門知識、政治家のリーダーシップは、そうした政治エリートの自律性を担保する資源となる。

また逆に経済エリートについても、政治からの一定の自律性を有することになる。政治エリートが経済統制の目的を達するためには、経済エリートに一定の譲歩をせざるを得ない。したがって、「ここにこれらの経済エリートが自らの権力を擁護しうる足場が生まれる」(大嶽 1977：154)。さらに、政治への「参加のコスト」を踏まえれば、現代の経済エリートは必ずしも政治参加の誘因を持たない[13]。こうしたことから、経済エリートもまた、政治エリートの影響力からの遮蔽性を持つ。

こうした大嶽の理論構成は、従来の多元主義論から、大幅な変容を伴うものであったことに注意を促したい。大嶽にとって、権力の多元性とは、ダールが言うような影響力資源の多元的布置に(少なくともそれだけに)由来するのではない。そうではなく、外部の影響力からの遮蔽性のゆえに、政策過程における権力主体は多元的となるのである。したがって大嶽の場合には、例えば、多元主義の「競争的均衡」(ヘルド 1998：261)といった観念とは無縁である。すなわち、大嶽の描き出す政策過程においては、影響力関係は均衡的であるどころか、しばしばトップ・エリートの強力なリーダーシップによって政策が決定される。そうした「非常時型」の決定過程においては、高度の遮蔽性を有するトップ・リーダーの政治指導が「決定の本質」となるのである[14]。このように、大嶽の多元主義の新規性は、遮蔽性の概念によって政策過程の多元性を説明した点にあった。

(3) パースペクティブ

こうした影響力概念の再検討に加えて、大嶽が提示するのが、パースペクティブの概念である。以下、綿貫譲治との論争を検討することで、その含意を明らかにしたい。

前項でみた、政治・経済の分離についての大嶽の立論に対しては、しばしば「自由主義的バイアス」があると言われてきた。綿貫(1980：12)は、「大嶽理論は、政治と経済の分離・対抗を資本主義に本来的なものとしすぎている」とし、「あまりに『自由主義的』バイアスを持っているように思わ

れる」と述べている。また，石田（1992:238）もこの綿貫の指摘を受け継ぎ，「〔大嶽は〕多元主義と自由主義を同一視」している，と批判している。

しかし，大嶽の理論的傾向を「自由主義的」なバイアスと規定することが適切かどうかは，疑問の余地がある。確かに大嶽（1979a：203）は，政治・経済領域が相互の影響力からある程度「遮断」されていることを強調していた。また大嶽自身が，綿貫の批判を受け入れ，そのリプライの中で「拙著の『自由主義的バイアス』は，筆者の採用した〔合理主義的政治理論などの〕アプローチに内在的な限界なのである」と認めているのも事実である（大嶽 1981a：6）。それにも拘わらず，大嶽のパースペクティブ概念の理論構成を踏まえれば，以下で見るように，「ネオ・マルクス主義的バイアス」とも呼びうる側面を指摘することができる。

パースペクティブとは，その個人の社会的地位・役割[15]に由来する視座構造であり，政治状況や経済的利益に対する認識枠組を制約するものである[16]。具体的には，官庁の「機関哲学」（真渕 1989）や財界エリートの認識枠組として現れる。

こうしたパースペクティブ概念を構成するにあたり，その問題関心の面でもっとも大嶽が影響を受けたのは，ネオ・マルクス主義国家論である。ネオ・マルクス主義の代表的論者であるミリバンド（1970：89-90）は，「国益は事実，資本主義企業の命運と分かちがたく結びつけられている」と述べ，国家を平等な競争的空間とみなす多元主義論に対して批判を展開していた。大嶽は，こうしたミリバンドの所論を「プリュラリスト・アプローチの弱点をついたきわめて啓発的な議論」（大嶽 1977：160）と評価し，次のように言う。

「ミリバンドによれば，政府が『大資本・独占資本』の利益に奉仕するのは，ミルズが指摘したようなビジネスの政治参加……のためだけではない。これらの政治的影響力の行使にも増して重要なのは，政治エリートが独自の立場から『国益』を追求する際に，資本主義体制においてこの国益の具体的内容がその国の私企業の健全さと強大さにわかちがたく結ばれている（あるいは政治エリートにそう信じられている）ために，私企業の育成・強化政策が，私企業の政治的影響力の行使をまたずとも行われる，という事実である。」（大嶽 1977：159）

こうした現象を説明するために導入されるのが，政府と企業に共通する

認識枠組である。イデオロギーや構造的要因は，「政府に対する私企業の働きかけがなくとも，政府が私企業の利益にそった政策指向をもつことを保障する」（大嶽 1977：160）。つまり，「私企業と政府の間には，機会構造及びパースペクティヴの共有から，政策に対する共通の指向が生ずる」のである。大嶽は，こうした共通のパースペクティブに基づく関係を，影響力関係とは区別して「機能的協力関係」と名付ける（大嶽 1977：161）[17]。

　このパースペクティブ概念は，従来の「自由主義的」な多元主義にとって，異質な要素であることに注意を促したい。ミリバンドが批判したように，多元主義理論では，政策アリーナにおいて社会集団の完全競争が実現すると考える傾向にあった。しかし先進資本主義諸国では，共通のパースペクティブによる協力関係によって，政府は「総資本」に貢献する政策指向を持つことになる。ネオ・マルクス主義国家論の中心的論点が「国家の相対的自律性」にあったことはよく知られているが（田口 1979；加藤 1986），大嶽もまた，これらの影響の下で，政府の相対的自律性という「ネオ・マルクス主義的バイアス」を有していたのである。

　前項の議論と合わせれば，次のように言えよう。高い遮蔽性をもつ政治エリートは，社会集団の影響力から自律して，その政策決定を行うことができる。ただし政治エリートは，経済集団と機能上の協力関係を有するため，大企業の資本蓄積に貢献する傾向をもつのである。

(4)　第二の転換へ

　以上のように，大嶽は多元主義の理論的視角を克服するため，エリート主義とマルクス主義の議論に触発されながら，独自の分析枠組を構成した。こうした理論構成は，影響力を中心とする点では多元主義の枠内に留まりながらも，その理論的発展を試みるものであったと言える（新川 1993：13）。おそらく大嶽は当初，これらの概念を手がかりに，現代政治分析を精緻化できると考えていたように思われる（大嶽 1981b：463）。

　では，大嶽はその後もこうした分析概念を中心に据えたのかと言えば，そうではない。80年代の大嶽の日本政治分析で実際に中心を占めたのは，イデオロギー対立の概念であった。そこではもはや，影響力は中心的概念ではなく，多元主義からの理論的重点の移行が認められる。次節では，その転換の内実を明らかにする。

3　80年代の政治体制分析——構造的なイデオロギー対立

　先に触れたように,西ドイツでの在外研究は大嶽にとって「第二の転機」となった。帰国後に発表された日独比較研究（大嶽 1986a；1988a；1992）は,それまでの影響力概念に基づく政策過程分析から変化し,構造的なイデオロギー対立を分析の中心とするものであった。例えば次の記述には,こうした転換がはっきりと現れている。

　　「政治過程の研究者たちの間では,集団や利益の対立・調整の過程として日本政治を見る見方が一般化している。しかし,筆者は,戦後政治は何よりもイデオロギーあるいは思想の対立であったし,それが戦後政治の動向を決定づけてきたと考え,本書でもその対立の構造を分析の中枢に置いている。」（大嶽 1988a：iii）

　ここで否定されている「集団や利益の対立・調整の過程として日本政治を見る見方」とは,実は従来の大嶽自身の立場である,「政治の経済学的解釈」（大嶽 1979a：4）に近い18。要するに,大嶽の分析枠組の変容が,ここで明確に述べられているわけである。

　では,構造的なイデオロギー対立という分析枠組への転換には,どのような意図があるのだろうか。以下で述べるように,それは70年代の大嶽の問題感心——多元主義の弱点の克服——をさらに推し進めたものである。つまり,ダールの多元主義では,「政治文化および社会制度が,分析の対象から排除される」。このため,「構造的マルクス主義の影響のもとに,政策過程をとりまく制度的,『構造的』要因,あるいは別の言葉で言えば,権力関係を制約する制度的要因を検討する必要が,70年代に入って主張されるようになった」（大嶽 1990：127, 132）。こうした問題意識を背景に,80年代の大嶽は,イデオロギーによる構造的分析へとその理論枠組の中心を移行させるのである。

(1) 多元主義からイデオロギー対立へ

　それでは,イデオロギー対立とはどのような枠組なのだろうか。まず,イデオロギーとパースペクティブの概念はともに,個人の属する組織や階層などの社会構造の役割を重視するものである。社会構造は,イデオロギーやパースペクティブを媒介項として,個人の認識枠組を制約する。その

意味で，この二つの概念はともに，アクターの主観的意図として表出する社会構造を分析する狙いがある。

では，なぜパースペクティブではなく，イデオロギー対立なのか。大嶽は，その理由を必ずしも明示的に説明していないが，おそらく次の二つの理由が重要である。第一は検証可能性の問題，第二はマクロな構造的対立の分析である。

第一に，パースペクティブはその実証性に難点があった。そもそもパースペクティブとは，政府や経済集団の有する「客観的機能」に由来する，個人の認識への制約のことであると大嶽は考えた。しかし，「政府の客観的機能」といった研究対象は，「問題の範囲があまりにも大きく，かつ複雑で現在の政治学の水準では十分な方法論と理論的枠組を作ることがきわめて困難で，恣意的解釈によるエッセイ以上のものにすることがむずかしい」（大嶽 1975b：56）。

そこで大嶽が着目するのが，エリートの持つイデオロギーである。イデオロギーとは，社会制度の理念，規範の体系のことである（大嶽 1994b：62-64，大嶽他 1996：111）。したがって，洗練されたイデオロギーは一つの思想体系を構成し，思想史的な方法でその内的構造を明らかにできる。大嶽の言葉でいえば，エリートの「個々の政治的発言は，本人が意識するにせよ，しないにせよ，『文法』としてのイデオロギー構造を反映しており，具体的発言からそれを理念型的に抽出することが可能である」（大嶽 1986a：347）。換言すれば，イデオロギーは経験的に記述可能なのである（このことの含意は後にまた触れる）。

第二に，パースペクティブはアクター間の協力関係を説明するものであり，対立関係をとらえるための概念ではない。具体的に言えば，異なるパースペクティブが衝突すると何が生じるのか，この概念からは何ら明らかではない。これに対して，イデオロギーは，反対者との対抗関係の中で形成・持続・変容する（大嶽 1994b：63）。例えば，日本社会党のイデオロギーがなぜ「現実主義化」できないのかという問いに対しては，日本社会党内部の問題にもまして，自民党との対立関係から説明される。この意味で，大嶽のイデオロギー概念は，対立（「ダイナミズム」）[19]に焦点をあてるものと言える。

しかも，大嶽が着目するのは単なる個人間の対立ではなく，構造的な対

立であった。その問題意識について，彼は次のように述べている。

「筆者がイデオロギー構造という発想をもつに至ったのには，二つの契機がある。一つは，これまで日本の政治過程の分析に取り組むたび，文脈を変えて恒常的に繰り返されるイデオロギー的な対立軸の存在に再三ぶつかってきたことである。政策決定過程分析は，通常，グループ理論的前提から，各政策決定過程の独自性に着目する傾向があるが，これとは逆の現象，即ち，様々な政策決定過程を縦断する一つの構造的対立に直面したわけである」（大嶽 1986a：347-348）[20]。

すなわち，多元主義は，各政策アリーナの多元的な対立を主張するものであった。ところが80年代の大嶽は逆に，「その多元的対立を通して現れるいくつかの恒常的な対立軸を摘出し，さらにその背後にある体制的な枠組みの検討」を目指すのである（大嶽編 1984：2）。つまり，マクロ・レベルの対立構造を実証的に分析することなしには，影響力関係の性質は十分に理解できない，という認識がここにはある[21]。

こうしたことを踏まえて，大嶽が着目するのが，構造的なイデオロギー対立の枠組であった。その特徴をまとめれば，第一に，イデオロギーは思想史的な方法により記述可能であるため，検証可能な変数である。第二に，イデオロギーは，構造的対立の一つの表現である。こうしたイデオロギー構造は，個々のアクターの影響力行使を制約することを通して，政策過程に一定の方向付けを与える。

そこで以下では，大嶽の具体的な分析内容に立ち入って，その特徴を明らかにしたい。まず，このイデオロギー対立の理論構成を確認し，その特徴を80年代の政治状況との関連から明らかにする。

(2) 三つのイデオロギー対立

大嶽はイデオロギー対立を「政治」，「経済」，「文化」の各次元に分節化している。この三つの対立軸は，相互に絡み合いながらも，相対的に自律したものである（大嶽 1994b：332）。

第一の政治的対立は，政治体制をめぐる対立である。例えば，防衛問題をめぐり「軍国主義・天皇制の復活か，市民的自由・民主主義の維持か」（大嶽 1988a：i）という対立となる[22]。第二の経済的対立とは，社会民主主義と経済的自由主義の対立である。

第三の文化的対立は，道徳や文化，社会的価値をめぐる対立である。この文化概念の構成にあたっては，80年代の政治状況や，西ドイツでの滞在経験が濃厚に反映しているように思われるので，やや詳しく触れておきたい。

　大嶽の留学当時，西ドイツ政治は大きな転換期にあった。西ドイツでは83年3月の選挙により，緑の党が全国レベルに初進出した。その結果，西ドイツの政党システムは，従来の三党体制（CDU/CSU，SPD，FDP）から，四党体制へと移行した。大嶽が2年間の在外研究を開始したのは，この選挙直後の83年4月のことであった。つまり大嶽は，こうした西ドイツの政治再編過程を現地で直接観察した，おそらく数少ない日本の政治学者の一人である。帰国直前の85年3月に発表された論文には，2年間のドイツ留学について，次の記述がある。

　　「研究のかたわら，83年秋の反核運動，84年の地方選挙における緑の党の躍進，さらにはこうした動向への対応に苦慮する社会民主党の姿をつぶさに観察。とくに，保守化したといわれる日本や米国の若者と違って，西ドイツの若者が政治への関心を失っていない点に関心をもった」（大嶽 1985：53）。

　ここで，緑の党の登場にみられる西ドイツの政治変容が特筆されていることは，注目に値する。大嶽は，現在にいたるまで緑の党を研究の中心に据えたことはなかったが，緑の党を支える価値観については，日本政治の分析に応用していたと見ることができる。大嶽（1987a）の表現では，それは「リバタリアンな価値観」（社会的自由主義）である。

　「リバタリアンな価値観」という用語は，大嶽のオリジナルではない。70～80年代に西欧で登場した新しい社会運動や緑の党に対して，しばしば「リバタリアン」や「脱物質主義」という特徴づけがなされてきた（小野 2000；賀来・丸山編 2000：2010）。代表的には，キッチェルト（Kitschelt 1994）が80年代西欧の新しい対立軸を「リバタリアン vs. 権威主義」と表現し，緑の党を「左派リバタリアン政党」と位置づけたことが知られる。大嶽はキッチェルトの議論を直接には参照していないが，こうした80年代の「新しい政治」の理論的把握という，同様の問題意識を持っていたと見ることができる[23]。また，80年代の錯綜したイデオロギー状況を把握するため，従来的な対立軸を複数に分節化するという点でも（大嶽 1994b：22），

大嶽のモデルはキッチェルトと共通している。

　大嶽が帰国後に見出すのは，日本における「リバタリアンな価値観」を持つ「都市の中間層」である。この層は「都会的な生活様式から言って脱工業社会のリバタリアンな価値観をもっており，従来の自民党の支持基盤にあった伝統的生活態度とは対照的な態度を示す」。この価値観は「社会的自由主義」とも表現され，「モダニティ」の特徴を有する（大嶽 1987a：31）。大嶽はこうした新たな対抗関係を，綿貫（1976）の「文化政治」概念を借用し，文化的対立軸として構成した（大嶽 1994a：98-107）。

　以上のように，80年代の大嶽は，マクロ・レベルにおける政治・経済・文化の三つのイデオロギー対立軸を手掛かりにすることとなるのである。次に，これを用いた二つの構造的分析について触れ，多元主義モデルとの関係性について検討を加えたい。第一は，先に引用した「様々な政策決定過程を縦断する一つの構造的対立」の分析である。第二は，長期的な政治潮流のサイクルの分析である。

(3) 政策アリーナ間のリンケージ

　第一の分析対象は，各政策アリーナ間のリンケージとも表現される。その典型例は，再軍備過程における，防衛政策と他の国内政策（教育，治安，労働）とのリンケージだろう。大嶽によれば，吉田茂は，防衛政策と教育政策をリンクさせ，再軍備の基礎を築こうとした。この吉田内閣の教育政策は，教育勅語や皇室との関わりから「戦前的体質」が歴然としていたために，日本社会党は教育政策に対してだけでなく，再軍備に対しても大きな警戒心を持つこととなった。言い換えれば，複数のアリーナを貫く「構造的対立」が出現したわけである。

> 「吉田内閣が，こうした国内治安的政策と再軍備政策とをリンクさせたことによって，日本の防衛政策が軍事政策としての自律性を失った。……軍事政策と他の国内政策とのリンケージこそが，吉田内閣が戦後日本の防衛政策の展開に遺した最大の負の遺産となった。」（大嶽 1986b：547-548）。

　こうした「リンケージ」の存在は，次のことを帰結する。第一に，各政策アリーナは，構造的なイデオロギー対立からの「遮蔽性」が欠如し，自律性がない。このため第二に，各政策アリーナは専門的政策領域として認

知されない。その結果，第三に，防衛政策に関する社会党の政策転換が困難となり，対立を一層激化させている（大嶽 1986b：548；1996a：200）。

　以上の構造的なイデオロギー対立の特徴付けは，多元主義の基本テーゼと衝突するものである。多元主義のモデルでは，「政策領域ごとに『仕切られた』複数のアリーナにおいて，政策の実質的な決定が行われている」，「すべての領域を通じて影響力をもつような，単一のエリートは存在しない」とされていた（大嶽他 1996：179-180；大嶽 1979a：196）。この意味では，吉田内閣期の政策過程は多元的だったとは言いがたい[24]。「吉田の政治思想にみられる伝統的要素が，教育，治安，防衛などの政策分野で日本政治における左右の対立を激化させることになった」（大嶽 1986a：342）という大嶽の指摘は，吉田が権力エリートとして，アリーナ横断的に影響力を行使したことの反映である。さらに，こうしたイデオロギー構造は，その後も長期間にわたって日本政治を拘束することとなった。つまり構造的なイデオロギー対立は，長期的に各政策過程の自律性を損ない，その意味で多元化を抑制するのである。こうした理論展開を行う限りにおいて，大嶽の枠組の中心は多元主義から移行したと言えよう。

(4) 政治潮流のサイクル

　第二の分析対象は，長期的な政治潮流のサイクルである。大嶽の問題意識によれば，多元主義は，影響力を個人・集団の属性と見なすことで，「時代の雰囲気や世論の動向」などの構造的要因を体系的に検討していなかった（大嶽 1990：102）。そのため，「長期間にわたって持続する構造的要因」や，「周期的波動を描くと考えられる政治的風土」といった，歴史的プロセスのパターンを分析・抽出をすることができていない（大嶽 1990：110, 168；2003：251）。

　そこで大嶽は，先進資本主義諸国には共通の国内政治のサイクルがあるとし，これをイデオロギー対立のパターンによって説明する。その際，基軸となるのが経済的対立である。まず大嶽（1983）は，ダーレンドルフとギデンズに依拠しながら，戦後日本を後期資本主義体制として規定する。そして，「社会民主主義と自由主義という二つの路線が後期資本主義体制の中にビルト・インされ，これが様々な局面で政策をめぐる対立として浮上してくる」とする（大嶽 1983：151）。その上で，戦後政治を五つの段階

に区分する（大嶽 1983；1996：253）。

　もっとも，政治的・文化的次元においては，経済とは異なり，先進資本主義諸国で全く同じパターンが形成されたわけではない。日本やフランスでは，政治的・文化的次元のイデオロギー対立が激化し，政策決定過程を拘束した（大嶽・野中 1999）。大嶽によれば，日本でのリバタリアン（社会的自由主義）は，元来は左派と結びついてきた（大嶽 1987b：88）。しかし80年代の中曽根政治は，戦略的に「左にウイングを伸ば」すことで，こうした社会的自由主義と左派の連合を掘り崩した（大嶽 1987b：30，85；1994b：269-284）。中曽根は社会的自由主義（リバタリアニズム）をイデオロギーの一つの柱とすることで，「リバタリアン」と保守政党との連合を成立させたのである。これは，西ドイツにおいて「赤と緑の連合」，すなわち左派とリバタリアンが結合することで80年代の政治の再編が生じたことと，ちょうど逆の関係にある（大嶽 1999：31）。

　このように，80年代の大嶽は，こうした三つのイデオロギー対立の相互関係の動態を分析するようになった。これにより，多元主義政治学では理論的死角となる，長期的な政治潮流のパターン分析を試みるのである。

4　おわりに——大嶽秀夫における戦後政治学の継承

　このように，大嶽はその理論枠組を大きく変容させていた。本稿の議論を要約すれば，70年代の枠組では既に，影響力の遮蔽性やパースペクティブといった分析概念により，従来的な多元主義論の弱点の克服を試みていた。そして80年代にはこの問題意識を発展させ，政治・経済・文化のイデオロギー対立軸の枠組により，各政策過程を縦断する構造的対立や，マクロな政治潮流をその分析の中心とした。すなわち，分析枠組の中心がイデオロギー構造へと移行したことで，大嶽の政治学理論は多元主義から変化した，というのが本稿の主張である[25]。

　ところで，こうした「大嶽政治学」の変化は，戦後政治学との関係について再考を迫るものであるので，最後にこの点を考えてみたい。これまで，大嶽の立場はその「戦後政治学批判」の要素が強調され，戦後政治学との断絶性が注目されてきた（田口 2001；渡部 2010）。しかし，本稿でみた大嶽の変化には，戦後政治学の方法の部分的組合せという要素が濃厚である。その理由は次の三つである。

第一に，大嶽自身の意図として，戦後政治学を「継承」（大嶽 1994a：ii, iv）する姿勢が明確なことである。次の大嶽の発言は，戦後政治学と自身とを必ずしも対立的に捉えていない。

　「丸山さんらの政治学の魅力というのは，社会科学と人文科学とが非常に密接に関連しており，政治哲学の議論と社会科学的な分析が結びついている，いわば未分化なところにありました。われわれ〔レヴァイアサン・グループ〕の研究スタイルはもっとドライで，人文科学的，文学的なところを意識的に切り離し，理解していきます。……しかし，私自身はその意味ではちょっと古いところをひきずっているような面もあります。……人文科学を切り離して作った枠組みだけではとらえられない，文化的側面や価値観の問題も扱ってみたいと考えています。……人文科学と社会科学を峻別するところからでてきたのがわれわれレヴァイアサン世代ですが，もう一度，それらを結びつけて考えなければいけない時期にきているようにも思います。」（大嶽 1996b：10-11）

　第二に，文化やイデオロギーを分析単位としたことである。これらを説明要因とすることは，本来多元主義のものではなく，戦後政治学の方法であった[26]。しかし先述のように，大嶽の文化的イデオロギーの枠組は，綿貫譲治の「文化政治」をほぼ踏襲したものであった。また，伝統的文化に関するロナルド・ドーアや松下圭一の業績からも，少なくない影響を受けている[27]。この点，渡部（2010：118）は，「レヴァイアサン・グループは……文化還元論に非常に警戒的である」と述べているが，少なくとも大嶽に関して言えば，文化やイデオロギーを分析単位としたことに，むしろその独自性があった。

　第三に，思想史的方法を導入したことである。既に述べたように，政治エリートのイデオロギーは一つの思想体系を構成すると大嶽は仮定した（大嶽 1986a：346-349）。そして，その思想の内的構造が「政策の決定要因」となると考え，その観念構造の読解によって「内在的分析」を図るのである（大嶽 1990：170）。こうした方法は，イデオロギーの政治的機能を，単に左右のスペクトラム上の布置からのみ理解する仕方とは，質的に異なるものである。むしろ，石田雄にみられた思想史的アプローチを，自覚的に政策過程分析に取り入れるものであった[28]。

以上を踏まえると，次のように言えよう。80年代の大嶽の立場は，多元主義の代表的論者という彼の一般的イメージとは異なるものであった。それは，①多元主義政治学では死角となった構造的側面に焦点を当てる，②イデオロギー分析という思想史的方法を組み合わせた，③戦後政治学を継承する政治学，ということである。もちろん，このように言ったからといって，大嶽は「実証的な政治学を放棄した」とか「戦後政治学の方法に回帰した」ということではない。そうではなく，戦後政治学の方法を実証的な分析方法の中に取り込んだ，ということなのである。戦後政治学は，大嶽にとってたんに乗り越える対象であっただけでなく，政治科学の視野を拡大するための「豊かな可能性を持った」伝統（大嶽 1994a：ii）でもあったのである。

　　［謝辞］　本稿の草稿段階で，大嶽秀夫先生，田村哲樹先生，源島穣さんから貴重なコメントを頂いた。また，2名の匿名査読者から有益なご指摘を頂いた。記して感謝したい。

（1）　本稿では扱わないが，戦前期については大塚（2001；2007），内田（2007）などが，この分野の古典である蝋山（1968）の議論を深化させている。また大塚編（2006）は，戦前・戦後の政治学史をコンパクトにまとめている。
（2）　大嶽（2005：19）の次の批判も参照。「『レヴァイアサン』誌については，さまざまな批判・検討が加えられているが，残念ながら，筆者の知る限り……発刊趣意だけを取り上げて批判しているものばかりである。学説史研究としては不可欠の，この『趣意』がどの程度彼らのその後の業績によって実現をみたか，みなかったかを検討した作業は皆無である。」
（3）　本文で挙げたものの他に，「レヴァイアサン・グループ」や「日本型多元主義者」への代表的な批判として，阿部（1989），小林（2000），内山（2003）がある。
（4）　これは，後に大嶽（2014：109）が，「日本のシステムを新自由主義の観点，ポピュリズムの観点，多元主義の観点…，そういうところから見ることができるんじゃないか」と述べたことと，ほぼ対応関係にある。なお，ポピュリズムに関しては本稿の範囲を超える。
（5）　大嶽（1979a：238）。なお「多元主義（プリュラリスト）左派」という用語は，大嶽（1979a）が使用したものである。大嶽（2014）も参照。
（6）　大嶽（1990：252）。
（7）　以上のように本稿は，大嶽自身の理論構成の変化や，彼と先行世代と

の関係に焦点がある。その一方で，後続世代との関係については検討を加えていない。本稿はそのための予備的作業といえる。

(8) 大嶽（1977：153）の次の記述も参照。「筆者は，数年来，プリュラリスト理論によって日本の政治を分析する作業にとりくんできた。しかしながら，プリュラリスト理論がもついくつかの分析上の死角が，日本の政治を分析する上で，企業と政府との関係に関してかなり重要な局面を無視する結果を生むということが，この研究の過程であきらかになってきた。」

(9) 整理の仕方は異なるが，エリート主義との接合については，石田（1992：236-239）にも指摘がある。

(10) 大嶽によれば，こうした理論潮流は「グループ理論」と呼ぶべきであり，「多元主義」とは区別されるとする（大嶽他 1996：180；大嶽 2005：11）。

(11) 大嶽（1979a）はこれを「抵抗力」とも表現するが，後の大嶽の用語法（大嶽1990など）に従い，ここでは「遮蔽性」で統一した。

(12) この意味で大嶽の分析枠組は，新国家論に近づいている。次の記述も参照。「多元主義批判として登場した制度論，国家論は，まさにこうしたリソースや遮蔽性の制度化を体系的に扱うことを主張する議論なのである」（大嶽 1990：126-127）。

(13) こうした現象を，大嶽はギデンズと同様に，後期資本主義体制の特徴として位置づける。現代においては「政治（とその基礎になる物理的強制力へのアクセス）が価値配分にとって，必ずしも不可欠でも，効率の手段でもない社会」が誕生した。したがって，「現代資本主義社会では Who benefits? が Who governs? の指標たりえない」（大嶽 1990：223；cf. Otake 1974: 97；大嶽 1975a：63；1979a：215）。

(14) 「非常時型」決定モデルについて，大嶽は福井（1975）をたびたび参照している。

(15) こうした「役割」概念による視座構造の形成というアイデアを，大嶽はエリーティストであるライト・ミルズから得ている。ミルズによれば，エリート集団は「彼等が果たす客観的社会的機能」を基礎として形成されるとし，大嶽もこれを継承する（大嶽 1975b：55）。

(16) パースペクティブの語は，大嶽が東大院生時代に読んだマンハイムから継承したものであろう（大嶽他 1996：178；大嶽 2014：95）。

(17) 具体的には，日米繊維交渉における通産省繊維雑貨局と繊維業界の機能的協力関係などが分析の対象となる（大嶽 1979a：80-84）。

(18) 「この〔プリュラリスト学派を中心とする政策決定〕アプローチにおいては，政治は，利益代表の過程と定義され，より狭義には，政府の政策の決定をめぐる，政策決定参加者……の間の対立と妥協の過程である，と

考えられている」(大嶽 1975a：53)。
(19) 新川（2007：69，84）。
(20) なお，「第二の契機」として挙げているのは，シカゴ留学時代のディヴィッド・イーストンの「政治構造」の演習に参加したことである。この契機の及ぼした影響については，本稿では扱わない。
(21) こうした体制分析の必要性は，1970年代の大嶽においても認識されていた。しかし，当初の大嶽（1979a）が行った「体制分析」は，政治経済学のフォーマル・モデルの演繹的構成であり，それを個別イシューからどのように検証しうるかは依然課題を残していた。
(22) ただしこれらの争点は，文化的対立としての側面も濃厚であり，政治的次元にとどまらない争点であることに注意を要する。実際大嶽は後に，再軍備・天皇制の問題を文化的争点として位置付けるようになる。
(23) 大嶽による「ニュー・ポリティクス」の位置づけとして，大嶽（1994b：54）を参照。
(24) その意味で，吉田解釈について大嶽はエリート・モデルに接近している（大嶽 1994a：86；cf. 田辺他 1994：175）。これに対しては，折衷主義的だという批判がある（河野 2003：35）。
(25) なお，こうした大嶽の枠組は，90年代後半以降に再び変容することとなる。冷戦後の日本政治では，激しいイデオロギー対立が急速に後退し，イデオロギー概念による分析の有効性が低まったためと考えられる。そこで，大嶽がイデオロギーにかえて着目するのが，ポピュリズムという新たな概念であった（大嶽 2003；2006）。前掲の表には，そうした変化が現れている。
(26) 「多元主義理論は，政治文化やイデオロギーの側面からではなく，組織的制度の側面から政治過程に接近する。この点は……丸山眞男以来のいわゆる『戦後政治学』が心理学的，思想史的アプローチによって政治文化の問題を追求したことと対照的である」(大嶽 1981a：6)。
(27) 大嶽（1988b；1994b：37-49，305；1997：448-449）。
(28) 大嶽（1986a：346-347；1990：169-170；1994a：chap.4）。この点，丸山と大嶽の断絶性を強調する渡部も，「大嶽秀夫のイデオロギー分析は，ある側面で丸山政治学に近いものがある」と指摘している（渡部 2010：250）。

引用文献
阿部齊（1989）『現代政治と政治学』岩波書店。
石田雄（1995）『社会科学再考』東京大学出版会。
石田徹（1992）『自由民主主義体制分析』法律文化社。
内田満（2007）『早稲田政治学史研究』東信堂。

内山融（2003）「ポリティカル・『サイエンス』？」『UP』32巻3号。
奥平康弘,（1986）「『総決算』のイデオロギー状況」『世界』485号。
大塚桂（2001）『近代日本の政治学者群像』勁草書房。
――（2007）『大東亜戦争期の政治学』成文堂。
――編著（2006）『日本の政治学』法律文化社。
大嶽秀夫（1975a）「政治参加と政治的影響力」『専修法学論集』20号。
――（1975b）「エリートの機能と権力と特権」『専修法学論集』21号。
――（1977）「行政過程における抵抗力と利益代表」『専修法学論集』25号。
――（1979a）『現代日本の政治権力経済権力』三一書房。
――（1979b）「日本政治の研究における比較の方法（上・下）」『UP』8巻3号，6号。
――（1981a）「『現代日本の政治権力経済権力』再考」『社会科学の方法』14巻1号。
――（1981b）「書評　伊藤大一著『現代日本官僚制の分析』」『法学』45巻3号。
――（1983）「戦後保守体制の対立軸」『中央公論』98巻4号。
――編（1984）『日本政治の争点』三一書房。
――（1985）「アデナウアーと吉田茂」『中央公論』100巻3号。
――（1986a）『アデナウアーと吉田茂』中央公論社。
――（1986b）「吉田内閣による『再軍備』」『法学』50巻4号。
――（1987a）「中曽根政治を『総決算』する」『エコノミスト』65巻30号。
――（1987b）「中曽根政治のイデオロギーとその国内政治的背景」『レヴァイアサン』1号。
――（1988a）『再軍備とナショナリズム』中公新書。
――（1988b）「『行政改革の時代』と日本型政治文化」『国会月報』35巻7号。
――（1990）『政策過程』東京大学出版会。
――（1992）『二つの戦後・ドイツと日本』日本放送出版協会。
――（1994a）『戦後政治と政治学』東京大学出版会。
――（1994b）『自由主義的改革の時代』中央公論社。
――（1996a）『戦後日本のイデオロギー対立』三一書房。
――（1996b）「現代政治論」『AERAMOOK　政治学がわかる。』朝日新聞社。
――（1997）『『行革』の発想』TBSブリタニカ。
――（1999）『日本政治の対立軸』中公新書。
――（2003）『日本型ポピュリズム』中公新書。
――（2004）「研究の最前線から　現代日本政治の分析」『紅萌』6号。
――（2005）「『レヴァイアサン』世代による比較政治学」『日本比較政治学会年報』7号。

――（2006）『小泉純一郎　ポピュリズムの研究』東洋経済新報社。
――（2014）「戦後日本のシステム」，福永・河野編（2014）所収。
――・鴨武彦・曽根泰教（1996）『政治学』有斐閣。
――・野中尚人（1999）『政治過程の比較分析』日本放送出版協会。
小野耕二（2000）『転換期の政治変容』日本評論社。
賀来健輔・丸山仁編（2000）『ニュー・ポリティクスの政治学』ミネルヴァ書房。
――編（2010）『政治変容のパースペクティブ』ミネルヴァ書房。
加藤哲郎（1986）『国家論のルネサンス』青木書店。
加茂利男（2002）「日本政治学史研究の最近の動向と成果」『レヴァイアサン』30号。
木下真志（2004）『転換期の戦後政治と政治学』敬文堂。
河野勝（2003）「日本政治の分析視角」，同他編『アクセス日本政治論』日本経済評論社。
小林正弥（2000）『政治的恩顧主義論』東京大学出版会。
新川敏光（1993）『日本型福祉の政治経済学』三一書房。
――（2007）『幻視のなかの社会民主主義』法律文化社。
田口富久治（1979）『マルクス主義国家論の新展開』青木書店。
――（2001）『戦後日本政治学史』東京大学出版会。
田辺国昭・辻中豊・真渕勝（1994）「多元主義をこえて」『レヴァイアサン』14号。
福井治弘（1975）「沖縄返還交渉」『季刊国際政治』52号。
福永文夫・河野康子編（2014）『戦後とは何か（上）』丸善出版。
ヘルド，デヴィッド（1998）中谷義和訳『民主政の諸類型』御茶の水書房。
真渕勝（1989）「大蔵省主税局の機関哲学」『レヴァイアサン』4号。
ミリバンド，ラルフ（1970）田口富久治訳『現代資本主義国家論』未来社。
山口定・大嶽秀夫（1985）「対談戦後日本の保守政治」『書斎の窓』350号。
蝋山政道（1968）『日本における近代政治学の発達』ぺりかん社。
渡部純（2010）『現代日本政治研究と丸山眞男』勁草書房。
綿貫譲治（1976）『日本政治の分析視角』中央公論社。
――（1980）「大嶽秀夫『現代日本の政治権力経済権力』に寄せて」『社会科学の方法』13巻10号。

Kitschelt, Herbert (1994) *The Transformation of European Social Democracy*. Cambridge University Press.

Hay, Colin and Lister, Michael and Marsh, David (2005) *The State: Theories And Issues*, Palgrave Macmillan.

Otake, Hideo (1974) "Latent Interest in the Pluralist Political System: American

Liberalism and the Rise of a Social Movement,"『アメリカ研究』8 号.
Polsby, Nelson W. (1968) "The Institutionalization of the U.S. House of Representatives," *American Political Science Review*, 62(1).

有権者-候補者間の近接性と投票選択
―― 有権者・政治家・政党の比較可能な
位置推定による空間投票の分析 ――

勝又裕斗*

要旨：本稿では，候補者レベルの政策位置を用いた空間投票を分析する。有権者や候補者の自己政策位置を尋ねるサーベイ調査においては，回答者が回答の際に想定する政策空間が異質であるために回答された自己政策位置を直接に比較できないという問題が生じる。この問題を解決するために，政党の政策位置の回答をブリッジ観察として自己政策位置をリスケーリングし，有権者と候補者の政策位置を同一空間上に推定した。推定された政策位置を用いて近接性モデルに基づく空間投票の分析を行った結果，有権者は政策距離の近い候補者に投票しやすいことが明らかになった。さらに，このような候補者レベルの空間投票のメカニズムを分析したところ，有権者は候補者の所属政党との政策距離だけではなく，候補者自身の政策位置との距離による投票選択を行っていることが明らかになった。このように有権者が候補者個人の政策位置を理解して投票を行っているという結果は，空間投票研究に新たな知見を付け加えるものである。

キーワード：空間投票，Aldrich-McKelvey Scaling,
政党，位置推定，サーベイ調査

はじめに

有権者の多様な選好をいかにして集約し政治的決定に至るのか，という問題は民主主義の根幹に関わる重要な問いである。議会制民主主義は，議員という機制を備えることで選挙過程と議会過程という2段階の決定プロセスを用意している。そこで，選挙過程では有権者と立候補者との選好の一致が問題とされる。本稿では，有権者がイデオロギー空間上で自分に近

---

* 東京大学大学院法学政治学研究科博士課程・日本学術振興会特別研究員（DC1）

い候補者に投票するという空間投票のモデルを，候補者個人のイデオロギー位置を用いて分析する。

空間投票のモデルは，理論的にも実証的にも多くの研究蓄積があるが，候補者個人レベルのイデオロギー位置を用いた分析は近年の少数の例外を除いてほとんどない (Jessee 2009, 2010; Joesten and Stone 2014, Simas 2013)。これは候補者のイデオロギー位置を推定するのが困難だからである。しかし，候補者の選好が同一政党内でも多様なことを考慮すると，有権者と政党の間だけではなく，有権者と候補者の間の選好の関係も重要な問題となる。

イデオロギー距離と投票行動を関連させるという空間投票は有権者にとって有益であり，民主主義の機能にとって重要であるが，情報コストの観点からは負担の大きい投票行動である。これを候補者レベルで行うためには大きなコストがかかるため，有権者がこのような投票選択を行っているのかを分析することには大きな意味がある。さらに，有権者は候補者とのイデオロギー距離を測るにあたって，自分と候補者の所属政党との距離という比較的簡単な代替物に頼っているのか，それとも候補者のイデオロギー位置をある程度正確に把握しているのかということも重要な研究課題である。本稿ではこれらを分析するために，有権者と候補者との比較可能なイデオロギー位置を推定したうえで，これらを用いて有権者の投票選択を分析する。まず有権者がイデオロギー空間上で距離の近い候補者に投票しているのかどうかを分析し，続いて有権者が候補者自身のイデオロギー位置との距離に応じた投票選択も行っているのか，それとも候補者の所属政党のイデオロギー位置との距離だけに応じた投票選択を行っているのかを分析する。

本稿の構成は次の通りである。次節では，候補者レベルのイデオロギー位置を利用するにあたって，本稿で用いる東大朝日調査の左右位置データについて説明し，このイデオロギー位置の自己回答を直接あつかうことで生じてしまう問題点を例を用いて解説する。2節では，これらの問題に対応するための既存の方法を紹介し，その問題点を指摘する。また，その問題点を回避するために本稿が採用するモデルとその推定方法を説明する。3節では，イデオロギー位置の推定結果を記述し，本稿のモデルを用いたリスケーリングが有権者および政治家のイデオロギー位置を個人間比較可

能にしていることを示す。4節では，推定で得られた有権者および政治家のイデオロギー位置を用いて，候補者レベルの空間投票の実証分析を行う。ここでは，有権者が小選挙区候補者のイデオロギー位置を考慮した投票行動を行っているのかを分析する。リスケーリングを行わないイデオロギー位置を用いるとイデオロギー距離の効果は確認できないが，リスケーリングしたイデオロギー位置を用いることによってイデオロギー距離は有権者の投票行動に影響を与えていることが明らかになった。さらに，この結果は候補者の所属政党のイデオロギー位置を基準として有権者が空間投票を行っているためだけではなく，有権者が候補者個人のイデオロギー位置を適切に判断して投票を行っていることも示される。

1．有権者と候補者のイデオロギー位置の推定と問題点

候補者レベルでの空間投票を分析するためには，有権者のイデオロギー位置と比較可能な候補者のイデオロギー位置の情報が必要である。政治家や有権者の政策選好を測定するためには，それらを直接に尋ねるサーベイ調査が広く利用されている（Ansolabehere et al. 2001; Saiegh 2009）[1]。それらのサーベイには，回答者の総合的なイデオロギー位置を尋ねる項目も含まれることが多い。本稿ではまず，こうした質問項目を含む大規模なサーベイ調査として，東京大学谷口研究室・朝日新聞共同調査（東大朝日調査）のデータを用いて，この方法における問題の所在とその解決方法を説明する。

東大朝日調査は，東京大学谷口研究室と朝日新聞が共同で行っているサーベイ調査である[2]。2012年衆議院議員選挙調査では，同選挙のすべての候補者と，全国からサンプリングされた有権者に対して郵送による調査が行われた。候補者調査は選挙の直前に行われ，1504人の対象者のうち1404人から有効回答を得ており，政治家に対する調査としては非常に高い有効回答率93.4％である。有権者調査は選挙の直後に行われ，3000人を対象に行われ，1900通の有効回答を得ている（回収率63.3％）。

候補者調査では，「日本に限らず，政治の立場を「左」－「右」の言葉で表現することがよくあります。このものさしで，あなたの立場を示されるとしたらいかがですか。あてはまる番号に1つだけ○をつけて下さい。」という質問文で，有権者調査では，「政治の立場を「左」－「右」の言葉で表

現することがよくあります。このものさしで，あなたの立場を示されるとしたらいかがですか。あてはまる番号に１つだけ○をつけて下さい。」という質問文で，回答者のイデオロギー位置を尋ねている。また，回答は「０（最も左）」から「10（最も右）」の整数に丸をつける方式となっており，分かりやすさのために中間の５には「５（中間）」と付されている。

　このように，サーベイ調査では「左－右」や「保守－革新」といった代表的な対立軸を提示し，両端を明示したうえで自己の位置を回答してもらうという方法がとられる。ここでの仮定は，回答者の潜在的なイデオロギー位置と回答されたイデオロギー位置とが一致している，というものである。

　それでは，この仮定は満たされていると考えられるだろうか。この問いに対する回答は，サーベイ回答者の潜在的なイデオロギー位置が明らかにならない限り，困難である。しかし，回答者間で想定されているイデオロギー空間が同質のものであるか，ということは確かめることができる。ここでは，2012年の東大朝日調査に含まれている，「同様のものさしで，以下の人びとや団体の立場（平均）は，どこにあるとお感じになりますか。」（両調査で共通）という質問を利用する。この質問では，直前に尋ねられている自己のイデオロギー位置と同様のものさしで各政党の位置が尋ねられているため，回答者間で「ものさし」が共通であるかを検証できるのである。各政党の位置は潜在的には回答者に依存しない共通のものであるはずであり，回答者の自己位置によってこれらに差異がある場合には回答者間で「ものさし」が異なっていることが分かる。

　図１は，回答者の自己位置ごとに民主党と自民党のイデオロギー位置をどのように回答したかを示したものである。黒いバーは民主党のイデオロギー位置の回答頻度を示し，白抜きのバーは自民党のイデオロギー位置の回答頻度（正負逆転）を表す。左のサブパネルは政治家調査の回答に基づき，右のサブパネルは有権者調査の回答に基づく。水平方向のサブパネルは自己のイデオロギー位置を区別しており，上から順に，a(0, 1, 2)，b(3, 4)，c(5)，d(6, 7)，e(8, 9, 10) を回答したことを示す。すなわち，回答者の自己イデオロギー位置は上のサブパネルほど左寄りであることを示す。

　政治家調査では上のサブパネルほど，民主党と自民党を右寄りに位置づけていることが分かる。つまり，回答者の自己位置が左寄りであるほど，

図1 回答者の自己イデオロギー位置と政党のイデオロギー位置回答の関係

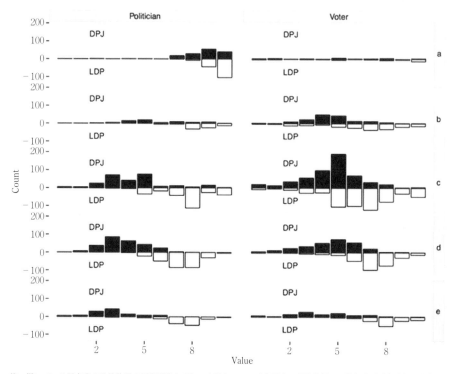

注：黒いバーは民主党の政策位置の回答頻度を示し，白抜きのバーは自民党の政策位置の回答頻度（正負逆転）を表す。左のサブパネルは政治家調査の回答に基づき，右のパネルは有権者調査の回答に基づく。水平方向のサブパネルは自己の政策位置を区別しており，上から順に，a(0, 1, 2)，b(3, 4)，c(5)，d(6, 7)，e(8, 9, 10) を回答したことを示す。

二大政党をともに右寄りに位置づけているのである。有権者調査の方はやや異なる傾向を示している。まず，自己イデオロギー位置がやや左寄り (b) と右寄り (e) の場合に，中間 (c) や，やや右寄り (d) よりも民主党のイデオロギー位置を左寄りに回答しやすい。次に，回答者の自己イデオロギー位置が右寄りになるほど，自民党のイデオロギー位置も右寄りに位置づけられている。自民党と民主党のイデオロギー位置の回答を一対一に対応付けていないのではっきりとは分からないが，政治家調査の方では上のサブパネルほど民主党と自民党のイデオロギー位置を大きく区別しているよう

である。

　このように，サーベイ質問によって回答者のイデオロギー位置を尋ねる場合には，回答者間で想定されるイデオロギー空間が異質なものである可能性が高い。これによって，潜在的には同じ選好を有する回答者であっても，各選択肢が選択される可能性が異なるという特異項目機能（differential item functioning）の問題が発生してしまう。そして，本来は同じ位置を占めるべき各政党のイデオロギー位置が異なっているということは，同じ空間上に位置づけられた自己イデオロギー位置も，回答者間で異なる意味を持っているということを意味する。したがって，回答者の自己イデオロギー位置を直接に比較することには問題が生じてしまうのである。

　空間投票の分析においてはこのような回答者間のイデオロギー空間の異質性があまり問題とはされてこなかったが，この問題を解決しないまま分析を行うことには大きな問題がある。本稿では，イデオロギー空間の異質性を修正して自己イデオロギー位置回答をリスケーリングする方法を応用して同一空間上のイデオロギー位置を推定し，これを用いて空間投票の分析を行う。

2．基点となる観察を用いた比較可能なイデオロギー位置の推定

　サーベイ調査を用いた方法における弱点は，回答者によって回答する際に想定されるイデオロギー空間が異なる可能性があるという問題である。この問題に対しては，Aldrich and McKelvey (1977) に始まる多くの改善策が提案されてきた[3]。

　1つ目の方法は，基点となる観察（bridging observations）を利用して，回答されたイデオロギー位置をリスケーリングする方法である。基点となる観察とは，同一であると仮定できる位置に関する情報を有する観察を指し，回答者間で異ならない政治的アクターに関するイデオロギー位置の回答が頻繁に用いられる。Aldrich and McKelvey (1977) は，個人ごとに位置づけの平均値と間隔が異なることを想定し，大統領候補者のイデオロギー位置を基点となる観察として回帰分析の枠組みによって対処している。Saiegh (2009)，Hare et al. (2015)，Lo et al. (2013) 等もこの方法を応用している。Bailey (2007) および Bailey and Maltzman (2007) では，裁判において賛否を分ける点のイデオロギー位置を利用した推定を行っており，Lo et al.

(2013)は，欧州議会の同一政党グループに所属する政党が共通の位置にいると仮定した分析を行っている。複数のサーベイ調査における同一の質問項目のイデオロギー位置が同一であると仮定した分析を行っている Hirano et al. (2011) もこの方法の一種であると考えられる。基点として利用可能な観察が存在する場合には，有用な手段である。

2つ目の方法は，固定ビネットを用いた方法である（Bakker et al. 2014; King and Wand 2007; Wand 2013）。この方法では仮想的な状況を例示し，これに対する回答者の回答を基点となる観察として利用する。Bakker et al. (2014) では架空の政党の具体的な政策を提示し，その政策を与えられたスケール上に位置づけることを求める質問を用いて，比較可能な空間上への位置づけを行っている。

本稿では，1つ目の方法を応用して推定を行う。東大朝日調査では，政治家調査と有権者調査で自身の左右位置に加えて，各政党の左右位置についても尋ねている。そこで，各政党の潜在的な真の位置が同一であることを利用してリスケーリングを行い，回答者間の異質なイデオロギー空間を標準化する。さらに，政治家調査と有権者調査で共通の政党の位置が尋ねられていることを利用して，政治家と有権者を同一の空間上に位置づける。

本稿では，Aldrich and McKelvey (1977) の提案する Aldrich-McKelvey scaling (AMS) を応用してイデオロギー位置をリスケーリングする。まず，AMSでは，個人ごとのイデオロギー空間の違いを表すパラメータを以下のモデルによって推定する。

$$\theta_j = \alpha_i + \beta_i z_{ij} + u_{ij}. \tag{1}$$

θ_j は j 番目の基点となる観察の潜在的な真のイデオロギー位置を表し，i による実際の回答を z_{ij} によって表す。α_i および β_i はそれぞれ i のイデオロギー空間のシフトパラメータとウェイトパラメータを表す。シフトパラメータは個人の回答の偏りを表し，この数値が大きいほど回答全体の数値が小さいことを意味している。ウェイトパラメータは個人の回答の広がりを表し，この数値が大きいほど狭い範囲でイデオロギー空間を想定していることを意味する。u_{ij} は平均0，標準偏差 σ の正規分布にしたがう誤差項である。

ここで得られた推定値を用いて，各人の自己イデオロギー位置の回答 v_i を次のように修正する。

$$\pi_i = a_i + \beta_i v_i \ . \tag{2}$$

これによって得られた各人の潜在的な真のイデオロギー位置 π_i は，個人間で比較可能なイデオロギー空間上に位置づけられている。

本稿では，この AMS を応用したモデルをベイズ推定することで比較可能なイデオロギー空間上への位置づけを行うが，ここで Hare et al. (2014) の Bayesian Aldrich-McKelvey scaling (BAMS) との違いを説明しておく。BAMS では以下のモデルによって各人のシフトパラメータとウェイトパラメータを推定する。

$$z_{ij} \sim N(\mu_{ij},\ \sigma_{ij}) \ , \tag{3}$$
$$\mu_{ij} = a_i + \beta_i \theta_j \ . \tag{4}$$

θ_j は j 番目の基点となる観察の潜在的な真のイデオロギー位置を表し，z_{ij} は i による実際の回答を表す。a_i および β_i はそれぞれ i のイデオロギー空間のシフトパラメータとウェイトパラメータである。シフトパラメータは個人の回答の偏りを表すが，ここでは数値が大きいほど回答全体の数値が大きいことを意味している。ウェイトパラメータは個人の回答の広がりを表すが，ここでは数値が大きいほど広い範囲でイデオロギー空間を想定していることを意味する。BAMS では，基点となる観察の真のイデオロギー位置を個人ごとのシフトパラメータとウェイトパラメータで線形変換したものが誤差を伴って観察されるとする点で，AMS とは観察可能な変数の位置が左右逆になっている点に注意が必要である。

BAMS では，次の式によって個人のイデオロギー位置をリスケーリングする。

$$\pi_i = \frac{v_i - a_i}{\beta_i} \ . \tag{5}$$

BAMS の利点は，個人のパラメータの不確実性を評価できること，および，欠落データが存在しても推定が可能なことである（Hare et al. 2015）。特に後者については，UTAS データのように複数の政党のイデオロギー位置を基点となる観察とする場合に，非ベイズ的な AMS では DKNA が 1 つでもあると推定ができなくなるのに対して，BAMS では 3 つ以上の政党のイデオロギー位置が回答されていれば推定が可能であるという利点は大きい。

他方で，BAMS ではイデオロギー軸を理解できていない個人のパラメー

タがうまく推定できないという問題がある。基点となる観察を適切に並べられない回答者は，ウェイトパラメータ β_i が0付近に推定されるが，このことによって式(5)によってリスケーリングされた自己イデオロギー位置 π_i が0から遠く離れた位置に推定される。しかし，この回答者はイデオロギー軸を理解できていないだけであり，極端な政策を支持しているわけではないはずである。したがって，基点となる観察を適切に回答できていない回答者がいる場合に，BAMSはそれらの回答者の自己イデオロギー位置のリスケーリングに失敗するという欠点をもつのである。

このような問題を回避しつつ，BAMSのもつ利点を取り入れるために，本稿では次のモデルによって推定を行う。

$$z_{ij} \sim N(\mu_{ij}, \sigma_i), \tag{6}$$
$$\mu_{ij} = a_i + \beta_i (\theta_j - \pi_i), \tag{7}$$
$$z_{i0} = v_i \sim N(a_i, \sigma_i). \tag{8}$$

このモデルでは，回答者の潜在的な真の自己イデオロギー位置を直接にモデルに取り込むことができる。そのため，潜在的な真の自己イデオロギー位置を求めるにあたってBAMSのように推定されたパラメータを用いて事後的に計算する必要がない。さらに，BAMSではウェイトパラメータによって政党の距離を修正する際に8政党の回答された平均値を中心として広がりを増減させているが，本稿のモデルでは回答者の潜在的な真のイ

図2　架空の回答例と本稿のモデルによるイデオロギー位置推定

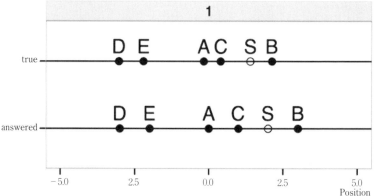

注：図の白抜きの丸は回答者の自己政策位置を表し，黒塗りの丸は政党の政策位置を表す。

デオロギー位置を中心として広がりを増減させている。このことは，回答者が政党のイデオロギー位置を回答する際に自己のイデオロギー位置を基準にして各政党の位置をとらえ，そのイデオロギー位置を回答するという現実の過程とより整合的である。また，各政党の位置を適切にとらえられていない回答者は β_i が 0 付近に推定されるが，そのような回答者であっても真の自己イデオロギー位置が極端な位置として推定されてしまうことはかなりの程度まで防ぐことができる。

このモデルによるイデオロギー位置のリスケーリングについて架空の個人による自己イデオロギー位置および政党イデオロギー位置の回答例を用いて説明する。図 2 の白抜きの丸は回答者の自己イデオロギー位置を表し，黒塗りの丸は政党のイデオロギー位置を表す。図 2 の上段に示したように，他の個人と比較可能な同一のイデオロギー空間上でのこの回答者の自己イデオロギー位置は1.40であり，政党A－Eはそれぞれ－0.17，2.13，0.40，－3.03，および，－2.21に位置している。下段は実際の回答の数値であり，左の例では回答者の想定する空間がやや右寄り（$a_i = 2$）でスケールが広めである（$\beta_i = 1.2$）が，右の例ではやや左寄り（$a_i = -0.2$）でスケールはやや狭い（$\beta_i = 0.6$）。このように，潜在的には同じイデオロギー位置であっても，回答者の想定する空間の異質性によって，実際の回答はかなり異なったものになる可能性がある。本稿のモデルでは，実際の回答から各パ

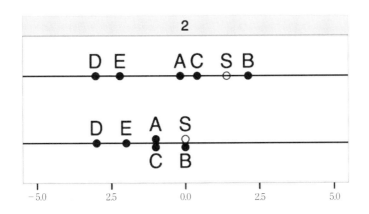

ラメータを推定することによって回答者間で異ならない同一のイデオロギー空間上でのイデオロギー位置を推定することができる。

本稿では，政治家調査と有権者調査のデータを同時に用いて推定を行う[4]。基点となる観察とする政党は，民主党（DPJ），自民党（LDP），日本未来の党（Mirai），公明党（CGP），共産党（JCP），みんなの党（YP），社民党（JSP），および，日本維新の会（JRP）の8政党である[5]。推定に当たっては，イデオロギー空間を適当な範囲に定める必要があるため，8政党の真の位置の平均および標準偏差をリスケール前の平均値および標準偏差と同じとすることで空間を固定した[6]。政治家調査と有権者調査のデータは，自己イデオロギー位置の無回答者を除外し，さらに8政党のイデオロギー位置をすべて同じ位置か2種類の位置でしか回答していない回答者は，イデオロギー的な政党位置把握を行っていない可能性が高いため除外した。推定に用いたのは，政治家調査から916名，そして有権者調査から1201名のデータである。

パラメータの推定は，マルコフ連鎖モンテカルロ（MCMC）法によってベイズ推定を行った（Jackman 2009）。α_iおよびβ_iは平均0，標準偏差100の正規分布にしたがう無情報事前分布を用い，平均0，標準偏差100の正規分布にしたがう無情報事前分布を用いたθ'_jの平均値と標準偏差を上述の値に調整することによってθ_jとし，推定を行った。また，π_iは平均0でリスケーリング前の政党のイデオロギー位置の2倍の標準偏差の事前分布を用い，σ_iの事前分布は最小値0，最大値100の一様分布にしたがう無情報事前分布とした。3つの異なる初期値を用いたシミュレーションを行った。それぞれの最初の50,000回は初期値の影響が強いために除外し，その後に500,000回ずつ合計で1,500,000回の繰り返し計算を行った。時系列的な自己相関を減少させるために，各シミュレーションの50回に1回をサンプリングし，合計30,000の事後観察を得た。Gelman-Rubin診断によって，すべてのパラメータが基準値となる1.1を下回ったため，慣例にしたがって収束したと判断した（Gelman and Rubin 1992）。

モデルを推定した結果，政治家調査のうちの4名（0.4%）と有権者調査のうち288名（24.0%）については，左右軸の意味を正しく認識できていない可能性が高いために後の分析から除外した[7]。また，政治家調査のうち，主要8政党の所属候補者でない68名（7.4%）も後の分析には含まれていな

い。以下，本稿のモデルを用いてリスケーリングを行った結果と，それらを行わない場合の比較をしながら推定結果について述べていく。

　まず，政党の左右位置の推定結果は，リスケーリング前とほぼ変わっておらず，政党位置の推定が妥当であることが示された[8]。さらに，推定された政党位置の信用区間は非常に狭くなっており，より正確に各政党の位置が推定できたといえる。

　図3には，各政党の候補者の自己イデオロギー位置の密度を推定した。上から順に民主党，自民党，日本未来の党，公明党，維新の会，共産党，みんなの党，社民党の密度を示している。政党ごとに上側の黒い曲線でリスケーリング後の密度を示し，下側の白抜きのバーでリスケーリングを行わない場合の密度を示している。リスケーリング前の密度は，比較を容易にするために実際の回答から5を引くことで，中間を0として−5から5の範囲の値をとるように調整した。

　まず，リスケール前には未来の党と維新の会の候補者が左右軸の中間である0を最頻値とした非常によく似た分布をしている。このことは，未来の党が左派的で維新の会が右派的であるという既存の知見と整合的でなく，自己イデオロギー位置の回答が直接には比較不可能であることをよく表している（加藤 2014）。しかし，リスケーリングを行うことで，未来の党の候補者は左寄りに，維新の会の候補者は右寄りに推定された。

　次に，各政党の凝集性についてもリスケーリングの有無によって大きな違いがある。リスケーリングを行わない場合には，公明党が最も凝集的であり，2番目の社民党について，未来の党と維新の会とみんなの党が同程度の凝集性を示し，民主党と共産党が次に凝集的で，自民党が最も凝集性が低い。しかし，リスケーリングの結果，共産党が最も凝集的で，次に社民党と公明党がほぼ同じ凝集性を示し，民主党と自民党とみんなの党が次に凝集的で，未来の党と維新の会がこれらよりやや凝集性が低いことが分かった。共産党の凝集性が高いことは広く知られており，リスケーリングによってそのことが正しく推定されている。また，その他の政党の凝集性の順番も直観や既存の知見に合致しており，リスケーリングによって政党の凝集性の評価もより正しく行えるようになることが示された（谷口 2015）。

図3 候補者の自己イデオロギー位置の密度

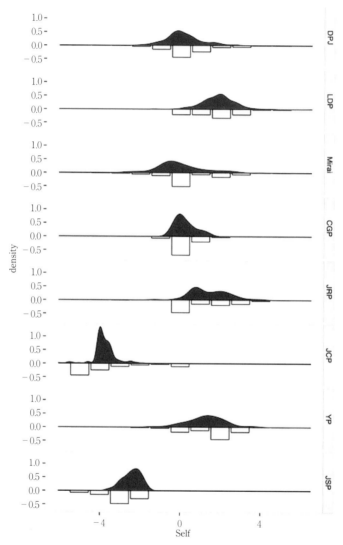

注:図の黒い曲線は各政党の候補者の自己イデオロギー位置の密度を表し,白抜きのバーはリスケーリング前の自己イデオロギー位置の数値から5を引いた値の密度(正負逆転)を表す。

紙幅の関係でここに図を示すことはできないが，有権者の自己イデオロギー位置は0よりやや右寄りの公明党のイデオロギー位置とほぼ同じあたりを最頻値としており，少し右に膨らんだ分布をしている[9]。共産党や社民党のイデオロギー位置付近にはほとんど有権者が分布しておらず，自民党のイデオロギー位置もかなり裾の方になっている。各政党の候補者と支持者を比較すると，民主党と未来の党で両者の重なりが多く，ついで公明党および維新の会で重なりが大きい[10]。その次に自民党およびみんなの党で重なりが大きく，社民党と共産党は重なりが小さくなっている。重なりが小さくなる原因は，各政党の候補者の方が凝集性が高く，また，より極端な位置を中心に分布しているためである。

3．空間投票の分析

有権者および政党の推定されたイデオロギー位置を用いて，空間投票を分析する。本稿では，近年によりいっそう広く用いられるようになってきている近接性モデルを用いる（Jessee 2009, 2010; Joesten and Stone 2014, Lachat 2015, Simas 2013, Singh 2010）[11]。近接性モデルとは有権者が投票先を選択する際に自分により近い政党・候補者に投票するというモデルである。UTAS調査では，2012年の有権者調査で小選挙区での投票先を尋ねているため，この質問への回答と候補者と有権者のイデオロギー位置を用いて分析を行う。

近接性投票を分析する際には，有権者による自己イデオロギー位置の回答と政党や候補者の位置の回答を用いることが多い。この場合には，有権者が支持政党や投票政党のイデオロギー位置を近くに感じてしまうという「投影」の問題が生じる（谷口 2005）。有権者の認識によって政党や候補者の位置を測定する場合には，有権者がイデオロギー的に近い政党や候補者に投票するのか，「投影」によって投票政党の位置を自分のイデオロギー位置の近くに回答しているのかの識別が困難になってしまうのである。

これに対して，本稿では候補者自身による自己イデオロギー位置の回答を用いるため，「投影」の問題を避けることができる。したがって，有権者がイデオロギー的に近い候補者に投票している場合には，イデオロギー的な近接性が投票行動に影響しているということが明らかになるのである。

本稿では，2012年総選挙時に小選挙区で主要な選挙競争を行った民主党，

自民党,および,維新の会の3政党について分析を行う[12]。この3政党を2政党ずつの組とし,それらの候補者がともに出馬している小選挙区を対象とし,どちらかの政党に投票した有権者の投票選択を分析する。ここで,有権者が投票によって得られる効用を近接性モデルで一般的なように次のように想定する(Jessee 2009, 2010; Joesten and Stone 2014, Lachat 2015, Simas 2013, Singh 2010)。

$$u_{d[i]}^{12} = -\psi\left((\pi_{d[i]} - c_{1d})^2 - (\pi_{d[i]} - c_{2d})^2\right) . \quad (9)$$

$u_{d[i]}^{12}$ は選挙区 d の有権者 i が政党1と政党2の候補者の投票選択において政党1の候補者に投票するときの効用の差を表す。$\pi_{d[i]}$ は選挙区 d の有権者 i のイデオロギー位置を表す。c_{1d} は選挙区 d の政党1の候補者のイデオロギー位置を表し,c_{2d} は選挙区 d の政党2の候補者のイデオロギー位置を表す。式(9)は,有権者の効用が候補者との距離が離れるにしたがって減少することを意味している。

この効用関数のもとで,有権者の党派性を統制変数とする次の一般化線形モデルを推定する。

$$\mathrm{logit}(\Pr(y_i = 1)) = \zeta + \gamma \left((\pi_{d[i]} - c_{1d})^2 - (\pi_{d[i]} - c_{2d})^2\right) + \lambda I_i + \kappa G_{di} + \varepsilon_i . \quad (10)$$

$\Pr(y_i = 1)$ は,有権者 i が政党1に投票する確率を表す。ζ は切片を表す。$\pi_{d[i]}$ は選挙区 d の有権者 i のイデオロギー位置を表す。c_{1d} は選挙区 d の政党1の候補者のイデオロギー位置を表し,c_{2d} は選挙区 d の政党2の候補者のイデオロギー位置を表す。I_i は有権者 i の支持政党を表し,G_d は選挙区 d の現職候補を表す。ε_i は誤差項を表す。γ,λ,および,κ は係数であり,分析の関心は近接性投票の強さを表す γ にある。近接性モデルの空間投票が行われていれば,相対的なイデオロギー距離の係数である γ は負になる。

表1 近接性投票の分析結果
(リスケーリングをした自己イデオロギー位置)

	DPJ vs LDP		DPJ vs JRP		LDP vs JRP	
	coef	p	coef	p	coef	p
γ	−0.07 (0.04)	0.10	−0.13 (0.06)	0.04	−0.16 (0.06)	0.00
# of Districts	76		40		57	
N	181		69		144	

注 かっこ内は標準誤差

表2 近接性投票の分析結果
(リスケーリングをしない自己イデオロギー位置)

	DPJ vs LDP		DPJ vs JRP		LDP vs JRP	
	coef	p	coef	p	coef	p
γ	−0.02 (0.03)	0.70	−0.03 (0.03)	0.36	0.01 (0.03)	0.76
# of Districts	76		40		57	
N	181		69		144	

注 かっこ内は標準誤差

　リスケーリングを行った有権者と候補者の自己イデオロギー位置を用いた分析結果を表1に，リスケーリングを行わない自己イデオロギー位置を用いた分析結果を表2に示す。リスケーリングした自己イデオロギー位置を使った分析では，3つの分析結果それぞれにおいて近接性投票の強さを表す係数 γ が10％，5％，および，1％水準で統計的に有意である[13]。自民党と維新の会の投票選択の結果を用いて効果量を推定すると，有権者の政党支持がどちらの政党でもなく両候補者ともに新人だった場合には，平均的なイデオロギー距離の有権者の維新の会の候補者に対する投票確率は32.4％であるのに対して，維新の会に1標準偏差だけイデオロギー距離の近い有権者は維新の会候補者への投票確率が47.7％であり，1標準偏差だけ遠い有権者の維新の会候補者への投票確率は20.1％である[14]。これに対して，リスケーリングしない自己イデオロギー位置を使った分析では，3つの分析結果すべてで γ が10％水準でも統計的に有意ではない。これは，リスケーリングを行わないことにより，各有権者と各候補者は同一の空間に位置づけられていないため，推定の精度が極端に落ちたからである。このように，空間投票の分析を行う際には，同一の空間上の比較可能なイデオロギー位置を用いることが重要になるのである。本稿では，適切なモデルによって有権者と候補者の自己イデオロギー位置を比較可能な空間に位置づけなおすことにより，候補者レベルでの空間投票が行われていることを示すことができた。

　それではこの結果は，有権者が各候補者のイデオロギー位置をある程度正確に認識して投票選択を行えたことによるものといえるだろうか。それとも，有権者は候補者の所属政党とのイデオロギー距離という比較的利用しやすい情報を代替的に用いることによって投票選択を行った結果，この

ような分析結果となったのであろうか。本稿では，候補者レベルの空間投票のメカニズムを解明するために，以下のデザインによって分析を行う。

まず，図3に示したように，民主党，自民党，および，維新の会では同一政党内で候補者間のイデオロギー位置のばらつきが大きい。そのため，有権者の一部にとっては，候補者自身のイデオロギー距離による近接性と，候補者の所属政党との近接性とが大きく異なり，そのどちらの近接性を考えるかによってよりイデオロギー距離の近い候補者が異なるということが起こりうる。したがって，これらの有権者が候補者自身のイデオロギー位置と候補者の所属政党のイデオロギー位置のどちらの近接性評価に基づいて投票しているのか，あるいはその両方を利用して投票しているのかを分析することができるのである。

先ほどの分析と同様に民主党と自民党，民主党と維新の会，および，自民党と維新の会の2政党ずつ3組の投票選択のデータを用いる。これらの投票選択のうち，候補者自身のイデオロギー位置の近接性と候補者の所属政党のイデオロギー位置による近接性との順位が逆転しているものだけを取り出し，分析する。民主党と自民党の組に対する投票選択を例とした場合，政党とのイデオロギー距離では民主党との距離が近い有権者の大半は候補者とのイデオロギー距離でも民主党の候補者との距離が近いが，一部の有権者は政党とのイデオロギー距離では民主党との距離が近いが候補者とのイデオロギー距離では自民党の候補者との距離が近いということがある。前者のタイプの有権者は所属政党との距離と候補者自身との距離のどちらに影響をうけているのかが分かりにくいが，後者ではこれをより明確に区別することができるのである。1つ1つの組では観察数が非常に少ないため，3組の投票選択のデータをプールして分析する。分析には以下のモデルを用いる。

$$\begin{aligned}\text{logit}(\text{Pr}(y_{ki}=1)) = & \zeta + \eta_k s_k + \gamma_1 \left((\pi_{d[i]}-c_{k1d})^2 - (\pi_{d[i]}-c_{k2d})^2\right) \\ & + \gamma_2 \left((\pi_{d[i]}-p_{k1})^2 - (\pi_{d[i]}-p_{k2})^2\right) \\ & + \lambda(I_{k1i}-I_{k2i}) + \kappa G_{kd} + \varepsilon_i .\end{aligned} \quad (11)$$

$\text{Pr}(y_{ki}=1)$ は，投票選択の組 k において有権者 i が政党1に投票する確率を表す。ζ は切片を表し，s_k は投票選択の組を表す。$\pi_{d[i]}$ は選挙区 d の有権者 i のイデオロギー位置を表す。c_{k1d} は選挙区 d の投票選択の組 k における政党1の候補者のイデオロギー位置を表し，c_{k2d} は選挙区 d の投票選択の組

k における政党2の候補者のイデオロギー位置を表す。p_{k1} は投票選択の組 k における政党1の候補者のイデオロギー位置を表し，p_{k2} は投票選択の組 k における政党2の候補者のイデオロギー位置を表す。I_{k1i} は有権者 i の支持政党が投票選択の組 k における政党1であることを示し，I_{k2i} は有権者 i の支持政党が投票選択の組 k における政党2であることを示し，G_{kd} は選挙区 d の投票選択の組 k における現職候補を表す。ε_i は誤差項を表す。η_k，γ_1，γ_2，λ，および，κ は係数であ

表3 候補者自身のイデオロギー位置と所属政党のイデオロギー位置

	Pooled	
	coef	p
Candidate γ_1	−0.23 (0.09)	0.01
Party γ_2	−0.19 (0.10)	0.06
N	99	

注 かっこ内は標準誤差

り，分析の関心は近接性投票の強さを表す γ_1 および γ_2 にある。候補者自身のイデオロギー位置を基準とした近接性モデルの空間投票が行われていれば，候補者自身のイデオロギー距離を用いた相対的なイデオロギー距離の係数である γ_1 が負になる。候補者の所属政党のイデオロギー位置を基準とした近接性モデルの空間投票が行われていれば，候補者の所属政党のイデオロギー距離を用いた相対的なイデオロギー距離の係数である γ_2 が負になる。γ_2 だけではなく γ_1 も負であれば，有権者は候補者とのイデオロギー距離も投票行動に反映させていることが示される。

表3は，候補者自身のイデオロギー位置を用いたイデオロギー距離と候補者の所属政党のイデオロギー位置を用いたイデオロギー距離をともに説明変数とした空間投票のモデルの分析結果を示す。候補者自身のイデオロギー位置を用いたイデオロギー距離に対する係数 γ_1 は5％水準で統計的に有意であり，有権者がイデオロギー距離を候補者間で比較する際に所属政党のイデオロギー距離だけではなく，候補者自身のイデオロギー距離を考慮していることを明らかにしている。

4．結論

本稿では，候補者レベルのイデオロギー距離を用いた空間投票を分析した。有権者と候補者個人のイデオロギー位置を比較可能な形で利用するためには，サーベイによって自己イデオロギー位置を尋ねるという方法を考えることができる。しかし，サーベイ回答者が回答の際に想定するイデオロギー空間が異質であるために，回答された自己イデオロギー位置を直接

に分析に用いることは望ましくない。実際に，サーベイ回答者の自己イデオロギー位置と政党のイデオロギー位置回答の比較から，回答者間では想定されているイデオロギー空間が異なっている可能性が高いことが示された。

　この問題の解決策としては，Aldrich-McKelvey scaling (AMS) が提案されており，またそれを発展させた Bayesian Aldrich-McKelvey scaling (BAMS) も提案されている。これらは，回答者間で潜在的に異ならない位置をもつ候補者や政党のイデオロギー位置を用い，それらの基点となる観察によって回答者間の異質性を修正することによって回答者の自己イデオロギー位置を比較可能にするという方法である。本稿では，BAMS が多くの基点となる観察とともに用いられるときに推定上の問題を起こすことを指摘し，それを回避するために新しいモデルを提案した。そして実際に2012年衆議院総選挙についての東大朝日調査のデータを用いて，政党のイデオロギー位置の回答を基点となる観察として回答者の自己イデオロギー位置をリスケーリングすることができることを示した。候補者のイデオロギー位置の推定結果は，リスケーリングを行わない場合よりも明らかに改善されていることが，政党ごとの候補者の分布と凝集性の比較から分かった。

　続いて，リスケーリングされたイデオロギー位置を用いて近接性モデルに基づく空間投票についての分析を行った。本稿の分析では，有権者と候補者を同時に推定することができたために，両者を同一の空間に位置づけることができている。このことを利用して，小選挙区での有権者の投票行動が小選挙区に出馬している候補者のイデオロギー位置との近接性によって変動しているのかを分析した。候補者と有権者の自己イデオロギー位置をリスケーリングした値を用いた分析では，有権者が自らのイデオロギー位置に近い候補者に投票しやすいことが明らかになった。他方で，同じ分析をリスケーリングなしに行うと，推定結果は3つの分析すべてで統計的に有意にはならなかった。リスケーリングを行うことで，元々は比較不可能であった回答者の自己イデオロギー位置が，同一空間上に位置づけられたものとして比較可能になり，有権者が候補者レベルの空間投票を行っていることが明らかになったのである。

　さらに，このような候補者レベルの空間投票がどのようなメカニズムに基づいて行われているのかを分析した。ここでは，有権者が候補者個人の

イデオロギー位置をある程度まで理解して近似性を比較しているのか，それとも有権者は候補者の所属政党のイデオロギー位置との距離を代替的に用いているのかということを分析した。候補者自身のイデオロギー位置との近似性と候補者の所属政党のイデオロギー位置との近似性の順位が逆転している有権者にサンプルを絞った分析を行ったところ，有権者は候補者自身のイデオロギー位置との距離による空間投票も行っていることが明らかになった。民主党，自民党，および，維新の会という2012年当時に有力であった3つの政党は，それぞれ党内の候補者間にイデオロギー的に比較的大きなばらつきを抱えた政党であった。有権者は，自らの選挙区に出馬している各政党の候補者がどのようなイデオロギー位置をとっているのかということを，所属政党のイデオロギー位置だけからではなく他の情報を付加することによって，より正確に理解して投票選択を行っていた。この結果は，空間投票理論において有権者が各政党のイデオロギー位置を把握し自己イデオロギー位置との距離を比較することでさえ情報コストの観点から困難であると考えられているのに対して，有権者がより情報コストの高い候補者個人のイデオロギー位置を理解して投票選択を行っていることを示している点で，既存研究に新たな知見を付け加えている。

　有権者がこのような投票選択を行えているということは民主主義の機能にとっても重要な含意をもつ。2005年，2009年，2012年，そして2014年と小選挙区で特定の政党が地滑り的な勝利をすることが続く中で，有権者の投票判断において政党が占める役割は大きくなってきたといえる。しかし，政党ラベルが与えられれば有権者の投票行動が決まってしまうわけではなく，候補者自身がどのようなイデオロギー位置をとっているのかということも重要なのである。所属政党とは異なるイデオロギー位置をとる候補者は，異なる有権者から支持を集めるかわりに一部の有権者の支持を失う可能性が高いのである。

　最後に，本稿の分析の限界と今後の研究の方向性について述べる。回答者間の回答の異質性の存在を理解したとしても，使用可能なサーベイデータに基点となる観察が存在しない場合には，本稿のような方法は使うことができない。イデオロギー位置のように比較的容易に基点となる観察がみつかる場合もあるが，多くの質問項目では具体的な例を提示してそれに対応する選択肢を選ばせる固定ビネットのような方法を併用する必要がある

228

であろう。基点となる観察のための質問項目や固定ビネットの利用は，サーベイ調査で質問可能な項目数や紙幅に強い制約が課せられている状況では，サーベイ設計者にとってもその導入が困難になるという問題がある。あらゆる質問項目について基点となる観察をいれるのは現実的ではないため，回答者間の異質性が強く疑われる場合にこれらの方法を利用し，それ以外の場合にはランダム効果等のよりモデルに重きを置いた手法によって対応することが現状での適切な選択となるのかもしれない。基点となる観察が少ない場合や全くない場合のモデルについては今後の研究の発展に期したい。

本稿の分析結果は有権者が高い情報コストにもかかわらず候補者自身のイデオロギー位置を理解して投票選択を行っているということを示しているが，空間投票の既存研究からは意外ともいえる結果である。このような候補者個人のイデオロギー位置に関する情報がどのように有権者に理解されるようになったのかを分析する必要があるだろう。また，こうした投票行動が2012年にしか見られない特殊なものであったのか，選挙年によらないより一般的な投票行動であるのかということを分析することも今後の課題としたい。

[付記] 本研究は，現代政治過程研究フォーラム春季研究会（2014年5月23日，東京大学）において報告されました（「有権者・政治家・政党の比較可能な空間上への位置づけと政治過程における政策位置関係の効果の実証分析」）。コメントをいただいた参加者の方々に感謝いたします。また，小椋郁馬さん，川人貞史先生，武居寛史さん，前田健太郎先生，前田幸男先生，森川想さん，および，匿名の2名の査読者の方々には草稿に対して有益なコメントをいただきました。特に，三輪洋文さんと山内創一郎さんには研究の様々な過程において多くの貴重なコメントをいただきましたことを感謝いたします。なお，残された誤りの責任はすべて著者にあります。本研究は，JSPS 科研費268240の助成を受けたものです。また，本稿の分析に用いたコードを含む Online Appendix は筆者の個人ウェブサイト（https://sites.google.com/site/hirotokatsumata/）で公開いたします。

（1） 他の方法として，点呼投票データを次元縮約する（Martin and Quinn 2002; Poole and Rosenthal 2011），選挙におけるマニフェスト等の政策に関するテクストを分析する（König et al. 2013; レイヴァー・ブノア 2006），

そして，複数の政策争点に関する賛否の背後にある対立軸を推定する（Converse 1964），といった方法が用いられる。しかし，選挙における候補者のイデオロギー位置を知るためには，点呼投票データは体系的なデータ欠落から利用が困難であり，政党レベルのマニフェストデータは利用できない，といった問題がある。これらの方法の簡潔な比較としては，Broockman (2015), Laver (2001, 2014), レイヴァー・ブノア（2006），Saiegh (2009), 谷口（2006），および，Volkens (2007) を参照。

（2）本稿で用いるデータとサーベイのコードブックはすべて東大朝日調査のウェブサイトからダウンロードすることができる。http://www.masaki.j.u-tokyo.ac.jp/utas/utasindex.html

（3）この分野の方法の発展は近年目覚しく，方法の体系的な分類はなされていない。以下の分類は，相互に排他的ではなく，1つの手法の中に複数のアイディアが用いられる場合もあるし，複数の方法を組み合わせて推定が行われる場合もある。

（4）サーベイに対する実際の回答は0から10のスケールであるが，推定にあたって回答された値から5を引くことで-5から5のスケールとした。

（5）政治家調査では，未来の党は国民の生活が第一という名称であったが，推定では同一の政党としてあつかっている。これらを異なる政党として推定を行うことも可能である。

（6）より正確には，8政党のイデオロギー位置回答を政党ごとに平均した値を求め，その8つの値の平均値および標準誤差を用いた。

（7）ウェイトパラメータの50％信用区間が0以下を含むか否かを基準とした。これらの回答者は政党や候補者をイデオロギー位置によって判断できていないことが強く示唆される。また，他の政治家や有権者と同一のイデオロギー空間に自己イデオロギー位置を定義できないことを意味する。したがって，これらの有権者は空間投票を行うということはできない。なお，本稿では信用区間として最高事後密度区間を用いる。

（8）Online Appendix を参照。

（9）Online Appendix を参照。

（10）Online Appendix を参照。

（11）有力な対抗モデルとして方向性モデルがあるが，信頼性の高い方法によって近接性モデルの方が有権者の投票行動をよりよくモデル化できていることが示されている（Tomz and Van Houweling 2008）。

（12）2012年総選挙において小選挙区では民主党，自民党，維新の会の3党の間での議席争いが主要なものであった。そのため，これらの政党の候補者間での選挙競争を分析することによって得られる知見は十分な外的妥当性を有する。

(13) 戦略投票の可能性を考慮し，各モデルに対して残りの3党目の候補者が小選挙区に出馬しているか否かをコントロール変数に含めた分析も行ったが，係数と有意水準はほとんど変わらない。この点をご指摘いただいた匿名の査読者に感謝する。また，戦略投票が行われるということは，イデオロギー距離が近いが勝算の低い候補者への投票をせずに勝算がある候補者の中でイデオロギー距離が近い者に投票するということである。つまり，戦略投票は近接性投票を打ち消すような方向に効果を及ぼす。したがって，戦略投票が存在したとしても本稿の近接性投票の推定結果はコンサバティブなものである。

(14) ここでのイデオロギー距離は，$((\pi_{di1} - c_{1d})^2 - (\pi_{di1} - c_{2d})^2)$ であり，自民党と維新の会の候補者の投票選択における平均値は -0.07，標準偏差は4.04である。また，民主党と自民党の候補者の投票選択においては，イデオロギー距離が平均より1標準偏差だけ民主党に近い有権者は58.0％の確率で民主党に投票するのに対し，1標準偏差だけ遠い有権者は41.0％の確率で民主党に投票する。

参考文献

Aldrich, John and Richard McKelvey. 1977. "A Method of Scaling with Applications to the 1968 and 1972 Presidential Elections." *American Political Science Review* 71 (1): 111-30.

Ansolabehere, Stephen, James M. Snyder Jr., and Charles Stewart III. 2001. "Candidate Positioning in U.S. House Elections." *American Journal of Political Science* 45 (1): 136-59.

Bailey, Michael A. 2007. "Comparable Preference Estimates Across Time and Institutions for the Court, Congress and Presidency." *American Journal of Political Science* 51 (3): 433-48.

Bailey, Michael A., and Forrest Maltzman. 2007. "Does Legal Doctrine Matter? Unpacking Law and Policy Preferences on the U.S. Supreme Court." *American Political Science Review* 102 (3): 369-84.

Bakker, Ryan, Seth Jolly, Jonathan Polk, and Keith Poole. 2014. "The European Common Space: Extending the Use of Anchoring Vignettes." *Journal of Politics* 76 (4): 1089-101.

Broockman, David E. 2015. "Approaches to Studying Policy Representation." Forthcoming, *Legislative Studies Quarterly*.

Converse, Philip E. 1964. "The Nature of Belief Systems in Mass Publics." In *Ideology and Discontent*, ed. David E. Apter. Ann Arbor: University of Michigan Press.

Gelman, Andrew, and Donald B. Rubin. 1992. "Inference from Iterative Simulation Using Multiple Sequences." *Statistical Science* 7: 457-511.

Hare, Christopher, David A. Armstrong II, Ryan Bakker, Royce Carroll, and Keith T. Poole. 2015. "Using Bayesian Aldrich-McKelvey Scaling to Study Citizens' Ideological Preferences and Perceptions." *American Journal of Political Science* 59 (3): 759-74.

Hirano, Shigeo, Kosuke Imai, Yuki Shiraito, and Masaki Taniguchi. 2011. "Policy Positions in Mixed Member Electoral Systems: Evidence from Japan." Typescript.

Jackman, Simon. 2009. *Bayesian Analysis for the Social Sciences*. John Wiley & Sons.

Jessee, Stephen A. 2009. "Spatial Voting in the 2004 Presidential Election." *American Political Science Review* 103 (1): 59-81.

Jessee, Stephen A. 2010. "Partisan Bias, Political Information and Spatial Voting in the 2008 Presidential Election." *Journal of Politics* 72 (2): 327-40.

Joesten, Danielle A., Walter J. Stone. 2014. "Reassessing Proximity Voting: Expertise, Party, and Choice in Congressional Elections." *Journal of Politics* 76 (3): 740-53.

加藤淳子. 2014. 「政党の政策位置についての専門家調査」. http://www.katoj.j.u-tokyo.ac.jp/ (2016年1月28日最終アクセス).

King, Gary, and Jonathan Wand. 2007. "Comparing Incomparable Survey Responses: Evaluating and Selecting Anchoring Vignettes." *Political Analysis* 15 (1): 46-66.

König, Thomas, Moritz Marbach, and Moritz Osnabrügge. 2013. "Estimating Party Positions across Countries and Time: A Dynamic Latent Variable Model for Manifesto Data." *Political Analysis* 21 (4): 468-91.

Lachat, Romain. 2015. "The Role of Party Identification in Spatial Models of Voting Choice." *Political Science Research and Methods* 3 (3): 641-58.

Laver, Michael. 2001. "Position and Salience in the Policies of Political Actors." In *Estimating the Policy Position of Political Actors*, ed. Laver, Michael. Routledge: 66-75.

Laver, Michael. 2014. "Measuring Policy Positions in Political Space." *Annual Review of Political Science* 17 (1): 207-23.

レイヴァー, マイケル・ブノワ, ケネス. 2006. 「政党の政策位置を推定する——比較の中の日本」. 『日本政治研究』 3 (1): 109-33 木鐸社.

Lo, James, Sven-Oliver Proksch, and Thomas Gschwend. 2013. "A Common Left-Right Scale for Voters and Parties in Europe." *Political Analysis* 22 (2):

205-23.

Martin, Andrew D., and Kevin M. Quinn. 2002. "Dynamic Ideal Point Estimation via Markov Chain Monte Carlo for the US Supreme Court, 1953-1999." *Political Analysis* 10 (2): 134-53.

Poole, Keith T., and Howard L. Rosenthal. 2011. *Ideology and Congress*. Transaction Publishers.

Saiegh, Sebastian M. 2009. "Recovering a Basic Space from Elite Surveys: Evidence from Latin America." *Legislative Studies Quarterly* 34 (1): 117-45.

Simas Elizabeth N. 2013. "Proximity Voting in the 2010 U.S. House Elections." *Electoral Studies* 32 (4): 708-17.

Singh, Shane P. 2010. "Contextual Influences on the Decision Calculus: A Cross-National Examination of Proximity Voting." *Electoral Studies* 29 (3): 425-34.

谷口尚子．2005．『現代日本の投票行動』．慶應義塾大学出版会．

谷口将紀．2006．「衆議院議員の政策位置」．『日本政治研究』3（1）：90－108　木鐸社．

谷口将紀．2015．「日本における左右対立（2003〜14年）：政治家・有権者調査を基に」．『レヴァイアサン』57：9－24．

Tomz, Michael, and Robert P. Van Houweling. 2008. "Candidate Positioning and Voter Choice." *American Political Science Review* 102 (3): 303-18.

Volkens, Andrea. 2007. "Strengths and Weaknesses of Approaches to Measuring Policy Positions of Parties." *Electoral Studies* 26 (1): 108-20.

Wand, Jonathan. 2013. "Credible Comparisons Using Interpersonally Incomparable Data: Nonparametric Scales with Anchoring Vignettes." *American Journal of Political Science* 57 (1): 249-62.

2016年度　書評

日本政治学会書評委員会

政治理論　　　　　　　　　　　　　　　＜評者　松元雅和＞

対象　山崎望・山本圭（編著）『ポスト代表制の政治学
　　　　――デモクラシーの危機に抗して』ナカニシヤ出版，2015年

　近年，政治学において代表制に関する再検討が盛んに進んでいる。2014年には早川誠『代表制という思想』（風行社）が刊行されたことに続き，2015年には三浦まり『私たちの声を議会へ――代表制民主主義の再生』（岩波書店），待鳥聡史『代議制民主主義――「民意」と「政治家」を問い直す』（中公新書）が相次いで刊行された。こうした，民主主義論におけるある種の「代表制的転回」（Sofia Näsström, "Where Is the Representative Turn Going?" *European Journal of Political Theory* 10/4 [2011]: 501-10）がわが国の政治学にも見られるなかで，本書はあえて「ポスト代表制」と銘打ち，代表制の是非を問い直し，その先を展望するという野心的著作である。

　本書が編まれた問題意識は，序章に置かれた次の数節に端的に示されている。すなわち，「代表制度が存続しているにもかかわらず，政治がその枠内に回収されず，代表のメカニズムそれ自体がうまく機能していないような状況を，本書では『ポスト代表制』と呼ぶことにしよう。本書において私たちが捉えようとするのは，このポスト代表制状況における私たちの代表制民主主義の行方である」（7頁）。具体的には，アラブの春，オキュパイ・ウォール・ストリート，3・11以後の脱原発デモのようなここ数年来の出来事が，本書の基底となっているポスト代表制の政治状況を指し示しているのだという。

　とはいえ，本書の主張は，単に直接民主主義を本来のあり方であるとし，代表制民主主義の至らなさを批判するものではない。むしろ，あとがきで触れられているように，「代表制と手を切ることが現実的に困難であり，さらにはそれが私たちのデモクラシーにとって必ずしも望ましいものでもない」（300頁）という認識のもと，代表と民主主義の関係をあらためてどの

ように問いなおすかが，本書を貫く共通課題となっている．それは，各章の章題にすべて「代表」の文字が用いられていることからも明らかであろう．その意味で，本書は従来の素朴な代表批判からは距離を置いている（10-17頁）．

本書に掲載された著者・テーマは多彩であり，残念ながらそのすべてを限られた紙幅のなかで網羅することはかなわない．以下では編者の整理を踏襲しつつ（17-19頁），重要と思われる2つの論点に沿って議論を整理していこう．第一に，民意を代表することの（不）可能性について．代表制が，時間的にも空間的にも限定された民意を制度的に切り出す仕組みであるとすれば，ポスト代表制の政治状況下では，既存の仕組みによっては回収・表象しきれない政治的主体が多様に現出している．第2章「国境を越える代表は可能か？」，第3章「代表制のみが正統性をもつのか？」などは，この点に関して踏み込んだ議論を展開している．

第二に，民意を代表することの両義性について．代表制は本来的に，代表する者とされる者の双方を，同一化しつつ分離するという二重の機能を備えている．両者のあいだのズレを埋めようとしつつも残さざるをえないという緊張関係が代表制の宿命であるとすれば，ポスト代表制の政治状況下では，一方で議会政治に対して不信や諦念を抱く過剰な分離と，他方で議会政治と自己を安直に同一視する過剰な同一化という極端な状況が生じている．同様の論点は各論文に見られるが，とくに第7章「民意は代表されるべきか？」はこの点を中心的に扱っている．

ほかにも，熟議，動員，宗教など，多様な側面から代表制の是非を問いなおし，新たな民主主義のあり方を展望することが本書の眼目であり，その目論見は高い水準で達成されていると思われる．それは，政治史，思想史，現代社会運動などの様々な次元から代表制にまつわる根源的な問題を拾い出し，共同研究・共同執筆の強みを生かして，幾重にも異なる光を投げかけている．戦前の日本と19世紀のフランスを考察した第8・9章は一気に時代を遡るが，「ポスト代表制」問題が近代民主主義に内在する普遍的な問いであることを示している．

また，本書のアプローチは主として理論的・思想的であるが，実証研究の新たなテーマ・課題を掘り起こす契機になることも期待できよう．例えば，メディアの進化が可能にしたといわれる「社会運動のクラウド化」（第

1章），市民社会を含めた熟議システムの一部として固有の役割を期待される代表制の熟議機能（第4章），民主的過程における自己理解の変容を通じた諸宗教間の平和的対話関係の構築可能性（第6章）などである。このように，本書には民主主義のポテンシャルをどの向きに，またどのように引き出していくかについてのアイデアが数多く盛り込まれている。

　ただし，評者の観点から，まだ十分に掘り下げられていない，あるいは今後の課題とされるべき点も幾つか確認された。以下箇条的に列挙しておこう。第一に，代表制が備えている，代表する者とされる者のあいだの「ズレ」の積極的側面である。確かに本書でも，この宿命的なズレこそが民主主義の活力になりうるとの指摘がなされているが，その一方で，このズレは民意の暴走を食い止め，慎重な審議や意見の多様性を保持するという見方もありうる。代表と民主主義の関係を問いなおすという問題提起の射程に比して，民主主義の制約的機能をも担う代表制の側面をどこまで理論化しえているかについては疑問の余地がある。

　第二に，上記の点とも関連するが，民意の反映や国民の平等処遇といった価値とは別個に，意思決定過程を通じて（比較的に）正しい決定を導きうる点に注目する，民主主義の認識的価値に関する政治哲学的議論（David Estlund, *Democratic Authority* [Princeton UP, 2008]）がある。とりわけ代表制に関連しては，知識・時間・能力の差から，一般市民と職業政治家のどちらが政治のかじ取りをすべきかという，まさに民主主義の認識的価値に直結する問いが浮上せざるをえない。認識的民主主義それ自体の是非と併せて，この問いに本書の立場からどのように応答しうるかは，一介の読者として関心をもっている。

　第三に，理論研究であるという性質上仕方ない面もあるが，経験的知見の扱い方が気になった。本書の諸論文は概して，理論それ自体を論理的・整合的・体系的に構築するというよりも，現前の政治的現実を「理論化」し，その本質的要素を抽出するという手法をとっている。そうである以上，参照される現実が選択的にならざるをえないという問題はついて回る。例えば，著者陣が念頭に置いているここ数年来のポスト代表制的政治状況が，「デモクラシーの危機」（副題）とまで呼べるような本質的な機能不全の典型的事例であると評価できるかどうかは，多分に政治的争点のインパクトにまつわる経験的問題である。

言うまでもなく，民主主義は政治学の中心的概念であり，かつ代表制民主主義は今日におけるその中心的形態である。そうしたなかで，「ポスト代表制」の問題圏を積極的に提示し，その展望を占おうとする本書の刊行は，今後の民主主義研究ひいては政治学研究の重要な一里塚になりうるであろう。

政治過程　　　　　　　　　　　　　　　＜評者　大川千寿＞

対象　待鳥聡史『政党システムと政党組織』東京大学出版会，2015年

本書は，政党システムと政党組織についての諸研究・理論を，比較政治的に整理したうえで，現代日本の政党政治を解釈した意欲的な著作である。

著者は，まず序章において，次のように政党を定義する。すなわち，「政治に関係する何らかの利益を確保するために形成され，自らが政治権力の行使に直接たずさわることで，その目的を達成しようとする集団」（2頁）というものである。そして，政党は利益表出・利益集約などの諸機能を果たし，「有権者と公職者の間に，定期的な選挙を最大の媒介手段とする委任・責任関係（本人・代理人関係）が成立している政治体制」（13頁）としての民主主義体制において「切っても切れない伴走者のような存在」(13頁)であると指摘する。

そのうえで本書では，今日の民主主義体制に至る政党，政党システム，政党組織の歴史的展開を振り返る。その際，とりわけ20世紀以降の政党研究・理論のあり方の歴史的な変化が，全体を通して強く意識されている。そして，これまでの多様な政党研究・理論をある枠組みのもとに丁寧に整理しながら，議論が進められる。その枠組みとは，一口で言えば「マクロからミクロへ」ということである。

「マクロ」とは，1970年代ごろまでのヨーロッパを中心に進んだ，歴史の展開や社会経済構造を独立変数とする政党研究・理論群のことを指す。一方「ミクロ」とは，政治家や有権者など個々のアクターの合理的な選択，あるいは制度に着目し，誘因構造を独立変数として，因果関係の把握を追求するミクロな研究・理論群を表している。こちらは，1980・90年代以降にアメリカ政治学の影響を受けて発展してきたものである。

本書では，特にミクロなアプローチを重視し，各アクターにとって目的合理的な存在である政党という観点から主に議論が展開される。ただし，

それはマクロなアプローチの重要性を単純に否定することを意味しない。むしろ，ミクロ・マクロが接合しつつある今日の研究の発展にも目を向けようとしているのである。

　各章の内容の詳細な説明は，本稿の紙幅の関係もあり省かざるを得ないが，本書の第1章以下の構成の大枠は，次の通りである。

　まず第1章で政党システム論について，第2章で政党組織論についての諸研究・理論が検討される。そのうえで，第3章では日本の政党システムについて，第4章では日本の政党組織について論じられる。終章では，以上の議論を踏まえて，選挙制度と執政制度によって作り出された誘因構造に従い，合理的に行動した政治家や有権者らにより，日本の政党システムと政党組織が形成されていると結論付けられる。

　第1章から第4章はいずれも，①主題についての歴史的展開，②主題についてマクロ・ミクロ双方の理論的観点からみた説明，③今日・最新の理論の展開と説明という流れで一貫している。また，本書全体としては，政党システム論と政党組織論について，いずれもまず一般的説明がなされ，それに基づいて日本のシステム・組織論について検討し，対照が加えられるという構成となっている。

　このように，本書では現実の政党政治のあり方の変化に気を配りつつ，それぞれの議論が抱える問題にも適宜言及しながら，分かりやすく一貫した議論枠組みのもとに，海外と日本双方の政党や政党システム，政党組織に関する主要な理論とその変化がみごとに整理されている。

　著者も本書のあとがきで言及しているように，日進月歩で複雑化，多様化する政党研究の分野にあって，その作業は決して楽ではなかっただろう。本書は，政党全般に関する後進の研究の基盤となる1つの明快な理論的見取り図を提示しており，知的資産として非常に意義深いものであるといえよう。

　また，本書は「シリーズ日本の政治」の第6巻として刊行されている。現代日本の政党政治は，一般的な理論に基づいて把握し，諸外国と客観的な形で比較することが十分に可能であり，またせねばならないというメッセージを，想定される幅広い読者に対して伝えようという著者の意欲が十二分に伝わってくる業績である。今後本書は，政党論や日本政治の必読文献となり，教科書としても活用されることになるだろう。

このように，非常に優れた著作であると考えるが，あえていくつかの点について指摘しておきたい。

まず，政党システムや政党組織をみるうえで重要な，「政党とはいかなる存在か」という問いにかかわることがらである。先述の，本書における政党の定義で鍵となる概念が「利益」であろう。確かに本書でも，各政党が具体的にどのような「利益」を追求しているのかについて，それぞれ一定の言及はなされているように思われるが，まとまった形では示されない。

もとより政党の定義は一義的に定まるものではない曖昧さを備えており，また私的な結社である以上，著者も認めているように，彼らの「利益」の中身は，政党間でも，あるいは同一党内においても実に多面的であろう。ただ，政党が実現を目指す「利益」とはどのようなもので，いかなる種類に分類でき，本書の主題である政党システムや政党組織の形成とどのような連関をもっているのか，もう少し明示的に検討してもよいのではないかと思われる。

2点目は，本書が採用する政党研究の方法論的展開についてである。本書では，基本的にはマクロ分析の限界を踏まえてミクロ分析が登場し，隆盛したという流れで描かれている。もちろんこれは，具体的な事例とともに，政党研究についての主要な理論を客観的に年代順にまとめる作業を経たうえでのことで，ミクロな分析をマクロな視点から補強する最近の研究動向にもきちんと言及されている。

しかし，本書においては，ミクロ分析がマクロ分析の欠点をカバーし，優先するのが自明である，つまり，マクロ分析の欠点の反転として当然に優れたものとして，ミクロ分析があるかのように感じられる部分もある。

したがって，政党研究あるいは政治学一般におけるマクロ・ミクロ双方のアプローチはどう異なり，それぞれの利点・欠点はいかなるものなのかについて，さらに丁寧に説明を加えたうえで，ミクロ分析が重視されるべき理由について，より説得的に議論することが必要なのではないだろうか。

著者は，終章において本書全体をまとめたうえで，現代日本の政治過程を「不完全な多数主義」（193頁）と暫定的に特徴づけた。衆議院と参議院，国政と地方政治などアリーナ間の違いに留意する必要はあるものの，選挙制度や執政制度の影響を受けて，今日の日本政治は多数主義を基本原則とするように変化したと位置付ける。評者も基本的には異存はない。

その一方で，自民党を中心とする政党政治のあり方自体は一時期の例外を除いて，制度の変化を経ても変わっていない。これは，自民党がうまく適応できたという面もあろうが，制度改革前の特徴を維持している部分もかなりあるように思われる。また，共産党の選挙における候補者擁立のあり方や，民主党政権時の与党・民主党の内部対立による分裂など，政治家が制度のもとで必ずしも合理的に行動するとは限らないということも学んできた。

　変化の意義を強調し過ぎることにより，見失いかねないことがあることにも自覚的でありたい。「民主主義の永遠の伴走者」（序章サブタイトル）である政党とよりよく歩み，より深く知るために。

行政学・地方自治　　　　　　　　　　＜評者　松井　望＞

対象　出雲明子『公務員制度改革と政治主導　戦後日本の政治任用制』
　　東海大学出版部，2014年

　政治と行政のインターフェイス（接点）は，二つの異なる視点から考えられてきた。一つは，政治が行政を統制する視点である。つまり，主人たる国民，政治家から委任を受けた官僚制が暴走しないように監督し，場合によっては行動を抑制する。そのため，政治家たちは自ら官僚組織に政務官として入る優越・従属関係の制度として，政治任用制の整備が構想される。

　もう一つは，政治と行政を分離する視点がある。一つめの統制の視点には副作用がある。それは，官僚の「政治化」である。戦前日本では自由任用制を濫用し，情実や党派による官職の政治化が起きた。政治化は，行政運営に大きな影響を与える。たとえば，行政需要の複雑化には政治化された官僚機構では対応できないおそれが生じる。さらには行政の専門性を失いかねない。そこで，特定の人々の意図や思惑を取り除き，相互不介入関係の制度として，資格任用制（メリットシステム）が樹立される。

　では，戦後日本の公務員制では，どのように政治と行政のインターフェイスが整備されてきたのだろうか。確かに，戦後のいつの時代も，政務官の増員要求や，国務大臣への民間人任用，総理補佐官の整備，内閣官房の特別職の拡充，各省幹部職員の一般職から特別職への切り替えなど，時代ごとに政治任用制の構想があった。しかし，本書は明らかにする。政治任

用制は拡大どころか，極めて「限定的な政治任用制」であり続けたのである。はたしてなぜだろうか。

本書が導き出した結論は明快である。それには，現代の公務員制の原理である資格任用制に原因があるとみる。つまり，精緻に構築された資格任用制が運用され，政治任用制を採用する余裕を与えなかったのである。むろん，政治任用制は導入できなかったわけではない。導入には，国家公務員制度，政務官制度，執政の補佐体制の三つの制度を改正すれば良い。しかし，三つの制度間では法的な整合性を確保しなくては臨めない体制となっていた。そして，なによりも同改革を導く法的関心を引きつけなければならなかった。しかし，政治任用への関心は，公務員制の他の改正事項が優先され続けた。結果，政治任用制は限られた範囲でしか採用されない「限定的な政治任用制」となった。この「限定的な政治任用制」とは，本書では，政治任用制が樹立されたものではなく，国家公務員法に基づく特別職の運用であった，とも断言する。

以上の特徴を示す職として，第2章から第4章で分析した次官がある。戦後改革期は，戦前の自由任用を限定すべく，資格任用制の厳格化が進められた。この資格任用制を踏まえれば，次官もまた昇任時には試験が必要になり，従来の昇任慣行が続けられなくなる。そこで「避難」策として，当初は次官を特別職に位置付けた。しかし，次官が特別職となれば国会議員からの官職要求を受け，国会議員の次官兼職の可能性が生まれかねない。その要求に応じるように，政務次官を残置し，（事務）次官の兼職を回避した。さらには，法改正により試験に「選考」概念を含めることで，一般職でありながらも試験の回避を可能としたうえで，次官を一般職へと改めた。ここに，行政と政治とが分離する「ふたりの次官」体制が生まれたのである。つまりは，戦後改革期には「議員登用型」の政治任用を一部で認めながらも，一般職の任用基準が厳格な箍となり，官僚機構内への政治任用者の闖入を決して許さない体制である「限定的な政治任用制」を築き上げたのである。

しかし，その後，政治任用制の構想は立ち枯れたわけではない。むしろ，間欠泉のごとく，時代時代の行政改革の場に噴出する。それは，政治が行政を統制するという視点から，執政体制の改革として現れる。これらの改革を，本書では第5章から第8章で，内閣機能及び内閣の補佐機能強化，

官邸強化の構想として分析する。

　第一臨調では内閣の総合調整機能の強化が焦点となり，内閣補佐官の導入が検討された。しかし，補佐官が政策決定に関わるには，本来，首相を補佐する大臣との関係から法的問題が指摘されてきた。そこで，結果的には権限も既存職位もあいまいなものとなり，内閣法の改正案も頓挫し続けた。第二臨調でも総合調整機能が争点であった。しかし，その方法は従来とは異なった。政務官の配置よりも，内閣が人事権を一括管理する統制手法へと改革の焦点が移った。しかし，これには人事院の人事管理権限の再編が必要となった。結果，この改革もまた実現には至らない。つまり，資格任用基準は決して緩和されなかったのである。とはいえ，補佐機能は全く整備されなかったわけではない。制度改正を通じた政治任用制の拡充という正攻法は採用されなかったものの，私的諮問機関の設置や秘書官の登用等の非公式の補佐官配置という運用レベルで，事実上の政治任用の実績を重ねていった。

　1990年代には，政権交代を契機に政治任用制は拡充する。首相補佐官，副大臣，大臣政務官，公務員・民間人登用型の政治任用制が導入された。また，内閣総理大臣補佐官，内閣危機管理監，内閣副長官補，内閣広報官，内閣情報官という新たな政治任用職が設置された。しかし，本書で「準特別職」と概念化した同職は，純然たる政治任用ではない。任用上の規制はないものの一般職の服務規程が課される職であり，特別職の変種であった。つまり，「限定的な政治任用制」は拡充しながらも，やはり持続したのである。

　2000年代には，内閣府特命担当大臣や経済財政諮問会議による官邸主導体制のもとで，任期付任用や選考採用を用いながら，民間から専門性の高い政治任用が進められる。これにより，閉鎖型の公務員制が緩和していく。そして，政権交代後の民主党政権では，政治主導を実現すべく臨む制度改革は，上記の三つの制度に「正面からぶつかり飛び散った」のである。

　政治任用制を政治と行政のインターフェイスと捉え，戦後日本の政治任用制に関する制度構想とその審議過程を，各種史資料を渉猟し精緻に追跡した本書からは，政治任用制をめぐる検討過程もまた，政治と行政のインターフェイスを体現していることがよく分かる。しかし，多くの制度構想が殆ど実現されないこともさらによく分かる。そのため，本書は制度改革

構想の非決定の制度史を読んでいるかの感想をもつ。

なぜ，非決定の制度史が描かれたのか。本書の冒頭でのべられているモチーフと関連があるのだろう。それは，「政治と行政の望ましい関係に関する問い」である。つまり，本書の背景には，公務員制への政策思考があるのではないだろうか。しかし，それは，決して安易な政治任用制への期待ではない。本書が述べるように，政治任用制の実現には，資格任用制の見直しや現行の一般職と特別職の区分の再編，さらには，現行の執政制度の見直しが必要となる。冷静な分析的な論述から導かれたこれらの念意からは，制度改革への静かな熱い意思をも感じる。

公務員制研究は，行政研究プロパーの領域と敬遠されがちである。むろん，本書もまた各法技術的な議論や公務員制の定数等に関する管理技術等の公務員制特有の議論も含まれる。しかし，本書の射程は，決して公務員制にとどまるものではない。むしろ，政治と行政に関する広く，深い議論が展開されている。本書が，日本の政治と行政に関心があるもの全ての間での知的なインターフェイスとなることを願ってやまない。

政治思想史（欧米）　　　　　　　　　　　　　　＜評者　犬塚　元＞

対象　小野紀明『西洋政治思想史講義：精神史的考察』
　　　岩波書店，2015年

講義をおこなう立場となったとき，学説や解釈の変化ゆえ，学生時代に愛用した教科書を用いえなくなっている経験は，どの分野でも生じているはずである。思想史学でも事情は同じである。

リベラルデモクラシーや近代の形成・発展を物語りの中核に据えた，かつての西洋政治思想史の通史理解（日本では社会契約論の形成・発展をめぐる物語りの形態を採った）は深刻な挑戦を受けてきた。物語りの構築のなかでの見落としや歪曲が指摘され，単一の物語りには回収しがたい，多様な文脈のなかの多様な物語りが示されてきた。研究をとりまく環境・条件の変化と連動しながら，分析はますます精緻化・多様化しており，大掴みに思想の転換を描くという思想史研究のひとつの醍醐味は失われつつある。こうしたなかでは，単一のマクロナラティヴとしての通史はもはや成り立ち得ないとの指摘もなされている（ポーコック）。

しかし実務上の要請として，通史の授業担当者は，昔の教科書に頼らな

いとするならば，自らの物語りを構築せざるをえない。そうした講義経験の成果として，この数年のあいだに，久しく途絶えていた通史教科書の刊行が相次いだ。宇野重規『西洋政治思想史』(2013)は，東京大学での佐々木毅と福田有広の講義内容を継承しながら，驚くほどコンパクトに，初学者向けに通史をまとめた。戦後日本で政治思想史学と緊張関係にあった社会思想史学では，ディシプリンの成果を発展的に継承した坂本達哉『社会思想の歴史』(2014)が登場した。

　小野紀明『西洋政治思想史講義』は，神戸大学・京都大学における講義をもとにした500ページを超える通史叙述である。この講義が教育の現場で，学生に大きな衝撃を与えていたことには，平野啓一郎の証言がある(『図書』795号)。

　本書は，学部の通史講義としてきわめて高い水準を備える。研究と教育の一体化という理念を体現するかのように，小野の専門研究の知見が，教育にストレートに反映されているからである。その意味において本書の白眉は，19世紀ロマン主義から現代のポストモダニズムまでを扱った後半部分になにより求められる。それは，小野のこれまでの研究成果をめぐる格好の入門にもなっている。ここで読者は，狭義の政治思想には限定されない膨大な一次・二次資料を渉猟したうえで語られる，豊かな歴史叙述に出会うことになる（この分野の教科書の伝統に反し，本書は出典頁を明示する美点をもつ）。

　第一作『フランス・ロマン主義の政治思想』(1986)の冒頭の段落に，『ハイデガーの政治哲学』(2010)の登場を予告するかのようにハイデガーが大きく引用されていたことが示唆するように，研究者としての小野の関心は，当初より，19世紀ロマン主義から20世紀ドイツ思想（現象学・ハイデガー）に至る思想系譜に注がれてきた。さらに，1990年代におけるポストモダニズムとの邂逅を経て，『現象学と政治』(1994)，『二十世紀の政治思想』(1996)，『美と政治』(1999)では，その思想系譜の延長上にポストモダニズムも接続された。

　小野はロマン主義からポストモダニズムに至る思想系譜を，伝統的な西洋思想（「形而上学」）の解体という筋立てで語る。それは，現われと存在，仮象とイデアという二項対立の構図のもとに，現象の背後に存在しているはずの本当のもの（存在や本質の現前）に拘泥してきた「形而上学」，に対

する批判の物語りである。現われと存在の乖離に苦悩するロマン主義(「不幸な意識」)、意味喪失のなか実在を求めたアヴァンギャルドやドイツ表現主義、そしてそれらの思想にも残存した存在への郷愁を一掃して二項対立を退けて両義性を説いたハイデガーののち、ポストモダニズムは偶然性を引き受けるに至る。この物語りのなかで小野は、ニーチェやハイデガーにポストモダン的解釈を与える。ハイデガーの思想はケーレの前後を問わず「両義性の哲学」と解釈される。

　本書はのみならず、「形而上学」的な二項対立や「不幸な意識」に注目する同じ観点から、西洋政治思想史の全体に統一的なグランドナラティブを与えている。もとより、物語りの構築に脱落や歪曲は免れえないならば、単にそれらを指摘するだけでは充分な批判にはなりえないはずである。たとえば、本書の観点は、20世紀を語る場合にはアイデンティティ・ポリティクスとは親和的だが分配・再分配の政治とは相性が悪く、これまでの通史が主役として扱ったケインズ、社会民主主義、ハイエク、ロールズは本書の関心外である。本書の前半に目を転じるなら、古代ギリシアは、ヘーゲル『精神現象学』の図式に依拠して語られ、そのなかには啓蒙主義や「不幸な意識」が読み込まれている。近代や啓蒙に対しては、ロマン主義以後の批判者たちのパースペクティヴをふまえて、浅薄な理性主義・合理主義との評価が濃厚である。

　以上は、ロマン主義からポストモダニズムに至る思想系譜は小野にとって単なる研究の対象ではなく、研究の方法や観点を支えている、ということである。小野は第一作から本書に至るまで一貫して、「精神史」というアプローチから政治思想史を語ることを掲げる。それは、分析対象を狭義の政治思想に限らず、哲学・芸術・文学にまで量的に拡張する、というだけの主張ではない。「多くの共同体構成員を覆う漠然とした時代の雰囲気」(「時代の気分」)が存在するとの想定のもと、それが結晶化して生まれたテクストの分析を手がかりにして、翻ってその「時代の気分」や時代を明らかにすることが精神史の課題とされる。「精神史」のアプローチは、ディルタイの精神科学と結びつけて説明される。「時代の気分」が、人間を共同存在たらしめる「自他未分離の層」の産物とされるのは、まさしくディルタイ譲りの理解である。

　つまり「精神史」はそれ自体が、近代・啓蒙の限界を説いたドイツ思想

と緊密に結びついた方法的観点である。「精神史」はそうした出自ゆえに，「アルキメデスの点」を想定する素朴な主客二元論や実証主義を退け，存在被拘束性や解釈学的循環を論じてきた。この方法的観点からすれば，今日の政治思想史方法論のひとつのオーソドクシー（ケンブリッジ・メソッド）が「コンテクストをふまえたテクストの読解」や「原著者の意図の再現」という次元で定式化されるにとどまるならば，そのナイーヴさに小野は失笑を禁じえないはずである。

　興味深いのは，そのうえで構築される本書の物語りが，発展の物語りという特質において，伝統的な通史と歴史観を共有している点である。われわれのほうがより本質的な高みに立っている，というドイツの反近代・反啓蒙のエートスは物語りにも浸透している。啓蒙，ロマン主義，20世紀ドイツ思想，ポストモダニズムのそれぞれが前世代の限界を乗り越えていくのが，本書の中心の物語りである。これはリベラルデモクラシーの発展とは異なるが，あくまでひとつの発展の物語りであり，過去のテクストはそのなかで序列化されている。

　思想史が依然として，現在に至る発展の物語りであることについては，評価が様々ありうるはずである。小野が『古典を読む』（2010）と同じように本書でも，テクスト理解と他者理解を同じ営為とみなしていることとの整合性や関連も吟味できるのかもしれない。しかし同時にここでは，ポストモダニズムに対する小野の両義的な評価に目配りすべきである。

　本書は『ハイデガーの政治哲学』と同じように，ローティが愛好するクンデラのポストモダニズムを語りながら叙述を閉じる。そこで小野は，ポストモダニズムの達成に肯定的でありながらも，一定の留保や批判を示す。ガダマーに依拠してこの留保について論じた『美と政治』や『古典を読む』と同じように，小野は，共同性，他者との対話，「対話を通じた地平の融合」をめぐって，ポストモダニズムに対して語るべきことを確固としてもっている。発展の物語りの最後に位置するポストモダニズムに対するこうした両義的な態度は，本書が発展の物語りの単純さや楽観からはほど遠いことを示している。

政治思想史（日本・アジア）　　　＜評者　眞壁　仁＞

対象　月脚達彦『福沢諭吉と朝鮮問題：「朝鮮改造論」展開と蹉跌』

東京大学出版会，2014年
月脚達彦『福沢諭吉の朝鮮：日朝清関係のなかの「脱亜」』
講談社，2015年

　二つの著書で扱われる「朝鮮改造論」とは，福沢諭吉が提唱した，朝鮮を「文明化」させて「独立」を維持させるために，「日本単独での武力をともなう朝鮮内政改革」を要求するという議論である。朝鮮開化派の専門家である著者は，朝鮮近代史研究の側から従来の通説を再検討し，岩波版『福沢全集』に未収録の論説を含め，『時事新報』の朝鮮関係社説を網羅的に読み直した結果，一国史では描き得なかった論点を数多く提示した。2015年の講談社選書メチエ版は，2014年の前著の内容とも重複するが，「アジア主義」をめぐる新たな記述が加わり，また福沢没後の日本の朝鮮政策まで視野におさめた上での，福沢の「朝鮮改造論」の史的意義が確認されている。

　著者に大きな示唆を与え，しかも著書の中でその見解が検討された先行研究が二つある。一つは，「脱亜論」をめぐり学界の定説になっている，坂野潤治の評価である。1880年に初めて朝鮮人と出会った福沢は，同年末から「アジア盟主論」＝「アジア改造論」を唱えるが，実質は「朝鮮改造論」であり，その主張は，福沢が支援した金玉均ら朝鮮開化派のクーデターである甲申政変が失敗するまで続けられた。1885年3月発表の「脱亜論」は，彼の「アジア侵略論の開始」ではなく，むしろ政変失敗をうけた「状況的発言」であり，福沢による自らの「朝鮮改造論」の「敗北宣言」に過ぎない，という評価である。もう一つは，松沢弘陽による福沢の「同系発展の観念」の指摘とそこから生じる問題提起である。日本の幕末維新期の経験のアナロジーが，福沢の朝鮮への「政治的恋愛」に大きく作用しており，彼は，朝鮮は日本と同じ文明化の行程を歩むべきであるとの認識をもった。だがそのために，福沢には，「朝鮮について，理解し難い他者に接しているという感覚，自己の理解力についての限界の自覚」がみられなかった。しかし果たして，当の朝鮮開化派の側からは，福沢とは異なる独自の文明論を「始造」することができたのか，という論点である。

　坂野の方法と枠組みを引き継ぎながらも，著者は，社説「脱亜論」は「朝鮮改造論」の「敗北宣言」ではなかったと主張する。1880年以降の福沢の「朝鮮改造論」は，1882年の清による壬午軍乱の鎮圧によって，自らの経験のアナロジーでは対処できない「宗主国」清と「属邦」朝鮮の宗属関

係の問題に直面し，「第一の挫折」を経験した．また，福沢の門下生牛場卓蔵らが1883年以降に朝鮮で行った，日本の支援による文化事業が困難をきわめ，文化政策上で「第二の挫折」を味わう．それらに続く1884年12月の甲申政変の失敗は，たしかに「第三の挫折」であったが，それでも福沢は「朝鮮改造論」を抱き続けた．彼が，イギリスによる朝鮮の保護を唱え，「アジア盟主論」という「朝鮮改造論」を「放棄」するに至ったのは，イギリス艦隊による巨文島占領を受けて，それに対抗するロシアが朝鮮を占領するのではないかという緊張が東アジアに広がって以降の，「脱亜論」発表5ヶ月後の1885年8月だったという．

　著者の検討によれば，福沢の「朝鮮改造論」は，その後9年の間隔を経て「復活」する．1894年3月の上海での金玉均の暗殺をうけて，まず盟主日本による朝鮮への武力行使論が「復活」し，同年の東学党の乱から日清戦争勃発までにかけては，従来のアジアの立場にたった「アジア盟主論」ではなく，自由貿易主義という「世界文明の立場」からの「朝鮮改造論」として，「完全復活」していくのである．朝鮮では，近代的改革である甲午改革が，日清戦争勃発直前に始まり，福沢も「同系発展の観念」にもとづき期待を寄せていた．しかし，改革が行き詰まりを見せると，福沢の「改造論」も「行き詰まり」，1896年2月の国王高宗がロシア公使館に避難する「我館播遷」事件によって，改革の担い手たちが日本に亡命すると，福沢の「改造論」は「最終的に挫折」し，同年5月に「朝鮮改造論」は「再放棄」されてしまう．

　他方，松沢の問いに喚起されて，著者は，最初の日本留学生として慶應義塾に学んだ兪吉濬の文明観と，我館播遷以降「独立」の気運が高まった時期に漢城で活動していた徐載弼や尹致昊らの独立協会の運動を検証する．しかし，前者は，福沢と異なり道徳至上主義で，福沢以上に「一元的」な「同系発展の観念」を有し，後者も「日本の立場からの単系発展論」を，完全に内面化していた．松沢による可能性の示唆にも拘わらず，朝鮮での「文明論」の「始造」は，じっさい『独立新聞』でも試みられなかった．

　その一方で，松沢によって夙に注目され，福沢自身が「はっきりと日本の『文明主義』と『義侠心』の破綻を認め」た最晩年の社説「対韓の方針」（1898年4月）と，そこでの「文明主義の直輸入は断じて禁物なりと知る可し」との認識は，著者の立論でも，福沢の「朝鮮改造論」の帰結点であり，

単純に福沢を侵略論者とする理解への反論の根拠の一つになっている。著者は，たしかに「福沢の『アジア盟主論』は今日の基準からすると侵略論であ」り，日清戦争期の「改造論」も「帝国主義者の論だ」と明言する。福沢は自由貿易上の日本の利益を最優先に追求しており，一貫して日本による朝鮮の「併呑」や保護国化には反対したが，彼の「朝鮮改造論」は，朝鮮への態度としては，朝鮮の「反発を，武力行使をしてでも制圧して，文明化させる」という点で，韓国併合を経て「その後現実のものとなった日本の同化主義的朝鮮植民地支配の原型」であるとまで言う。だが，この社説「対韓の方針」での福沢自身の自己批判は，「文明度が異なる朝鮮に『日本の経験』を押し付けても」「反発を強めるだけだという『文明主義』批判」に立つという点で，「現実に進んだのとは別の朝鮮植民地支配政策論の原型」でもあったと解される。植民地政策とはいえ，「同化主義的支配と現地社会の維持と」は全く異なるものである。著者は，この後者の系譜に，「朝鮮の文明度に適応した政策」の必要を訴えた竹越与三郎の，イギリス流の「リベラルな帝国主義」を位置づけている。

　思想史研究として，両著は，福沢と『時事新報』の朝鮮政略論における情念の問題を扱った研究と読むこともできる。ここには，論説での朝鮮人の日本に対する「怨」や「日本人一般の感情」についての言及から，福沢自身の朝鮮への「政治的恋愛」とそれゆえの文章上の激しい感情の吐露，計算可能な利益の範囲を超える心情に至るまで，各種の次元の「感情」が含まれる。著者は，福沢の『時事小言』の主張に，アジアの「遅鈍」にとどまらず，文明化を進めるという「脱亜」論と，日本をアジアの一員に位置づけ，アジアの盟主として西洋諸国の侵略に「支那朝鮮」とともに対抗する「アジア盟主論」が含まれること，そして本来相反する「文明主義」（脱亜主義）と「アジア主義」の両契機が，福沢においては，「同情相憐むの念」という「義侠心」を介して結びつけられていることに注意を促す。「アジア主義」の嚆矢とみなされている興亜会のアジア連帯論にも，同様の「論理的なねじれ」がみられるというが，非合理的な情念の機能に着目すればこその指摘であろう。もっとも，福沢をアジア主義の文脈で論じるには，著者が東洋政略論を「朝鮮改造論」に限定したために論じ残されている問題が存在することも確かである。両著の内容を踏まえ，福沢存命中の「『時事新報』社説・漫言一覧」（『福沢諭吉事典』2010年）によりながら全論説

を検討する作業が，後続の研究者に委ねられている。

政治史（日本・アジア）　　　　　　　　　＜評者　中澤俊輔＞
対象　高杉洋平『宇垣一成と戦間期の日本政治
　　　デモクラシーと戦争の時代』吉田書店，2015年

　戦後70年の節目を迎えた2015年は，日本政治外交史への関心を高める契機となった。戦前の日本は，男子普通選挙と政党政治の実現によって一定の民主化を達成したにもかかわらず，なぜ戦争への不可逆的な流れに至ったのか。満洲事変，二・二六事件，日中戦争などと並んで歴史の分岐点に挙げられるのが，1937年の宇垣一成内閣の「流産」である。明治元年の1868年に生まれた宇垣一成は，陸軍エリートの道を歩み，五つの内閣で陸軍大臣を拝命し，朝鮮総督を務めた。政党や元老から期待され，首相候補と目された「政界の惑星」として知られる。一方，生前から宇垣の毀誉褒貶は甚だしかった。また彼の遺した『宇垣一成日記』は，万事につけて慎重との人物評とは裏腹に，強烈な自負と激しい感情を覗かせる。

　本書によれば，既存の研究において，宇垣は政党政治とも軍部の独裁的な国家運営とも違う「第三の選択肢」を体現する存在として，また「大正デモクラシー」体制に回帰する最後の手段として位置付けられてきた。本書は，宇垣の持ちえた可能性は認めつつも，「宇垣の現実的政治局面での実像を解明し，実現されなかった可能性への憧憬ではない，政治家『宇垣一成』に対するリアルな評価を下すことが可能となる」（8頁）としている。特に本書は，宇垣内閣「流産」の一点をもって宇垣を評価することには疑義を呈する。戦間期の15年の政治活動期を通して，宇垣の思考と行動が日本の進路に与えた影響を明らかにすることを，本書は目的としている。検証の対象には，当然ながら宇垣自身の政治的責任も含まれる。

　第Ⅰ部は，宇垣の政治的権威を高めた宇垣軍縮の実相を再検討している。四個師団廃止と引き換えに軍備近代化を達成した宇垣軍縮については従来，陸軍部内の対立が注目されてきた。しかし本書は，宇垣軍縮が元々は参謀本部の発意による点を強調する。宇垣は陸軍の「上原派」の抵抗にあい，与党からも要求をつきつけられるものの，加藤高明内閣の閣僚を説得して軍縮を実現したのだった。しかし，浜口雄幸内閣で宇垣が進めようとした第二次軍制改革に対し，参謀本部は反対に転じた。理由として，宇垣軍縮

によって列国との戦力格差が縮まらなかったこと，宇垣が提案した師団規模の縮小は戦時兵力の削減につながること，緊縮財政の下では国庫負担が見込めず師団数を維持したままでの装備近代化が困難なこと，が挙げられる。参謀本部と対立した宇垣は軍制改革を断念し，1931年4月の内閣交代を機に陸相を辞任したのである。

第二次軍制改革の余波は満洲事変にも及んだ。陸相の宇垣は，満洲の警備力強化を目的として外地の兵備改編を構想していた。参謀本部は当初，緊縮財政での予算上の困難を理由として宇垣の構想に反対した。しかし，1931年までに陸軍部内で満蒙問題の武力解決構想が高まると，参謀本部第二部と陸軍省軍務局を中心に外地兵備改編構想が再浮上する。「宇垣派」の南次郎陸相と金谷範三参謀総長は，数年後の軍中央主導による対外戦争を準備した。宇垣も満洲事変を契機として満洲問題の武力解決を肯定する立場へと転換し，南と金谷を介して陸軍に影響を与えたという。

第Ⅱ部は，宇垣内閣の流産に至る過程に焦点を当てている。宇垣内閣の成立を阻害した要因としては，陸軍部内の「反宇垣熱」と，軍部大臣現役武官制が指摘される。前者について，「宇垣派」は宇垣の個人的資質に依拠しており，安定性を欠いていた。そこで宇垣は，浜口内閣を介して福田雅太郎を朝鮮総督に推し，枢密顧問官に就任させることで「上原派」との関係改善を図った。だが，参謀総長の後任人事をめぐる上原との対立と，福田の早逝によって，宇垣は陸軍部内の協力者を失ってしまう。

後者について，宇垣は一貫して「統帥権独立」を擁護したが，それは陸軍省の監督下に参謀本部を置く構想だった。また，宇垣は文官大臣制には否定的だったが，武官大臣として政党と協調することで軍部大臣武官制と参謀本部独立制を維持しようとした。こうした宇垣の「統帥権独立」構想は参謀本部に従属を強いるものであり，陸軍部内の不満を醸成したのである。

本書はさらに，民政党・政友会が宇垣と距離を置いていた点を指摘する。1930年代の宇垣擁立工作に対し，宇垣は既成政党の大同団結を希望し続け，政党総裁となることに抵抗し続けた。加えて，宇垣は組閣に際して「革新的」な政策志向を有し，「革新派」の政党政治家を閣僚に想定していた。陸軍や「革新派」からは「現状維持派」と見なされた宇垣は，既成政党との間にも溝を生んでいたのである。

第Ⅲ部は，近衛文麿内閣の外相就任に至る宇垣の外交構想とその帰結を検討している。陸相時代の宇垣は，列国との協調の下に満蒙権益を保持する穏健な対中政策を志向した。満洲事変が勃発すると，宇垣は一転して全満洲の軍事的掌握を主張するが，後に穏健さを取り戻し，日中戦争に際しては速やかな戦闘の終結を望んだ。ところが，近衛内閣の参議に任命された宇垣は，「〔国民党政府を〕対手トセス」のような強硬な対中政策を支持した。宇垣の対中外交構想は動揺を続けた。

　そのうえで本書は，日本外交の分水嶺として1938年の宇垣の外相時代を位置づける。外相の宇垣は国民党政府との和平を模索し，「宇垣・孔祥熙工作」を展開した。しかし，蒋介石の下野を正式に要求したことは以後の障碍となった。さらに和平をめぐって参謀本部と対立し，秋季作戦を利用した和平が絶望的となったことで，宇垣の辞任は不可避となる。結局，対中外交一元化をめぐって近衛や外務省との間に齟齬を生じた興亜院問題が後押しとなり，宇垣は4か月で外相を辞任する。なお，宇垣は対中和平から英国の仲介を排除する一方，日英関係を損ねない範囲でドイツとの関係を強化した。また，外務省の陣営を刷新して白鳥敏夫を駐伊大使に任命した。これは白鳥の外務次官就任を回避する方策であったが，後の防共協定強化問題に禍根を残したと本書は指摘している。

　本書の意義は，宇垣と陸軍の関係を政策面から再検討し，既存の研究とは異なる宇垣一成像を提示しようとした点にある。また，「宇垣派」と「上原派」の対立についても，軍備近代化の手段（四個師団を削減してでも改革を実行するか否か）をめぐる「政策派閥」の分離として捉えるなど（54〜55頁），先行研究との差別化を試みている。

　本書が再三強調するのは，宇垣と陸軍の政策的な親和性であり，宇垣の政治力の源泉としての陸軍の重要性である。宇垣の権威を確固とした宇垣軍縮も，参謀本部の支持なくして不可能だった。宇垣は陸軍を統制することを期待されながら，自らの権力基盤が陸軍にあることを自覚し，陸軍との対立を回避することに腐心した。宇垣は軍人から政治家，そして首相への飛躍を志しながら，陸軍のセクショナル・インタレストを遂に超克できなかった。本書は，そうした宇垣の限界を認めつつ，「デモクラシー」と戦争の時代にあって政治生命を維持するために不可避であったと結論づけている。

なお本書は，宇垣が関与したとされる三月事件については，史料的制約から先行研究を踏襲している。また，朝鮮総督としての活動も対象外である。宇垣の「政治的」瑕疵あるいは事績が日本の近現代史に及ぼした影響については，引き続き今後の研究を俟ちたい。

比較政治・政治史（欧州・北米ほか） ＜評者　吉田　徹＞
対象　マーク・マゾワー（中田瑞穂・網谷龍介訳）『暗黒の大陸』
　　　未来社，2015年

　原著は1998年に公刊されたものだが，今のタイミングで訳出されたことは，むしろ歓迎されるべきことだろう。

　その理由のひとつは，本書が20世紀の歴史を議会制民主主義や自由民主主義の揺らぎとしてではなく，その崩壊のプロセスでもあったと捉え直していることにある。具体的にいえば，ファシズムや権威主義の出現はヨーロッパ政治史における逸脱ではなく，自由民主主義と互角にその正当性を競い合うものであったとする，歴史における偶発性が強調される。著書の印象的な言葉を借りれば「ファシズムは（略）最もヨーロッパ中心主義」であり，さらにその「帝国主義が向きを変えてヨーロッパ人をアフリカ人と同様に扱い出した」のが戦間期だった。戦後に自由民主主義が確立されたのは，単にファシズムが戦争で敗北したからに過ぎない。それゆえ，やはり自由民主主義のもう一方の敵手であったコミュニズムはヨーロッパの東半分を支配することになったのである。最近では，W. シヴェルブシュ『三つの新体制』がニューディールとナチズム，ファシズムとの親近性を描き，また Jan-Werner Müller *Contesting Democracy* が議会制がファシズムとコミュニズムに挟み撃ちにされる様相を綴っているが，本書もこれらと同じように，自由民主主義が必然ではなかったことに注意を促す。

　原著が公刊された後になって，ヨーロッパの西側では極右ポピュリズムを，東側では権威主義的な政権の誕生を眼にするようになった。著者がいうように歴史は繰り返すことはないが，それでも——本書の視座を借りれば資本主義の動揺という点で現代と相通じる——自由民主主義がかつてほどの安定も信頼も獲得できていない現在にあって，100年前の状況を再確認させてくれる記述は有益であろう。

　こうした問い直しは，著者が元来ギリシャ・バルカン政治史の専門家で

あることとも無関係ではないだろう。この地域では、民族・人種が国家やイデオロギーよりも優位にあり、剥き出しの暴力が振るわれてきた。ここから、第一次世界大戦後のオーストリア＝ハンガリー帝国の崩壊からナチスの帝国的秩序の再建までの時期が、圧倒的な密度と具体性でもって叙述される。帝国主義を再建しようと、あるいは領土拡張の試みを持っていたのはファシストだけではなかった。こうした帝国的秩序と国民国家的秩序のせめぎあいが「ブラッドランド」（T. スナイダー）を生み出していく過程が立体的に描かれる。

このような脆弱な国家の姿は、空洞化に直面している現在の多くの国民国家のあり方と重なってみえる。また、国境線の液状化は例えば現在の中東地域に固有のものでなく、帝国の解体、ジェノサイドに伴う大量の避難民と殖民を経験した中東欧が過去に辿ってきた道でもあることが確認できる。邦語でも木畑洋一『20世紀の歴史』が、やはり帝国の衰退と崩壊という視点を有しているが、空間秩序の再編は大きな犠牲や次世代への課題をもたらすことが明らかにされている。マゾワーは、特にヨーロッパ大陸周辺の国々——スウェーデン、ノルウェー、オランダから、ポルトガル、マケドニア、ギリシャ、ルーマニア、バルト諸国等々——の経験を追うことで、そのインパクトの大きさを計っている。

本書の更なる魅力は、優生学や消費文化、フェミニズム、生殖、アイデンティティ・ポリティックスなど、その時代の社会と政治を規定するサブ政治を補助線としていることにある。細部を論じることで、大きな潮流を説明しようとする方法は、翻訳されている2つのマゾワーの著書（『国連と帝国——世界秩序をめぐる攻防の20世紀』、『国際協調の先駆者たち——理想と現実の200年』）とも共通している。とりわけ英語、ドイツ語、フランス語、イタリア語などの複数の言語にまたがって、同時代の雑誌論文や論評を用いた記述は、文章の説得力だけでなく、臨場感を高めるのに成功している。トピックが多岐に渡る上、歴史家らしく明瞭な価値判断を下すことにも慎重であるため、場合によっては矛盾する記述（例えばマーシャル・プランをめぐる評価）もみられるが、評価よりもディティールの豊かさを優先させるのは政治史であれば当然のことだろう。あるいは1919年から1990年代までを20世紀とするのはホブズボーム『20世紀の歴史』と同様だが、著者が冒頭指摘するように、その階級闘争史観とユートピア主義とは

対照的に「価値とイデオロギーの違い」を歴史の原動力としてみなす点では大きく異なっている。こうした視点は、文化的不安や闘争が顕著になっている現代の先進国政治とも共鳴する。

　さて、本書の構成をみるならば、エピローグを除く全11章中、その約半分が1940年代までの時代、すなわち議会主義の失墜（第1章）、マイノリティ問題の生起（第2章）、優生学の実態（第3章）、大恐慌後の社会経済政策（第4章）、ナチスの政策（第5章）、戦後復興の構想（第6章）、戦後処理（第7章）に割り当てられており、戦後期については東西ヨーロッパのそれぞれに2章（第8～11章）が割かれている。つまり実際には第一次世界大戦後から第二次世界大戦終結までの記述に頁と労力は割かれており、そうした意味では、戦前秩序の崩壊過程の延長線上に戦後を描く点が、歴史書として本書の持つ最大の特徴ということになるだろう。最終章がヨーロッパでの20世紀最後の民族紛争である旧ユーゴ紛争に充てられているのも偶然ではないように思える。

　こうした特徴は、戦後期の記述に際して弱点となって反映される。戦後になって「左翼と右翼はともに議会制民主主義と和解し」、「福祉国家の拡大」と「経済介入の拡充」という明るい時代に突入していくヨーロッパに対峙すると、マゾワーの筆は急ぎ足となると同時に、その切れ味も鈍っていく。定期的に参照されるように、確かに戦後においても人種主義は残っていたが、それは著者自身も認めるように戦前・戦中までのナチスによる人種による空間秩序形成の試みに比されるものではない。あるいは、論証される極右勢力の伸張が、むしろ人種主義から距離を取ることで現実になっているといった政治学的分析も薄い。また、石油危機を論じる中で中東戦争が及ぼした影響はまったく触れられず、ニクソン・ショックだけにその原因を求めるような記述にも難があるだろう。欧州統合に至っては、言及はされても、そこにはほぼ何の意義も見出されていない。これは自由民主主義の発展史観をとらないゆえに、抱える限界ともいえようか。マゾワーにとって平和は退屈なのかもしれない。しかし本来であれば、戦後ヨーロッパの植民地喪失の物語（アルジェリア戦争の暴力は容易に想起される）についても、戦前程度に密度の濃い記述をすることも可能であっただろう。ただし、こうした欠落も比較的最近に訳され、中東欧を含む詳細かつリーダブルなヨーロッパの通史としての地位を確立しているトニー・ジャット

『ヨーロッパ戦後史』など，戦後に重きを置くものと併読することで十分解消されるだろう。訳者の丁寧な注釈作業も，高い教育効果を発揮するはずだ。

　歴史の重みに耐えかねている現代ヨーロッパの起源はどこに求めることができるのか。本書を通じて少なくともそれが限りなく暗いところから来ていることを知ることは，ますます有用なことになっているように思える。

比較政治・政治史（ロシア・東欧）　　　　＜評者　中田瑞穂＞
　対象　中井遼『デモクラシーと民族問題
　　　　　中東欧・バルト諸国の比較政治分析』勁草書房，2015年

　本書は，ラトヴィアとエストニアという類似の歴史的背景を持つ国において，ロシア人マイノリティに対する国籍付与や教育政策に大きな相違が生じている理由を，両国の政党間の競争の違いによって説明しようとするものである。

　両国は，ロシア帝国の領土内にあったが，両大戦間期に一度独立した。第二次大戦期には一度ナチス・ドイツの占領下に入り，その後ソ連の一部とされたが，1990年から1991年にかけて独立回復を宣言するという複雑な歴史を持つ。その結果，ソ連時代にラトヴィア，エストニアに住むようになったロシア語系住民が両国の中でそれぞれ34.0％，30.3％を占めるマイノリティとなっている。

　両国は，ソ連期を「不法占領」，ロシア語系住民を「不法移民」とし，彼らに「独立回復」後の両国の国籍を自動的に認めなかったため，多くのロシア語系住民が無国籍となった。彼らや彼らの子孫に両国の国籍をどのような条件で付与するのか（例えばラトヴィア語やエストニア語の習得度を測るテストの難易度など），公教育の言語としてロシア語をどの程度認めるかという具体的な政策，あるいは歴史解釈の側面で両国には共通の大きな課題がある。

　興味深い点は，ラトヴィアでは融和的な政策が進まず，対立を維持するような政策がとられているのに対し，エストニアでは融和的な政策が根付きつつあるという両国の相違である。しかも，感情や意識のレヴェルでは，ラトヴィアのほうが対ロシア語系住民に対して敵対心の程度は低く，エストニアのほうが高いという，逆転現象が存在する。

著者は，このパズルに対し，政党間競争を鍵として提示する。本書の中心課題は，「多数派民族政党が多数密集している場合，対立的な政治的民族関係がもたらされ，多数派民族政党が少数分散している場合，妥協的な政治的民族関係がもたらされる（p.55）」という仮説の提起と実証である。

　本書の第一の特徴は，この仮説に対して，複数の方法で実証が丁寧に試みられている点にあろう。第3章では，なぜこのような仮説が示されるのか，その論理を演繹的に示し，モデルを提示する。さらに，第4章では，中東欧10か国を取り上げ，計量分析によって，仮説を帰納的に検証する。第5章から7章の本書の後半では，ラトヴィアとエストニアの政党政治のロシア系住民に対する政策の関係をケースとして，記述的な分析を行っている。

　このようなマルチメソッドのアプローチは，現在の比較政治学では一つの標準ともなりつつあるが，日本の中東欧研究ではこのようなモノグラフは初めての試みであり，ヨーロッパ比較政治研究の中でもまだめずらしい。マルチメソッドは，手法間で補いあう長所があるが，それぞれの手法や語学を習得することに時間もかかり，データや資料も性質の異なるものを収集，消化する必要があり，ハードルが高い。それに挑戦した点に，本書の大きな意義があるだろう。

　しかし何より，本書の重要な特徴は，マイノリティ政策の動向については，歴史的経緯や，EU，OSCE，欧州評議会など国際社会の介入が重視されてきたところ，政党システムとマイノリティ政策の関係を指摘し，因果関係を強く推論した点である。政党間競合とエスニック対立の関係については，著者が指摘するようにホロウィッツのエスニック・アウトビッディングを指摘した先行研究があり（pp.52-54），多数派，穏健派双方のエスニック・グループ内部での穏健派と急進派の政党間対立が，エスニック問題の急進化を招くとした。それに対して，本書は，同じように政党システムに注目しながら，多数派集団内の「実務政党」の多寡を説明要因としている点に独自性がある。「実務政党」とは，ここでは，急進的ナショナリスト政党ではなく，マイノリティ擁護政党でもなく，党の政策目標をナショナリズム以外の問題に置く政党である。実務政党の数や競争性が低い場合，実務政党はマイノリティ寄りの政策に合意できるが，数が多く，類似の有権者を奪い合う場合は，マイノリティの利益を切り捨てる政策をとる。そ

のため，実務政党の政党間関係がマイノリティ政策を左右することになるという指摘である。

多数派内のナショナリズム急進派の動向ではなく，基本的にはナショナリズム政策を重視しているわけではない「実務政党」の構成がマイノリティ政策を左右するという仮説は，反直感的であり，それが丁寧に実証される点に本書の魅力があるといえよう。ヴァレンス・イシューがどのような条件のときに政党間競合を激化させるかについての研究でもあり，より広く応用することもできるだろう。

とは言え，本書の提示する因果メカニズムにどの程度一般性があるのか，疑問がないわけではない。本書では，多数派エスニシティの政党には，多数派の利益を表明し，マイノリティに有利な政策をとらないことが望まれているという前提に立っているが，マイノリティの住民への配慮が国家にとっても有利であると考える場合，平和共存を求める場合など，マイノリティに有利な政策に多数派住民が必ずしも反対しない場合もあるのではないだろうか。腐敗などの典型的なヴァレンス・イシューとは異なり，判断が分かれる問題なのではないかという点である。

このような前提が成り立つとすれば，やはり，それはラトヴィア，エストニアの特殊性を考慮する必要があるように思える。両国では，マイノリティが当初国籍，有権者から排除されていた。民主主義諸国におけるマイノリティ問題と政党政治を考える場合には，多くの場合，マイノリティも国民として選挙権を持っていることを前提として議論を構築するだろう。ラトヴィア，エストニアの場合，その特殊性に焦点を当てないと，他国のマイノリティ問題との比較の前提を的確に作ることが難しいのではないだろうか。

また，計量比較分析に際しては，マイノリティと多数派の間の「対立─妥協」度を指標化する際に，マイノリティ政党の議席占有率を入れているが，これは，マイノリティが多数派社会に溶け込んで，多数派と一緒の政党を支持することを対立のない状態と想定するものであろう。しかし，マイノリティが独自の政党を持って，多極共存型の共存がもたらされる場合，連合パートナーとしてカギを握る場合もある。マイノリティと多数派の国民国家における共存の在り方はより多様であり，東中欧諸国の比較の際には考慮すべきではなかろうか。

一方，ラトヴィアとエストニア両国の相違を説明するというポイントに戻ると，実務政党の多数密集と少数分散という違いが政策の違いをもたらしているということは説得的とおもわれるものの，両国についてのケーススタディ部分を見ると，実務政党の数の多寡より，むしろ，政党の性質そのものの違いが大きく影響しているように読めた。ラトヴィアの企業家と結びついたクライアンテリズム政党と，エストニアのネオリベラル対社会保障重視のイデオロギー上の左右軸上に並び，固定化，安定化した政党システムでは，政党がマイノリティ政策において取りうる自由度が異なる。イデオロギー的左右軸と，ナショナリズムにかかわる意見の軸が重なっている可能性も考慮できよう。政党の性質と競合の性格が深くかかわる興味深い発見であり，応用可能性の高い論点であろう。この点は政党の数や密度とは異なり，ケース以外の方法で実証されていないのは残念だが，多様なメソッドを用いたアプローチゆえに拾い得たともいえよう。今後もこの研究がさらに発展していくことを期待したい。

比較政治・政治史（一般） ＜評者　粕谷祐子＞

対象　Fukuyama, Francis (2014) *Political Order and Political Decay: From the Industrial Revolution to the Globalization of Democracy*, Farrar, Straus and Giroux.

政治に関して，これほど根源的な問題を，これほど大きなスケールで描いた著作に，評者は初めて出会った。政治秩序の成立と衰退をテーマとする本書は，その姉妹編（第1巻）である Fukuyama (2011=2013) とあわせ，政治学の「新しい古典」というべき作品である。フクヤマはこれら2冊の刊行を主な理由に，政治学のノーベル賞と喩えられるヨハン・スクデ政治学賞を2015年にスウェーデンのヨハン・スクデ財団より授与されている。

第1巻，そして本書評がとりあげる第2巻に通底するテーマは，著者自身が喩えて言うように，「どのようにして『デンマーク』に辿りつくのか」，という問題である（ここでのデンマークは自由民主主義体制が適切に機能している仮想国を意味する）。フクヤマの答えは，次の3つの制度がバランス良く存在する場合，である。すなわち，不偏不党な官僚制という意味での近代国家，法が権力者の恣意的な行動を抑制する状態である法の支配，そして，選挙と議会を中心とした，共同体構成員全体の要求を満たすため

の手続きである民主的アカウンタビリティ（以下では単に「アカウンタビリティ」とする）である。

　第1巻では，人類の先史時代（霊長類時代）からフランス革命までという壮大なタイムスパンで上記3つの政治制度がどのように成立したのかを検討している。フクヤマによれば，近代国家は紀元前3世紀の中国を，法の支配は12世紀のカトリック教会を，そしてアカウンタビリティはイギリスの名誉革命をそれぞれ起源とする。

　産業革命以後現在までを分析対象期間とする第2巻では，主に3つの論点が検討される。第1は，第1巻で検討した中国以外の地域での近代国家の成立である。西欧における近代国家形成の理由としては，官僚制の成立時期が普通選挙導入よりも先だったという「歴史の順序」の重要性をドイツや日本の事例を挙げながら指摘している。これに対し，途上国の多くで国家建設が進まない理由は，植民地時代に宗主国が国家機構を形成しようとしなかった点に求めている。第2の論点は，アカウンタビリティの制度が20世紀にヨーロッパを中心に広がった理由についてである。これに関しては，平等を望ましいものとみなす「アイデア」の普及と，そのアイデアを支持する中産階級の政治的影響力の増大が重要であったと著者は分析する。

　第3の論点が，政治の衰退（decay）についてである。フクヤマは政治の衰退という現象を，政治制度の硬直化と，近代国家がいったん形成された後で再び国家権限の一部エリートによる私有化が進む「再家産主義化」との2つで特徴づけている。そして政治の衰退がおこっている典型例が，最近のアメリカである。著者が「拒否権者による統治（vetocracy）」と巧妙に名付けた，チェック・アンド・バランスの制度がゆきすぎた形で機能している点，そして，一般有権者ではなく莫大な資金力を持つロビー団体が政治を牛耳っている点が，最近のアメリカ政治における深刻な問題だと指摘する。

　本書及び第1巻は一般読者にとって非常に読みやすい形で書かれており，すでに政治学者以外の読者層にも絶賛されている。その理由には，政治学だけでなく生物学，人類学，経済学，社会学，歴史学といった幅広い分野の古典と最新作を渉猟して主張を説得的に展開している点，両巻あわせて1200ページに及ぶ大著にもかかわらず主張が一貫していること，地域や時

代をまたいだ縦横無尽な比較，専門用語をわかりやすく説明しながら論を進めている点，無味乾燥な理論や数値の羅列ではなく興味深いエピソードを織り交ぜる配慮，などがあるといえる。

　一般向けの本ではなく政治学の著作としての本書の貢献は何かと問われれば，評者が第1に挙げたいのが「政治発展論」への寄与である。1950年代・60年代のアメリカでの政治学を中心に流行した政治発展論は，70年代から最近に至るまで，多くの研究者が関心を持つテーマとはいえない状態にあった。その背景には，政治発展の概念が曖昧な形でしか定義されていなかったこと，1970年代以降流行したミクロアプローチの合理的選択論に対し，巨視的（マクロ）アプローチをとる伝統的な政治発展論は分析上の親和性に欠けていたこと，政治発展を途上国の政治が西欧化することとほぼ同一視する文化的バイアスを抱えていたこと，などの理由がある。

　本書及び第1巻の出版が，政治学において久しく途絶えていた感のある政治発展論というテーマを再興させる契機になるのではないか，と評者は考える。著者が第1巻の冒頭で述べているとおり，これら2冊はサミュエル・ハンチントンが1968年に出版した『変革期社会の政治秩序』（Huntington 1968 = 1972）の増補改訂版という位置付けにある。政治発展を特徴づけるうえで制度を重視し，また，発展だけでなく衰退をも視野に入れている点で，フクヤマはハンチントンの系譜を汲んでいる。その一方で，ハンチントンが近代（19・20世紀）を対象としていたのに対し，分析のタイムスパンを先史時代にまで広げ，また現時点での最新の研究までをカバーしていることは，大幅な改善点である。さらに本書では，近代国家，法の支配，アカウンタビリティという3つの政治制度の変化をもって政治発展と定義しているが，これは実証分析とある程度親和性があり，今後，他の研究者による実証的な知見の積み重ねを可能にしている。

　だが既存研究からの大幅改善の一方で，次のような曖昧さも残されている。第1に，近代国家，法の支配，アカウンタビリティという3点セットと自由民主主義体制の関係についてである。3点セットは政治秩序を構成する要素として位置付けられ，さらに，政治秩序が存在することで自由民主主義体制がうまく機能する，と繰り返し述べられている。言い換えると，3点セットの形成が政治秩序につながり，それがさらに自由民主主義体制の円滑な運営をもたらす，という定式化である。だが，法の支配とアカウ

ンタビリティが自由民主主義体制の2大構成要素と一般的にみなされていることをふまえると，この定式化では，説明するもの（説明変数）と説明したいもの（被説明変数）とが一部重複していることになる．もしもフクヤマが因果関係の特定を意図しているのであれば，論の立て方がトートロジーに陥っている可能性がある．第2に，「政治の衰退」の概念定義の曖昧さである．制度の硬直化と国家の再家産主義化の2つが政治の衰退を語る際のキーワードとなっているが，これらが政治の衰退の構成要素なのか，それとも要因なのかについては，そのどちらともとれる表記が散在している．また，政治の衰退が政治発展の延長線上にある概念であるならば，その定義も3点セットに対応した形でおこなうことが妥当であると評者には思えるが，現時点ではそうなっていない．

とはいえこのような指摘は，本書の圧倒的な魅力に比べれば些細なものでしかない．政治秩序という，政治を研究する者にとって本質的に重要な問題に深い洞察を与える本書（と第1巻）は，ハンチントンの『変革期社会…』に代わる名著として今後数十年に亘り読み継がれることは間違いないだろう．

参考文献

Fukuyama, Francis (2011) *Origins of Political Order: From Prehuman Times to the French Revolution*, Farrar, Straus and Giroux（『政治の起源：人類以前からフランス革命まで（上・下）』会田弘継訳，講談社，2013年）．

Huntington, Samuel (1968) *Political Order in Changing Societies*, Yale University Press（『変革期社会の政治秩序』内山秀夫訳，サイマル出版会，1972年）．

国際関係論　　　　　　　　　　　　　　　　＜評者　山崎　望＞

対象　遠藤誠治・遠藤乾編『シリーズ日本の安全保障1　安全保障とは何か』岩波書店，2014年
　　　坂本義和『権力政治を超える道』岩波書店，2015年

近年，国際政治においてセキュリティをめぐる政治が前景化している．NATOとロシアの対立を背景とするウクライナ危機，台頭する中国と近隣諸国の緊張，中東諸国体制の液状化とテロの拡散をもたらすイスラム国の拡大など，一国による対応では解決が困難な問題群が噴出している．日本

も例外ではない。「安全保障環境の変化」という政府の認識の下，安倍政権下で安全保障体制は大きく変化した。

安全保障法制をめぐっては立憲主義，民主主義，平和主義，主権など多様な問題系が関連するが，ここでは安全保障を考える上で参照点を提供する『安全保障とは何か』（1巻）を書評しよう。

本書は多様な安全保障問題を直視しながらも，安全保障論において盲点となりがちな二つの点，すなわち第一に国家安全保障という問いの立て方が不可視化する安全保障にも着目している点，第二に相互不信と対立という前提の下，軍事力を背景とする脅迫（Coercion）に収まらない安全保障の政治の可能性を論じている点において優れている。

遠藤乾による序論では①パワーシフト（米の力と意思の相対的低下，アジアへの関与の後退と中国の台頭という「認識」），②ジャパンリスク（特定秘密保護法施行や集団的自衛権の行使容認を含む安保法制など国家安全保障の復活と，歴史修正主義の台頭），③天災と制御不可能な原発事故④非伝統的な安全保障問題（テロリズム，大量破壊兵器の拡散，グローバル化）の4点から日本の安全保障が分析されている。注目すべきは②日本自体が脅威となり得るジャパンリスクと④非伝統的な安全保障が指摘されている点である。第1章遠藤乾論文「安全保障とは何か」で述べられるように，現代世界では「安全保障論の転回」，すなわち安全保障上の脅威と対処するアクターの深化・拡大が生じている。「①何を②何から③誰がどのように④どの程度守るのか」は前提ではなく，政治により決定される対象に変化している。多様な価値観を持ち，歴史的社会的な存在である「現実的」な人間を念頭に「誰のための安全か」という問いを投げかければ，脅威は外国との戦争だけではなく，環境，科学技術，感染症，貧困，性暴力，兵器の拡散，テロ，自国の政治体制など多分野へ広がり，対処するセクターも政府や軍のみならず国際機関や民間企業へ拡大する。

非伝統的安全保障をめぐり，第8章中村論文「9・11の衝撃」はテロについて，第9章土佐論文「批判的安全保障論から見た3・11」は原発事故という自らが産み出しながら制御不可能なリスクを論じている。両論文では軍事力を中心とする国家安全保障や技術決定論が批判され，代替的な安全保障を描く政治の重要性が指摘されている。「テロリストとは対話をしない」「確率的なリスクマネジメント」という考え自体が，思考停止の一類

型であり政治の貧困をもたらす。第6章の古関論文「沖縄／日本の安全保障」では「沖縄にとっての安全」という観点から，日本の国家安全保障自体が沖縄にとって歴史的に脅威となり続けていることが指摘されている。日本の国家安全保障という問題構成の陥穽である。

国家安全保障問題の典型とされる「中国の脅威」をめぐっても，第5章川島論文「問題としての中国」では，軍事，対外政策，経済，中国国内政治という別個の問題が「問題群の束」として「脅威」とみなされていることが指摘されている。これは脅威自体が統合さらには創造される「安全保障化」（securitization）の産物であることを示している。自明の前提とみなされる国家安全保障上の脅威ですら，動態的かつ多角的であり，その非決定性にこそ「可能性の技術」としての政治が取り組む余地が産まれるのである。安全保障における強制（Coercion）と安心供与（Reassurance）の双方の重要性を指摘する第2章石田論文「安全保障の政治的基盤」でも，「安全保障のジレンマ」や「同盟のジレンマ」（戦争で見捨てられる／巻き込まれるリスク）を踏まえた上で，戦争回避の「説得力」をもたらす政治の重要性が指摘されている。第10章の遠藤誠治論文「共通の安全保障は可能か」では，国家間戦争より内戦が増大する現状をふまえ，国家の安全ではなく，人々を暴力と欠乏から守る「人間中心の安全保障」と，各国の共通利益の認識と信頼関係の構築による「共通の安全保障」が論じられている。遠藤は東アジアにおける緊張という現実を直視しながら，他方で個人に焦点をすえた安全保障の現実性や，相互信頼や共通利益の認識という「もう一つの現実」を見ることで，国家安全保障の問題構成から抜け落ちる「複数の現実」をふまえた安全保障構想を提唱する。

「何を何から，誰がどのように，どの程度守るのか」が自明ではなく，国家安全保障も現実の一つへと相対化される中で，多元的で動態的な現実を認識し，「不安や心配からの自由」という原義の安全保障を獲得する政治の可能性を広げることが求められている。そのためには現実の多様性・動態性を認識し，新たな現実を作り出していく思考法を持たねばならない。

こうした「現実に追従せず，また現実を無視しない，もう一つの可能な選択を問う」という思考は，2014年に逝去した日本の国際政治学の創始者の一人である坂本義和の著作に示されている。20世紀の戦争に直面した坂本の論文を集めた『権力政治を超える道』には，保守主義の批判的分析，

論壇デビュー作である安全保障構想（「中立日本の防衛構想」(1959)）から平和学，世界秩序論，文明論までが収録されているが，初期から晩年に至るまで，現実に追従／無視せず，可能な選択肢を追求する思考が貫かれている。本書は，現実分析におけるリアリズムと平和という規範を求める理想主義の乖離を埋めようとする，人生を賭けた知的な闘いの軌跡である。「権力政治を超える道」(1966)で「さまざまの対立点があるにしても，とにかく利益の共通性と価値体系の共通点とに着目して，その共通点を増大するという可能性に賭けてみるという主体的なイニシアティブをとること，そのことが国際関係をアナーキー的な権力政治から平和共存へと転換させるために不可欠の条件であり，またそのような転換は可能であるということ」と述べるように，一つの現実のみを前提とし，軍事力を背景とする強制に偏重した安全保障の在り方は，人々の不安や心配からの自由を確保する安全保障をめぐる政治を困難にしている。

『安全保障とは何か』の序論で指摘されるように，今の日本において安全保障をめぐる政治は，米国との一体化と軍事力に偏重し思考停止に陥る「保守」と，平和を訴えながら説得的な安全保障構想を打ち出せない「リベラル」へ分極化している。「答えなき時代の両極化」(21頁)を前に，安全保障の転回を踏まえながらも，現実を直視しながらも追随せず，戦争を回避する，可能なる選択枝を探り続けた坂本の国際関係論を読み直す中から，「もう一つの安全保障」を打ち出す営みが，今日ほど強く求められている時代はないのではないだろうか。両書はその最良の導き手となるであろう。

2016年度書評委員会から

　2016年度書評委員会のメンバーは，以下の会員にお願いした。（1）政治理論：松元雅和（関西大学），（2）政治過程：大川千寿（神奈川大学），（3）行政学・地方自治：松井望（首都大学東京），（4）政治思想史（欧米）：犬塚元（東北大学），（5）政治思想史（日本・アジア）：眞壁仁（北海道大学），（6）政治史（日本・アジア）：中澤俊輔（秋田大学），（7）比較政治・政治史（欧州，北米ほか）：吉田徹（北海道大学），（8）比較政治・政治史（ロシア・東欧）：中田瑞穂（明治学院大学），（9）比較政治・政治史（一般）：粕谷祐子（慶應義塾大学），（10）国際関係論：山崎望（駒澤大学）の10名である。ご多忙な中，書評委員をご快諾いただき，また貴重

な原稿をお寄せいただいたことに心より感謝したい。

　とりあげる著作については各委員の先生方の自由な選択によるが，結果的に，現在の政治学者の多様な関心をよく示すものとなった。また，偶然ではあるが，委員の著作や翻訳が何点か取り上げられており，委員間の相互書評の色彩があるのも興味深い。なお，従来，比較政治・政治史については，「欧州・北米ほか」，「ロシア・東欧」に加え，「第三世界」というカテゴリーがあったが，今回から「一般」と改めることにした。「第三世界」という概念が今日なお適切なものか疑問があり，むしろ多様な地域やテーマを自由に取り上げることを可能にするために行ったカテゴリー変更である。研究分野の分類についてはなお検討すべき余地があるかもしれないが，今回とりあえずこの点のみあらためた。ご理解いただけると幸いである。

（書評委員長　宇野重規　東京大学）

日本政治学会規約

一，総則
第一条　本会は日本政治学会(Japanese Political Science Association)と称する。
第二条　（削除）

二，目的及び事業
第三条　本会はひろく政治学（政治学，政治学史，政治史，外交史，国際政治学，行政学及びこれに関連ある諸部門を含む）に関する研究及びその研究者相互の協力を促進し，かねて外国の学会との連絡を図ることを目的とする。

第四条　本会は前条の目的を達成するため左の事業を行う。
　　　　一，研究会及び講演会の開催
　　　　二，機関誌その他図書の刊行
　　　　三，外国の学会との研究成果の交換，その他相互の連絡
　　　　四，前各号のほか理事会において適当と認めた事業

三，会員
第五条　本会の会員となることのできる者はひろく政治学を研究し，且つ会員二名以上から推薦された者で，理事会の承認を得た者に限る。

第六条　入会希望者は所定の入会申込書を理事会に提出しなければならない。

第七条　会員は，理事会の定めた会費を納めなければならない。

第八条　会費を二年以上滞納した者は，退会したものとみなす。但し，前項により退会したとみなされた者は，理事会の議をへて滞納分会費を納入することにより，会員の資格を回復することを得る。

四，機関
第九条　本会に左の役員を置く。
　　　　一，理事　若干名，内一名を理事長とする。
　　　　二，監事　二名
　　　　三，幹事　若干名
　　　　四，顧問　若干名

第十条　理事及び監事の選任方法は，別に定める理事・監事選出規程によるものとする。
　　　　理事長は，別に定める理事長選出規程に基づき，理事会において選出する。
　　　　幹事及び顧問は理事会が委嘱する。

第十一条　理事長，理事及び幹事の任期は二年とする。
　　　　監事の任期は三年とする。
　　　　補充として就任した理事長，理事，監事及び幹事の任期は前二項の規定にかかわらず，前任者の残存期間とする。
　　　　理事長，理事，監事及び幹事は重任することができる。

第十二条　理事長は本会を代表し，会務を総括する。
　　　　理事長が故障ある場合には理事長の指名した他の理事がその職務を代表する。

第十三条　理事は理事会を組織し，会務を執行する。

第十四条　監事は，会計及び会務執行を監査する。

第十五条　幹事は，会務の執行につき，理事に協力する。

第十五条の二　顧問は会務の執行につき理事長の諮問に応える。

第十六条　理事長は毎年少なくとも一回，会員の総会を招集しなければならない。
　　　　理事長は，必要があると認めるときは，臨時総会を招集することができる。
　　　　総会（臨時総会を含む）を招集する場合は，少なくとも一ヶ月以前に全会員に通知しなければならない。
　　　　会員の五分の一以上の者が，会議の目的たる事項を示して請求したときは，理事長は臨時総会を招集しなければならない。

第十七条　総会（臨時総会を含む）は，出席会員によって行うものとする。
　　　　理事会は，役員の選任・会計・各委員会および事務局の活動その他，学会の運営に関する基本的事項について総会に報告し，了承

を受けるものとする。

第十八条　本会の会計年度は，毎年四月一日に始り，翌年三月末日に終る。

五．規約の変更及び解散
第十九条　本規約を変更する場合は，理事会の発議に基づき会員の投票を実施し，有効投票の三分の二以上の賛成を得なければならない。

第二十条　本会は，会員の三分の二以上の同意がなければ，解散することができない。

（二〇〇〇年一〇月八日改正）

日本政治学会理事・監事選出規程

理事の選任
第一条　理事の選任は，会員による選挙および同選挙の当選人によって構成される理事選考委員会の選考によって行う（以下，選挙によって選出される理事を「公選理事」，理事選考委員会の選考によって選出される理事を「選考理事」と称する）。

第二条　公選理事は，会員の投票における上位二〇位以内の得票者とする。

第三条　投票が行われる年の四月一日現在において会員である者は選挙権及び被選挙権を有する。
　　　　ただし，顧問および理事長は被選挙権を有しない。

第四条　会員の選挙権及び被選挙権の公表は会員名簿及びその一部修正によって行う。
第五条　一．選挙事務をとり行うため，理事長は選挙管理委員長を任命する。
　　　　二．選挙管理委員長は五名以上一〇名以下の会員により，選挙管理委員会を組織する。
第六条　一．選挙は選挙管理委員会発行の，所定の投票用紙により郵送で行う。
　　　　二．投票用紙は名簿と共に五月中に会員に郵送するものとする。
　　　　三．投票は六月末日までに選挙管理委員会に到着するように郵送されなければならない。
　　　　四．投票は無記名とし，被選挙権者のうち三名を記する。

第七条　一．選挙管理委員会は七月末までに開票を完了し，得票順に当選人を決定し，九月初旬までに理事長及び当選人に正式に通知しなければならない。
　　　　二．最下位に同点者がある場合は全員を当選とする。
　　　　三．投票の受理，投票の効力その他投票及び開票に関する疑義は選挙管理委員会が決定するものとする。
　　　　四．当選人の繰上補充は行わない。

第八条　一．前条第一項の当選人は理事選考委員会を構成する。
　　　　二．理事選考委員会は，十五名以内の理事を，地域，年齢，専攻，学会運営上の必要等に留意して選考する。
　　　　三．理事選考委員会は当選人の欠員補充をすることができる。その場合には，前項の留意条件にとらわれないものとする。
　　　　四．常務理事については，本条第二項にいう十五名の枠外とすることができる。

第九条　理事長は，選出された公選理事および選考理事を，理事として総会に報告する。

監事の選任
第十条　監事の選任は理事会において行い，理事会はその結果を総会に報告し，了承を受けるものとする。

規程の変更
第十一条　本規程の変更は，日本政治学会規約第十九条の手続きによって行う。

（了解事項）　理事選挙における当選者の得票数は，当選者に通知するとともに，理事会に報告する。

（二〇〇〇年一〇月八日改正）

日本政治学会理事長選出規程

第一条　理事長は，公選理事の中から選出する。
第二条　現理事長は，理事選挙後，理事選考委員会（日本政治学会理事・監事選出規程第八条）に先だって，公選理事による次期理事長候補者

選考委員会を招集する。
　二　公選理事は，同選考委員会に欠席する場合，他の公選理事に議決権を委任することができる。
　三　次期理事長選考委員会では，理事長に立候補した者，または推薦された者について投票を行い，過半数の得票を得て，第一位となった者を次期理事長候補者とする。
　四　投票の結果，過半数の得票者がいない場合，上位二名につき再投票を行い，上位の得票者を次期理事長候補者とする。
　五　再投票による得票が同数の場合は，抽選によって決定する。
第三条　選考理事を含めた次期理事会は，次期理事長候補者の理事長への選任について審議し，議決する。
　二　理事は，欠席する場合，他の理事に議決権を委任することができる。

（二〇〇二年一〇月五日制定）

日本政治学会次期理事会運営規程

一　〔総則〕次期理事が選出されてから，その任期が始まるまでの次期理事会は，本規程に従って運営する。
二　〔構成〕次期理事会は，次期理事および次期監事によって構成する。
三　〔招集〕次期理事会は，次期理事長が召集する。但し，第一回の次期理事会は現理事長が招集する。
四　〔任務〕イ　次期理事会に関する事務は，次期常務理事が取り扱う。また，その経費は次期理事会経費に準じて学会事務局が支払う。
　　　　　　ロ　次期理事会は，任期の間の次期常務理事，次期幹事，各種委員会の長および委員を必要に応じて委嘱できる。
　　　　　　ハ　次期理事会は，任期の間の日本政治学会行事について，現理事会の委嘱にもとづき，企画，立案できる。
五　〔記録〕次期理事会の記録は，次期常務理事の下でまとめ，次期理事会および現理事会の構成員に配布する。

（二〇〇二年一〇月五日制定）

日本政治学会倫理綱領

　日本政治学会は，政治学の研究・教育および学会運営に際して規範とすべき原則を「日本政治学会倫理綱領」としてここに定める。会員は，政治学研究の発展と社会の信頼に応えるべく，本綱領を尊重し遵守するものとする。

第1条〔倫理性を逸脱した研究の禁止〕会員は，社会的影響を考慮して，研究目的と研究手法の倫理性確保に慎重を期さなければならない。
第2条〔プライバシー侵害の禁止〕各種調査の実施等に際し，会員は調査対象者のプライバシーの保護と人権の尊重に留意しなければならない。
第3条〔差別の禁止〕会員は，思想信条・性別・性的指向・年齢・出自・宗教・民族的背景・障害の有無・家族状況などによって，差別的な扱いをしてはならない。
第4条〔ハラスメントの禁止〕会員は，セクシャル・ハラスメントやアカデミック・ハラスメントなど，ハラスメントにあたる行為をしてはならない。
第5条〔研究資金濫用の禁止〕会員は，研究資金を適正に取り扱わなくてはならない。
第6条〔著作権侵害の禁止〕会員は，研究のオリジナリティを尊重し，剽窃・盗用や二重投稿等，著作権を侵害する行為をしてはならない。

＊この綱領は2009年10月12日より施行する。改廃については，総会の議を経ることとする。
倫理綱領の施行にともない，理事会に以下の内規をおく。この内規については，理事会の承認後大会に報告し，また会報で各会員に公示する。

倫理綱領施行に伴う理事会内規

　倫理綱領の禁止事項に関して重大な違反があったと認定された会員（所属先でのハラスメント認定を含む）に対し，理事会は，学会の役職・研究大会での登壇・年報への論文掲載を3年間自粛するよう要請する。

（二〇〇九年一〇月一一日制定）

『年報政治学』論文投稿規程

※第9条の「投稿申込書」は，日本政治学会のホームページからダウンロードできます（URL: http://www.jpsa-web.org/publish/nenpo.html）。

1．応募資格
   ・日本政治学会の会員であり，応募の時点で当該年度の会費を納入済みの方とします。

2．既発表論文投稿の禁止
   ・応募できる論文は未発表の原稿に限ります。

3．使用できる言語
   ・日本語または英語とします。

4．二重投稿の禁止
   ・同一の論文を本『年報政治学』以外に同時に投稿することはできません。
   ・また，同一の論文を『年報政治学』の複数の号に同時に投稿することはできません。

5．論文の分量
   ・日本語論文の場合，原則として20,000字以内（注，引用文献，図表を含む）とします。文字数の計算はワープロソフトの文字カウント機能を使って結構ですが，脚注を数える設定にしてください（スペースは数えなくても結構です）。半角英数字は2分の1字と換算します。図表は，刷り上がり1ページを占める場合には900字，半ページの場合には450字と換算してください。
      論文の内容から20,000字にどうしても収まらない場合には，超過を認めることもあります。ただし査読委員会が論文の縮減を指示した場合には，その指示に従ってください。
   ・英語論文の場合，8,000語（words）以内（注，引用文献，図表を含む）とします。図表は，刷り上がり1ページを占める場合には360語（words），半ページの場合には180語（words）と換算してください。
      論文の内容から8,000語にどうしても収まらない場合には，超過を認めることもあります。ただし査読委員会が論文の縮減を指示した場合には，その指示に従ってください。

6．論文の主題
   ・政治学に関わる主題であれば，特に限定しません。年報各号の特集の主題に密接に関連すると年報委員会が判断した場合には，特集の一部として掲載する場合があります。ただし，査読を経たものであることは明記します。

7．応募の締切
   ・論文の応募は年間を通じて受け付けますので，特に締切はありません。ただし，6月刊行の号に掲載を希望する場合は刊行前年の10月20日，12月刊行の号に掲載を希望する場合は刊行年の3月20日が応募の期限となります。しかし，査読者の修正意見による修正論文の再提出が遅れた場合などは，希望の号に掲載できないこともあります。また，査読委員会が掲載可と決定した場合でも，掲載すべき論文が他に多くある場合には，直近の号に掲載せず，次号以降に回すことがありますので，あらかじめご了承ください。掲載が延期された論文は，次号では最優先で掲載されます。

8．論文の形式
   ・図表は本文中に埋め込まず，別の電子ファイルに入れ，本文中には図表が入る位置を示してください。図表の大きさ（1ページを占めるのか半ページを占めるのか等）も明記してください。また，他から図表を転用する際には，必ず出典を各図表の箇所に明記してください。
   ・図表はスキャン可能なファイルで提出してください。出版社に作成を依頼する場合には，執筆者に実費を負担していただきます。
   ・投稿論文には，審査の公平を期すために執筆者の名前は一切記入せず，「拙著」など著者が識別されうるような表現は控えてください。

9．投稿の方法
   ・論文の投稿は，ワードまたは一太郎形式で電子ファイルに保存し，『年報政治学』査読委員会が指定する電子メールアドレス宛てに，メールの添付ファイルとして送信してください。投稿メールの件名（Subject）には，「年報政治学投稿論文の送付」と記入してください。
   ・なお，別紙の投稿申込書に記入の上，投稿論文と共にメールに添付して送付してください。
   ・また，投稿論文を別に3部プリントアウト（A4用紙に片面印刷）して，査読委員会が指定する宛先に送ってください（学会事務局や年報編集委員会に送らないようにご注意ください）。
   ・送付された投稿論文等は執筆者に返却致しません。

10. 投稿論文の受理
    - 投稿論文としての要件を満たした執筆者に対しては,『年報政治学』査読委員会より,投稿論文を受理した旨の連絡を電子メールで行います。メールでの送受信に伴う事故を避けるため,論文送付後10日以内に連絡が来ない場合には,投稿された方は『年報政治学』査読委員会に問い合わせてください。

11. 査読
    - 投稿論文の掲載の可否は,査読委員会が委嘱する査読委員以外の匿名のレフリーによる査読結果を踏まえて,査読委員会が決定し,執筆者に電子メール等で結果を連絡します。
    - 「掲載不可」及び「条件付で掲載可」と査読委員会が判断した場合には,執筆者にその理由を付して連絡します。
    - 「条件付で掲載可」となった投稿論文は,査読委員会が定める期間内に,初稿を提出した時と同一の手続で修正稿を提出してください。なお,その際,修正した箇所を明示した修正原稿も電子メールの添付ファイルとして送ってください。

12. 英文タイトルと英文要約,キーワード,引用文献目録
    - 査読の結果,『年報政治学』に掲載されることが決まった論文(特集論文を含む)については,著者名の英文表記,英文タイトル,和文及び英文の要約(ただし英語論文の場合は英文要約のみ),キーワード(5語程度),引用文献目録を必ず付してください。和文要約は400~500字,英文要約は150語程度(150words)になるようにしてください(200語以内厳守)。英文タイトル及び英文要約について,査読委員会は原則として手直しをしないので,執筆者が各自で当該分野に詳しいネイティヴ・スピーカーなどによる校閲を済ませてください。

13. その他の留意点
    - 執筆者の校正は初校のみです。初校は,遅滞なく返送してください。期限までに返送がない場合には,入稿原稿のままとすることがあります。また,初校段階で大幅な修正・加筆をすることは認められません。査読を経た原稿は,査読委員会の了承がなければ,誤植等を除き,原則として修正・加筆をすることはできません。また,万一,査読委員会の了承の下に初校段階で大幅な修正・加筆を行う場合,そのことによる製作費用の増加や発行遅延による郵送費の発生は執筆者に負担していただくとともに,査読委員

会・年報編集委員会・学会事務局・出版社の指示に従っていただきます。次号以下に掲載を繰り延べることもあります。
・本『年報政治学』への同一の著者による論文の投稿数については何ら制限を設けるものではありませんが，採用された原稿の掲載数が特定の期間に集中する場合には，次号以下に掲載を順次繰り延べることがあります。

附則
　この規程は，2015年7月1日より施行します。

査読委員会規程

1. 日本政治学会は，機関誌『年報政治学』の公募論文を審査するために，理事会の下に査読委員会を置く。査読委員会は，委員長及び副委員長を含む7名の委員によって構成する。

    査読委員会委員の任期は2年間とする。任期の始期及び終期は理事会の任期と同時とする。ただし再任を妨げない。

    委員長及び副委員長は，理事長の推薦に基づき，理事会が理事の中から任命する。その他の委員は，査読委員長が副委員長と協議の上で推薦し，それに基づき，会員の中から理事会が任命する。委員の選任に当たっては，所属機関，出身大学，専攻分野等の適切なバランスを考慮する。

2. 査読委員会は，『年報政治学』に掲載する独立論文および特集論文を公募し，応募論文に関する査読者を決定し，査読結果に基づいて論文掲載の可否と掲載する号，及び配列を決定する。特集の公募論文は，年報委員長と査読委員長の連名で論文を公募し，論文送付先を査読委員長に指定する。

3. 査読者は，原則として日本政治学会会員の中から，専門的判断能力に優れた者を選任する。ただし査読委員会委員が査読者を兼ねることはできない。年報委員会委員が査読者になることは妨げない。査読者の選任に当たっては，論文執筆者との個人的関係が深い者を避けるようにしなければならない。

4. 論文応募者の氏名は査読委員会委員のみが知るものとし，委員任期終了後も含め，委員会の外部に氏名を明かしてはならない。査読者，年報委員会にも論文応募者の氏名は明かさないものとする。

5. 査読委員長は，学会事務委託業者に論文応募者の会員資格と会費納入状況を確認する。常務理事は学会事務委託業者に対して，査読委員長の問い合わせに答えるようにあらかじめ指示する。

6. 査読委員会は応募論文の分量，投稿申込書の記載など，形式が規程に則しているかどうか確認する。

7. 査読委員会は，一編の応募論文につき，2名の査読者を選任する。査読委員会は，査読者に論文を送付する際に，論文の分量を査読者に告げるとともに，論文が制限枚数を超過している場合には，超過の必要性についても審査を依頼する。

    査読者は，A，B，C，Dの4段階で論文を評価するとともに，審査概評を報告書に記載する。A～Dには適宜＋または－の記号を付してもよい。記号の意味は以下の通りとする。

    A：従来の『年報政治学』の水準から考えて非常に水準が高く，ぜひ掲載すべき論文

　　　　B：掲載すべき水準に達しているが，一部修正を要する論文
　　　　C：相当の修正を施せば掲載水準に達する可能性がある論文
　　　　D：掲載水準に達しておらず，掲載すべきではない論文。
　　　査読者は，BもしくはCの場合は，別紙に修正の概略を記載して査読報告書とともに査読委員会に返送する。またDの場合においては，論文応募者の参考のため，論文の問題点に関する建設的批評を別紙に記載し，査読報告書とともに査読委員会に返送する。査読委員会は査読者による指示ならびに批評を論文応募者に送付する。ただし査読委員会は，査読者による指示ならびに批評を論文応募者に送付するにあたり，不適切な表現を削除もしくは変更するなど，必要な変更を加えることができる。
　　　AないしCの論文において，その分量が20,000字（英語論文の場合には8,000語）を超えている場合には，査読者は論文の内容が制限の超過を正当化できるかどうか判断し，必要な場合には論文の縮減を指示することとする。
8. 　修正を施した論文が査読委員会に提出されたときは，査読委員会は遅滞なく初稿と同一の査読者に修正論文を送付し，再査読を依頼する。ただし，同一の査読者が再査読を行えない事情がある場合には，査読委員会の議を経て査読者を変更することを妨げない。また，所定の期間内に再査読結果が提出されない場合，査読委員会は別の査読者を依頼するか，もしくは自ら査読することができるものとする。
9. 　最初の査読で査読者のうち一人がD（D＋およびD－を含む。以下，同様）と評価した論文は，他の査読者に査読を依頼することがある。ただし，評価がDDの場合は掲載不可とする。修正論文の再査読の結果は，X（掲載可），Y（掲載不可）の2段階で評価する。XYの場合は，委員会が査読者の評価を尊重して掲載の可否を検討する。
10. 　査読委員会は，年報委員長と協議して各号に掲載する公募論文の数を決定し，その数に応じて各号に掲載する公募論文を決定する。各号の掲載決定は，以下の原則によるものとする。
　　　1）　掲載可と判断されながら紙幅の制約によって前号に掲載されなかった論文をまず優先する。
　　　2）　残りの論文の中では，初稿の査読評価が高い論文を優先する。この場合，BBの評価はACの評価と同等とする。
　　　3）　評価が同等の論文の中では，最終稿が提出された日が早い論文を優先する。
　　　上記3つの原則に拘らず，公募論文の内容が特集テーマに密接に関連している場合には，その特集が組まれている号に掲載することを目的として掲載号を変えることは差し支えない。
11. 　応募論文が特集のテーマに密接に関連する場合，または応募者が特集の一

部とすることを意図して論文を応募している場合には，査読委員長が特集号の年報委員長に対して論文応募の事実を伝え，その後の査読の状況について適宜情報を与えるものとする。査読の結果当該論文が掲載許可となった場合には，その論文を特集の一部とするか独立論文として扱うかにつき，年報委員長の判断を求め，その判断に従うものとする。
12. 査読委員長，査読委員及び査読者の氏名・所属の公表に関しては，査読委員長の氏名・所属のみを公表し，他は公表しない。

付則1
1．本規程は，2005年10月より施行する。
2．本規程の変更は，理事会の議を経なければならない。
3．本規程に基づく査読委員会は2005年10月の理事会で発足し，2006年度第2号の公募論文から担当する。最初の査読委員会の任期は，2006年10月の理事交代時までとする。

付則2
1．本規程は，2007年3月10日より施行する。

『年報政治学』の著作権に関する規程

1．目的
　この規程は、『年報政治学』（以下『年報』という。）に掲載されるすべての論文・書評・学界展望・その他の記事（以下「論文等」という。）の著作権について必要な事項を定める。

2．著作権
　この規程にいう著作権は、以下を含むものとする。
　一．論文等を複製する権利
　二．論文等について、公衆送信（送信可能化を含む。）を行う権利

3．著作権の委譲
　論文等の著作権は、著作権法第61条により、執筆者が日本政治学会に委譲するものとする。

4．論文等の転載
　論文等の執筆者が当該論文等の転載を行う場合には、必ず事前に文書で本学会事務局と出版社に連絡するものとし、転載は、当該『年報』刊行後1年以上経過した後に行うものとする。

5．論文等の電子化
　論文等は、原則として、刊行されてから3年を経過した適切な時期に、電子ファイルとして複製され、公衆送信されるものとする。

6．他者の著作権侵害の禁止
　執筆者は、論文等の執筆に際し、他者の著作物を引用するときは出典を明記し、他者の著作権の侵害、名誉毀損の問題を生じさせてはならない。
　他者の著作権を侵害したことに伴う一切の責任は、執筆者本人が負うものとする。

7．遡及効
　この規程は、2015年6月以前に刊行された『年報』の論文等にも適用するものとする。

8．改廃

この規程の改廃は，理事会によって行われるものとする。

附則
この規程は，2015年7月1日より施行する。

(2015年6月6日制定)

The Annuals of Japanese Political Science Association 2016-I

Summary of Articles

The scope and limits of voter education from the results of attitude
surveys: Towards increasing turnout of the youth in Japan

Hiroyuki TAKESHIMA (11)

Professor, Faculty of Law TOYO University

Lowering the voting age to 18 years old have increased public interest in voter education in school in Japan. It is expected that more students are interested in politics through voter education and vote in elections. However, it should be pointed out that the recent attitude surveys show that political interest of young Japanese increases though their voting rate decreases. This paper aims to analyze the present political attitude of Japanese youth, to explore measures improving young voters' turnout and to consider the role and limits of voter education. Turnout of the youth is lowered by work on a voting day, political ignorance and apathy, and the lack of a sense of political efficacy. Therefore it is impossible to increase the voting rate of the youth by voter education alone. Higher turnout requires comprehensive measures including making access to political information as well as voting easier. Voter education is useful mainly for improving a sense of political efficacy. Citizenship education is effective to foster political literacy and to raise the quality of vote.

Why education has been depoliticized in Japan:
Rethinking the politics of education in the 1950s

Shigeo KODAMA (31)

Professor, Faculty of Education, The University of Tokyo

Yoshio OGIWARA

Professor, Faculty of Economics, Hokkai Gakuen University

Yusuke MURAKAMI

Associate Professor, Faculty of Education, The University of Tokyo

This paper presents a new view of the politics of education in Japan. We understand 1950s education in Japan as a highly politicized issue. On the other hand, we claim new insight into the 1950s; a high degree of politicization made depoliticization paradoxical. We also find the origin of the present "hyper-depoliticized" situation: the lack of citizenship education and political education.

We analyze the process of depoliticization in the context of three cases. First, the reforms of the education board system and the allocation of teachers established coordinating mechanisms among various actors. Second, the coalitions of the education boards changed. They initially opposed the conservative education reforms, but after the late 1950s, they became depoliticized. At the same time, many principals dropped out of the teachers unions because they wanted to stay away from the conflict of the teachers' performance reviews. Third, the law of political neutrality in education suppressed teachers' political activity. In parallel, however, private educational movements (coordinated with teachers unions) also began to insist that education should be separated from politics.

On Citizenship Education of Rouyama Masamishi

Yuri KONO (53)

Professor, Tokyo Metropolitan University

What can we spell out an active participant of political community in Chinese characer? What can we call it? "Shizoku (士族)", "Ryoumin (良民)" or "Shimin (士民, 市民)"? It is not easy to answer not only for Japanese but also for all the modern east Asians. The word "komin (公民)" is one of the most powerful answer to this problem among Japanese in 1920's. This paper focuses on Rouyama Masamichi's "Komin-Seijiron" (*On Citizenship Education*, 1931), and tries to reconstruct his vision of politics and the context in which the "kouminkyoiku" discourse should be situated.

In this paper, Unlike his contemporary, Oshima Masanori for example, who emphasizes its social and cosmopolite character, Rouyama insists that "komin" should be interpreted as the political unit whose ideal originated in ancient Greece's polis. For Rouyama, politics is ethical and educational activity. This is in the sharp contrast to one of his disciple Maruyama Masao who takes politics as means, not an end.

The Challenge for Creation of the Citizenship Education Program based on Formula Writing and Formula Questioning:
Aiming at the Combined Effort of Logical Writing and Critical Thinking

Kemmi NAWA (77)

Associate Professor, Faculty of Economics,
Takasaki City University of Economics

There are many researches which have focused on civics in the study of citizenship education in Japan. I, on the contrary, consider the secret of it language education, especially the cultivations of logical writing and critical thinking. This paper advanced three main arguments. First, I explain how to cultivate logical writing by the introduction of the teaching method of formula writing which is originally developed. The practices at high school and university illustrate how the students improve one's writing ability. Second, I outline formula questioning; the teaching method of reading classical texts and statistical data. It achieves a measure of success in improving the critical thinking. Consequently, I argue that the formula questioning is applicable to a large class at university. Third, making the factor analysis of the results of questionnaires carried out on those who attend the lecture, I try to find the correlation between logical writing and critical thinking.

Democracy with Homo Ludens

Tadashi KARUBE (104)

Professor, The University of Tokyo

In contemporary Japan, many high school Japanese readers have printed a few essays on democracy written by MARUYAMA Masao. These essays are used as materials for citizenship education. Though MARUYAMA did not make so many references to elementary and secondary education, he left behind an unique vision about the institution and curriculum of university. When Japanese universities were restarted after World War II, "general culture" or liberal education curriculums were introduced by the leadership of NANBARA Shigeru, who had been MARUYAMA's teacher. This reform had been total plan for cultivating citizenship in university students, but its malfunction became obvious in 1960s. In that disorderd age MARUYAMA worked out an unique plan for university getting the idea from the book *Homo Ludens* by Johan Huizinga.

Purposes, Contents and Method of Political Education:
Especially How to Teach about Pluralist Democracy and Party System

Hiroshi MURAKAMI (117)

Professor, Faculty of Law, Ritsumeikan University

Knowledge and understanding of politics is the basis for sound political participation. This article, after offering an overview of the purposes, contents and method of political (citizenship) education, finds that democracy is taught as institutions rather than a system of party competition which includes 'left and right' or even 'demagogy'. Therefore it is recommended that also pluralism should be taught as an indispensable element of democracy, and the party system, and that participants should be encouraged to research, compare and discuss the policies and programs of political parties. The doctrine of 'neutrality of education' may restrict such teaching, but it is possible and instructive to inform citizen about opinions from both sides of politics for analysis, as well as the history or theories of politics including conflicts and disputes. Lastly, academic institutions are expected to provide society with basic knowledge of politics and election data.

Social Integration and the Problem of Motivation:
"Epistemic Access" in Honneth and Habermas

Hiroki NARITA (141)

Graduate School of Political Sciences, Waseda University;
Research Fellow of Japan Society for the Promotion of Science

The problem of motivation is an urgent issue for non-ideal political theory which focuses on actual situations and investigates a feasible conception of social integration. Recent political theory, however, has dealt with this problem exclusively from the perspective of the extent to which a conception of social integration should accommodate cultural particularity and has fallen into a hollow universality/particularity dichotomy. In contrast, this article introduces the idea of "epistemic access", which Critical Theory often uses in ideology critique, into the discussion of social integration and examines the critical-political theories of Honneth and Habermas. By comparing their conceptions of social integration and arguing for the superiority of Honneth's view, this article shows how members in a society epistemically access the universal normative contents a theory should justify, and how they are motivated to realize those contents. In dealing with the problem of motivation in the light of the idea of epistemic access, political theory can find its way out of the dilemma caused by the universality/particularity dichotomy.

A crisis of legitimacies on the defense policy
and the Japan Self-Defense Forces:
Domestic environmentin the early 1970s and the National Defense Program Outline

Naotaka SANADA (163)
Lecturer, Graduate School of Rikkyo University

On October 29, 1976, the National Defense Program Outline (NDPO) was approved by the Cabinet, which consisted of "Objectives," "The International Situation," "Basic Defense Concepts," "The Posture of National Defense," "The Posture of the Ground, Maritime, and Air Self-Defense Forces," "Basic Policy and Matters to Be Taken Into Consideration in Building-Up Defense Capabilities." The NDPO explained the "defense capability's significance" for the first time, plainly demonstrating the "Concept of Standard Defense Force."

This paper establishes that government officials indefense policy—the Director General, defense bureaucrats, and Self-Defense Officials—were apprehensive about the many critical cases on the issue of national defense in the early 1970s. Therefore, they tried to rationalize promoting defense policy and the existing Japan Self-Defense Forces by showing the people that the government had comprehensively formulated the "Concept of Defense Force" and suchlike defense policy.

From Pluralism to Ideological Conflict:
Hideo Otake's Political Science in Postwar Japan

Daisuke SAKAI (185)
a national public servant

In the history of political science in japan, Hideo Otake, one of "LEVIATHAN" group, improved political study in japan toward science. The feature of Otake's political theory has been understood as (1) pluralism, (2) positivist and natural scientific, and (3) a very different way from past postwar political science. But Otake's change in after 1980's presses for reconsideration of such image. At first, in 1970's Otake was already trying conquest of the weak point of the pluralism by a concept of shelter of influence and perspective. Next, in 1980's he used framework of ideological conflict and analyzed the cycle of the structural opposition and the political mood. Such change means as conquering the limit of the pluralism as well as introducing a methods which used in history of thought into a positivist analysis of policy process. These show that he succeeded to methods of postwar political science.

Analysis of Candidate-level Proximity Voting with Comparable Positions of Voters, Politicians, and Parties

Hiroto KATSUMATA (208)
Ph.D candidate at the University of Tokyo, and JSPS Fellow (DC1)

This study investigates spatial theories of voting based on candidate-level proximity. Surveys make it possible to map positions of voters and/or candidates on the political space by asking them to answer their ideological positions. However, since respondents interpret and answer survey questions in different ways, there are difficulties that these positions are interpersonally incomparable. To solve this problem, I utilize responses on parties' positions as bridging observations and rescale respondents' positions in a common space. Using the rescaled estimates, I demonstrate that the ideological proximity between voters and candidates has a strong impact on vote choice. The findings indicate that voters do consider positions of individual candidates as well as positions of their parties.

年報政治学2016‐Ⅰ
政治と教育

2016年6月10日　第1刷発行　Ⓒ

編　者　　日 本 政 治 学 会（年報編集委員長　苅部　直）
発行者　　坂 口 節 子
発行所　　有限会社　木 鐸 社

〒112-0002　東京都文京区小石川5-11-15-302
電話（03）3814-4195　　郵便振替　00100-5-126746番
ファクス（03）3814-4196　　http://www.bokutakusha.com/
印刷　㈱アテネ社／製本　吉澤製本

乱丁・落丁本はお取替致します

ISBN978-4-8332-2496-3　C 3331

日本型教育システムの誕生
德久恭子著（立命館大学法学部）
A5判・352頁・4500円（2008年）ISBN978-4-8332-2403-1 C3031
　敗戦による体制の転換において，教育改革は最優先課題であった。それは米国型の「国民の教育権」を推し進めようとするGHQと旧来の伝統的自由主義にもとづく教育を取り戻したい文部省との対立と妥協の政治過程であった。教育基本法という日本型教育システムの誕生にいたるそのプロセスを，従来の保革対立アプローチの呪縛を脱し，アイディアアプローチを用いて論証する政治学的考察。

教育行政の政治学
村上祐介著（東京大学教育学部）
A5判・322頁・3000円（2011年）ISBN978-4-8332-2440-6 C3031
■教育委員会制度の改革と実態に関する実証的研究
　教育行政学と行政学は教育委員会制度改革に対する規範的な見解の違いはあるが，現状認識としては，共に教育行政が縦割り集権構造の強い領域であるというモデルの理解に立っている。本書はこれに対し通説とは異なるモデルによって実証的な分析を提示する。更にその実証過程で新しい制度論に基づき，理論的貢献を果たす。

著作権法改正の政治学
京　俊介著（中京大学法学部）
A5判・270頁・3500円（2011年）ISBN978-4-8332-2449-9 C3031
■戦略的相互作用と政策帰結
　多くの有権者，政治家にとって極めて専門的な内容であるロー・セイリアンスの政策分野の一つに著作権法・知的財産政策がある。本書は著作権法改正過程を巡る政治家，官庁，利益集団，外国の戦略的相互作用をゲーム理論を用いて分析し，その上でそれらを民主的手続きの正当性の観点から考察する。

制度発展と政策アイディア
佐々田博教著（北海道大学国際本部）
A5判・270頁・3500円（2011年）ISBN978-4-8332-2448-2 C3031
　戦後日本における開発型国家システムの起源はどこにあるか，またそのシステムが戦時期から戦後の長期に亙って維持されたのは何故か。本書は主導的官僚機構と政策アイディアの連続性のポジティブ・フィードバック効果によるアプローチに基づき，満州国，戦時期日本，戦後日本の歴史を過程追跡し，検証する。